HISTOIRE

DE

L'ÉCOLE DE DROIT

DE BEYROUTH

PAR

Paul COLLINET

Professeur à la Faculté de Droit de Paris
Professeur honoraire à la Faculté de Droit de Lille

SOCIÉTÉ ANONYME

DU

RECUEIL SIREY

22, *Rue Soufflot*, PARIS, 5ᵉ

LÉON TENIN, Directeur de la Librairie

1925

HISTOIRE

DE

L'ÉCOLE DE DROIT

DE BEYROUTH

ÉTUDES HISTORIQUES SUR LE DROIT DE JUSTINIEN

————— TOME DEUXIÈME —————

HISTOIRE

DE

L'ÉCOLE DE DROIT

DE BEYROUTH

PAR

Paul COLLINET

Professeur à la Faculté de Droit de Paris
Professeur honoraire à la Faculté de Droit de Lille

SOCIÉTÉ ANONYME
DU
RECUEIL SIREY
22, *Rue Soufflot, PARIS, 5ᵉ*
LÉON TENIN, Directeur de la Librairie

1925

HISTOIRE

DE

L'ÉCOLE DE DROIT

DE BEYROUTH

AVERTISSEMENT

Quelques mots d'explication sont dus au lecteur qui pourrait s'étonner de voir paraître, comme tome II de ces *Études*, un volume tout autre que celui annoncé jadis.

Si la publication du volume promis sur la *Nature des Actions* se trouve reculée, c'est qu'un travail plus approfondi a fait reconnaître à l'auteur la nécessité d'asseoir sur des fondements aussi solides que possible les idées directrices qui commandent la formation du droit de Justinien dans la période antérieure à sa rédaction.

Depuis 1914, l'auteur s'est persuadé que l'étude historique de l'importante matière des voies de droit, telle que la présente la codification, devait être préparée par des recherches d'ordre général ou d'ordre technique, dont les résultats permettraient de trouver les bases indispensables à l'intelligence des problèmes posés par les particularités caractéristiques du droit byzantin des sanctions.

C.1

Il a eu tout récemment l'heureuse occasion de tracer le plan de ces recherches en répondant à l'appel si honorable, que lui adressa l'Université d'Oxford, de venir donner à ses élèves en droit romain quelques leçons. La publication de ces conférences sous le titre *The general Problems raised by the Codification of Justinian* le dispense de toute justification du plan adopté dans l'édition des divers volumes qui constituent les *Études historiques sur le Droit de Justinien*. Grâce à elles, le lecteur saura par quelle voie il s'achemine vers un but qui, pour s'éloigner un peu, ne disparaît pas, se précise même.

Le changement de plan, l'augmentation du nombre des volumes, déterminés, comme il vient d'être dit, par l'élargissement des vues de l'auteur, ce sont là des conséquences directes d'événements dont il n'est guère responsable : d'une part, les conditions matérielles dans lesquelles l'invasion avait placé la ville de Lille où il professait en 1914; d'autre part, les difficultés qui, après la délivrance de Lille et la victoire, ont assailli l'imprimerie et l'édition françaises.

De 1914 à 1918, le régime, que l'autorité ennemie avait imposé aux régions occupées, laissait à un professeur, — même attaché à des services d'intérêt public, même pourvu d'enseignements multiples et divers —, assez de temps libre pour qu'il songeât à utiliser les loisirs d'une claustration involontaire. La coupure de toute communication avec le monde extérieur, l'interdiction de la correspondance rendaient impossible la publication du volume annoncé en 1912. La sagesse ne conseillait-elle pas de poursuivre les études entamées en commençant par fortifier les bases données aux pages déjà prêtes?

Après le mois de novembre 1918, les conditions économiques se sont trouvées si difficiles qu'elles ont fait écarter temporairement l'impression des volumes écrits avant ou pendant l'occupation. La prolongation du sursis forcé ne devait-elle pas être mise à profit pour accroître le nombre des volumes; et, l'impression pouvant enfin reprendre, l'ordre logique ne devait-il pas être suivi au risque de bouleverser le plan préconçu?

L'auteur a donc jugé nécessaire de publier à son rang l'*Histoire de l'École de Droit de Beyrouth*, qui s'enchaîne étroitement au *Caractère oriental de l'Œuvre législative de Justinien*, puisque c'est dans cette École, la plus réputée de toutes celles de l'Orient, que s'est opérée l'adaptation du droit romain classique aux besoins de l'Orient, que s'est préparée la refonte du droit romain que Justinien devait sanctionner législativement.

Les érudits de France, de Syrie ou d'Angleterre, qui m'ont prêté si généreusement le concours de leur science et à qui j'adresse mes remerciements reconnaissants, trouveront leurs noms mentionnés au cours du volume. Je désire témoigner ici ma gratitude à trois collègues et amis dont les conseils m'ont largement servi durant la rédaction de l'ouvrage : MM. Bernard HAUSSOULLIER. Camille JULLIAN et Pierre JOUGUET. Je remercie également M. le Comte R. DU MESNIL DU BUISSON d'avoir très aimablement réservé pour ce volume la première publication du « Plan de la Béryte du VIe siècle », encore si mal connue.

Paris, 13 août 1924.

INTRODUCTION

BIBLIOGRAPHIE. — BUT ET PLAN DE L'OUVRAGE

Les rares auteurs, qui se sont occupés spécialement de
l'histoire du droit byzantin, ceux plus nombreux qui se
sont attachés à l'étude des sources du droit romain ou à
l'histoire de son enseignement, reconnaissent unanimement qu'au Bas-Empire, avant et sous le règne de Justinien, l'École de Droit de Béryte ou de Beyrouth a tenu dans
l'enseignement du droit la première place. L'Orient était
alors un foyer de science incontestablement plus intense
que l'Occident. En Orient, l'École de Beyrouth brillait
d'un éclat plus vif et son rayonnement était infiniment
plus étendu que celui des Écoles rivales, d'Alexandrie, de
Césarée, d'Athènes et même de Constantinople la capitale.

Bien que la science moderne énonce en toute occasion
le rôle qu'a joué dans l'histoire de l'enseignement du
droit romain l'École de Droit de Béyrouth, il n'existe
aucune monographie récente de cette École, pas plus
d'ailleurs qu'un ouvrage moderne et complet sur l'histoire
de la ville elle-même. Le seul travail d'ensemble qui
soit consacré à l'École de Droit remonte à 1716 et a été
écrit par le professeur de Brême, Jacques Hase (*Iacobus
Hasaeus*). La date seule de ce petit livre, dont l'auteur
possédait toutes les qualités et les défauts des érudits de
son temps, nous obligeait à reprendre le travail à pied
d'œuvre en allant aux sources mêmes, en profitant des

sources grecques et syriaques nouvellement publiées, en nous aidant enfin des autres études, anciennes ou modernes, générales ou spéciales, dans lesquelles figurent des indications utiles à la connaissance du sujet.

§ I. — Bibliographie.

Je réunis ici les éléments d'une bibliographie que j'utiliserai dans la suite et qui n'aurait pas été aussi complète sans le concours empressé que m'ont fourni (au cours de la mission d'examens accomplie à l'École française de Droit de Beyrouth en novembre 1921) les P. P. Jésuites de l'Université Saint-Joseph et, plus particulièrement, le P. Cheïkho, le P. Lammens et le P. Mouterde, que je remercie très cordialement de leur dévouement.

La Bibliothèque orientale de l'Université Saint-Joseph possède l'un des exemplaires rarissimes du plus ancien ouvrage écrit sur Beyrouth, la thèse de doctorat en droit de Jean Strauch (1662) :

Johannis Strauchl | jcti. | Berytus | Seu | Ad tit. Cod. | De Metropoli Beryto | *Dissertatio publica* | Recitata | *In Illustris Salanae superiori anno habitâ* | panegyri Doctorali | Nunc vero | Uberius et auctius edita.

Brunsvigae | Sumtibus Operisq; Zilligerianis | Anno Christi | cɔ ɔc LXII : pet. in-4° carré; 54 pages non paginées.

L'ouvrage de Jacques Hase sur l'École de Droit de Beyrouth, édité en tête du fascicule V de la *Nova librorum rariorum conlectio*, se rencontre dans les principales Bibliothèques de Paris. Il est intitulé :

Nova | librorvm | rariorum | conlectio | qvi | vel integri inservuntvr vel | accvrate recen- | sentvr. |

fascicvlvs quintvs | halae magdebvrgicae. A. MDCCXVl | IN OFFICINA RENGERIANA.

Iacobi hasaei | U. J: D. & in Illustr. Athenaeo Bremensi | Philosophiae Moralis Professoris P. | de | berytensi | Jureconsul- | torum | Academia |

Liber singularis | Quo | Nonnulla simul Iuris Civi- lis & alio- | rum scriptorum loca illustrantur.

Halae. magdebvrgicae, | Prostat in officina renge- riana. | An. MDCCXVI : in-12° ; 119 pages.

Les travaux récents sur l'École et la ville de Beyrouth ou sur l'enseignement du droit que j'ai consultés sont par ordre chronologique les suivants :

Dr. F. P. Bremer, *Die Rechtslehrer u. Rechtsschulen im roemischen Kaiserreich*, Berlin, 1868 [se limite au Haut-Empire] ;

H. F. Hitzig, *Die Assessoren der roemischen Magistrate u. Richter*, Munich, 1893 [la n. 244 de la p. 74 se propose de rassembler les sources sur l'École de Droit de Beyrouth (avec des lacunes)] ;

Le P. Michel Jullien, *Quelques souvenirs chrétiens de Beyrouth*, dans *Les Missions catholiques*, Lyon-Paris, 1896, p. 437 [Généralités sur l'École de droit], p. 449-452 [Les Saints] ;

Fritz Schemmel, *Die Hochschule von Alexandria in IV. und V. Jahrhundert p. Ch. n.* dans *Neue Jahrbuecher fuer das klassische Altertum..... und fuer Pedagogik*, t. XXIV, 1909) [parle incidemment de Beyrouth aux p. 445-446, 447-450] ;

Le même, *Die Hochschule von Konstantinopel vom V. bis IX. Jahrhundert* (Wiss. Beilage zum J. ber. d. Wilhelm-Gymnasiums in Berlin, 1912, in-4°, 24 pp.] [même remarque] [cf. A. Heisenberg, dans *Byz. Zeitschr.*, t. XXI, 1912, p. 620 et suiv.] ;

Corrado Barbagallo, *Lo Stato e l'Istruzione pubblica nell'*

Impero Romano, Catane, 1911 [peu de choses sur l'École de Droit de Beyrouth];

Paul KRUEGER, *Geschichte der Quellen u. Litteratur des roemischen Rechts*, 2ᵉ Auflage, Munich, 1912 (traduction française de la 1ʳᵉ édition par J. Brissaud, Paris, 1894);

Prof. Harvey PORTER, Ph. D., *The History of Beirût*, Beyrouth, 1912, in-16 (réimpression de *Al-Kulliyeh*, journal du *Syrian Protestant College*, Beirût, Syria);

Laurent LABORDE, *Les Écoles de Droit dans l'Empire d'Orient*, thèse de doctorat en droit, Bordeaux, 1912 [trop bref sur l'histoire de l'École de Beyrouth avant le vᵉ. siècle].

P. de FRANCISCI, *Vita e Studii a Berito tra la fine del v e gli inizii del vi secolo*, Rome, 1912, 13 pp.;

Paul HUVELIN, *Leçon inaugurale prononcée à l'ouverture de l'École-française de Droit de Beyrouth, le 12 novembre 1913* (Dans *Le Réveil* de Beyrouth, n° du 15 nov. 1913); le même, *L'ancienne École romaine de Droit à Beyrouth et la nouvelle Faculté* (en arabe), dans la revue *Al-Machriq*, t. XVI, 1913, p. 927-934. La leçon inaugurale de notre regretté collègue de la Faculté de Droit de Lyon, à qui l'on doit la création de l'École française de Droit de Beyrouth, est résumée par :

Jean JALKH, *Béryte, première ville du Droit*, dans la *Revue Phénicienne*, n° de juillet 1919, p. 13-14;

B. KUEBLER, art. *Rechtsunterricht* dans *Paulýs Real-Encyclopädie der classischen Altertumswissenschaft* (Neue Bearbeitung...), Zweite Reihe [R-Z], Erster. Halbband (= I A 1), Stuttgart, 1914, col. 398-405 (*passim*);

E. S. BOUCHIER, *Syria as a Roman province*, Oxford, 1916;

V. VARJABED, *Histoire de Beyrouth*, édition du *Journal de Beyrouth*, Beyrouth, 1916 [brochure de vulgarisation];

Camille EDDÉ, *La Civilisation méditerranéenne et le Droit en Syrie*, Conférence prononcée le 29 mai 1921 [au Caire], extrait de la *Revue du Monde Egyptien*, t. I, n°s 8-9, juillet-août 1921, 21 pp. [quelques phrases seulement sur le sujet];

Le P. H. Lammens (et non J. Lammens), *La Vie universitaire à Beyrouth sous les Romains et le Bas-Empire*, Conférence prononcée à Beyrouth le 9 juin 1921, dans la *Revue du Monde Egyptien*, t. I, n° 10, septembre 1921, p. 643-666 et tirage à part [la meilleure étude sur l'École de Droit de Beyrouth, qui malheureusement n'a pas tiré suffisamment parti des sources juridiques];

Fritz Schemmel, *Die Schule von Berytus*, dans *Philologische Wochenschrift*, 43, Jahrgang, 10 maerz 1923, n° 10, col. 236-240 [est, avec le précédent, le seul article d'ensemble; trop avare de références et ne faisant pas état des sources juridiques];

Fritz Pringsheim, *Beryt und Bologua* dans *Festschrift fuer Otto Lenel zum fuenfzig-jaehrigen Doctorjubilaeum am 16. December 1921 ueberreicht von der Rechts- und Staatswissenschaftlichen Fakultaet der Universitaet Freiburg-i-Br.*, Leipzig, [1923], p. 204-285 [se propose d'établir que la méthode pédagogique des Bolonais dérive de celle de l'École de Beyrouth par l'intermédiaire du Digeste];

Paul Collinet, *Beyrouth, centre d'affichage et de dépôt des constitutions impériales*, dans la revue *Syria*, 1924, n° 4 [1].

Les renseignements épars donnés sur l'École de Droit de Beyrouth par les autres auteurs anciens ou modernes seront notés à leur place à propos des textes auxquels ils se réfèrent.

Les abréviations des titres d'ouvrages ou de revues qu'on trouvera dans le cours de l'ouvrage sont faciles à résoudre, puisque la plupart se rapportent aux travaux

---

1. Nous jugeons inutile d'indiquer ici les différentes communications faites par nous sur l'École de Beyrouth, puisque les idées exposées se retrouvent dans l'ouvrage, enrichies des observations dont nos confrères avaient bien voulu nous faire profiter.

de la présente Bibliographie. En règle, nous n'avons employé que des abréviations conformes à l'usage de l'érudition contemporaine (cf. t. I, p. 323-324), par exemple :

    P. G. = *Patrologia graeca.*
    P. L. = *Patrologia latina.*
    P. O. = *Patrologia orientalis.*
    R. O. C. = *Revue de l'Orient chrétien.*

§ II. — But de l'ouvrage.

C'est au moment où nous étions déjà très avancé dans nos travaux sur la formation du droit de Justinien que l'histoire de l'École de Beyrouth s'est offerte à nous. L'étude historique du droit de Justinien nous commandait en effet de rechercher si les éléments caractéristiques de ce droit ne s'étaient pas constitués dès avant le vie siècle, dans un milieu oriental et savant. La reconnaissance faite dans le premier volume du caractère oriental du droit de Justinien ne se suffisait pas à elle-même. Il fallait tenter d'aller plus loin en découvrant son origine, sa formation, en précisant davantage le sens du mot « oriental », en répondant à la question qui se présente à l'occasion de toutes les manifestations du byzantinisme et que nous posait d'une façon directe M. Louis Bréhier [1] : « Byzance ou l'Orient ? ».

Une rigoureuse méthode exigeait qu'avant de répondre à la question et pour pouvoir y répondre, une enquête aussi complète que la permettent les documents fût menée sur la connaissance du milieu où le caractère oriental et, j'ajouterai, les autres caractères propres au droit de Justinien, ont pu naître. N'était-il pas naturel de songer à retrouver ce milieu d'éclosion dans l'École la plus célèbre des ve et vie siècles ? N'était-il pas logique de se demander si on ne réussirait pas à mieux pénétrer la

____

1. C. R. du t. Ier de nos *Études*, dans *Rev. hist.*, t. CXVII, septembre-octobre 1914, p. 86.

genèse historique du droit de Justinien et de l'œuvre de
codification par surcroît, en essayant de reconstituer dans
son ensemble l'enseignement du droit tel qu'il était donné
par les maîtres fameux de Beyrouth? Et, comme, en dépit
des lacunes que laisse dans cette histoire la pauvreté
relative des sources, un nombre assez grand de textes
nous a été conservé sur l'École de Droit de Beyrouth, sur
ses élèves, sur ses maîtres et sur leur enseignement,
n'était-il pas tentant d'utiliser ces matériaux qui permettent de se représenter, parfois jusque dans des détails
minutieux, la vie active de la scule École de Droit de
l'Antiquité romaine pour laquelle on puisse penser à une
telle résurrection, puisque ni l'École de Rome, ni celle
de Constantinople ne se prêtent, faute de documents, à
un travail aussi développé?

En dehors même de son but particulier, c'est-à-dire
l'élaboration des caractères spéciaux du droit de Justinien,
dont nos *Études* voudraient faire saisir l'origine, l'ouvrage
offrira donc un intérêt plus immédiat en apportant sa contribution à l'histoire générale de l'enseignement du droit
dans le monde romain.

§ III. — Plan de l'ouvrage.

Le Chapitre Ier comprendra le relevé des textes où
l'École de Beyrouth se trouve mentionnée et d'après
lesquels sera dressé un Tableau général des Destinées
de l'École, depuis ses origines, sans doute antérieures au
IIIe siècle, jusqu'à son anéantissement tragique dans
les tremblements de terre du milieu du VIe siècle.

Le Chapitre II traitera des Locaux où fut établie l'École
de Droit.

Le Chapitre III sera consacré aux Étudiants en droit de
l'École de Beyrouth.

Le Chapitre IV parlera des Professeurs de Beyrouth,
tout particulièrement de ceux du Ve siècle qui ont porté

l'enseignement à son apogée et qui forment le groupe
honoré du titre de Οἱ τῆς οἰκουμένης διδάσκαλοι.

Le Chapitre V contiendra l'Étude de l'Enseignement
lui-même, de son objet et de ses méthodes.

Le Chapitre VI comportera l'examen des OEuvres
des Professeurs de Beyrouth, surtout des τῆς οἰκουμένης
διδάσκαλοι, en fonction de l'enseignement même.

La réunion de ces différents Chapitres forme ce qu'on
peut appeler l'histoire interne de l'École de Beyrouth.
Mais, pour être complète, l'étude de son histoire embrasse-
rait également la discussion d'un problème d'un autre ordre :
l'influence que son enseignement a pu exercer sur le
développement du droit. L'influence de l'enseignement
de l'École de Beyrouth, en particulier sur le droit de
Justinien et sur sa codification, à laquelle il a été fait
allusion déjà. ne sera pourtant pas touchée ici.

Déterminer si cette influence s'est réellement produite,
en mesurer la portée (puisque nous pensons qu'elle
existe), ces questions exigent un travail minutieux de
démonstration dont l'étendue excède les dimensions d'un
simple chapitre du présent ouvrage et dont l'intérêt et
les difficultés appellent la publication d'un volume
spécial [1].

---

1. En attendant, on consultera le résumé de notre communication faite
au premier Congrès des Études byzantines (Bucarest, avril 1924) où sont
présentées les preuves, que les textes fournissent, de l'influence des doc-
trines de Patricius, le maître le plus fameux du ve siècle, sur le Code de
Justinien.

CHAPITRE PREMIER

TABLEAU GÉNÉRAL DES DESTINÉES DE L'ÉCOLE DE BEYROUTH

CHAPITRE PREMIER

TABLEAU GÉNÉRAL DES DESTINÉES DE L'ÉCOLE
DE BEYROUTH

———

Dans le tableau général qui forme l'objet de ce Chapitre initial, une question méritait d'être envisagée à part : celle de la fondation de l'École. C'est pourquoi le Chapitre sera scindé en deux Sections : l'une traitant de la fondation même (Section I); l'autre, beaucoup plus développée, où seront passées en revue les Sources qui nous font connaître l'histoire de l'École (Section II).

SECTION I

LA FONDATION DE L'ÉCOLE

Deux points appellent tout naturellement l'attention :
la date possible de la fondation (§ I) ; les motifs qui l'ont
déterminée (§ II).

§ I. — La Date de la fondation.

Sans remonter aux origines phéniciennes ou grecques
de Beyrouth (Βηρυτός, *Berytus*, Béryte), il suffira de
rappeler que, sous la domination romaine, Auguste
l'érigea en colonie militaire sous le nom de *Colonia Iulia
Augusta Felix Berytus*[1] en une année inconnue de son
règne (en 740/14 selon Eusèbe)[2] et que la colonie de
Beyrouth fut dotée du *ius Italicum*[3], antérieurement à
Gaius qui est le premier jurisconsulte à constater l'existence de ce privilège.

---

1. *C. I. L.*, t. III, n⁰ˢ 161, 165, 166, 6041 (n⁰ 153 : *Berytus colonia*) ; Ulp.
libro primo de censibus, Dig. 50, 15, 1, 1 : Sed et Berytensis colonia in
eadem provincia [*sc.* in Syria Phoenice] Augusti beneficiis gratiosa et (ut
divus Hadrianus in quadam oratione ait) Augustana colonia.....

2. Eusèbe, *Chron. Can.*, p. 143, éd. Schoene.

3. Gaius, *libro sexto ad legem Iuliam et Papiam*, Dig. 50, 15, 7 : Iuris
Italici sunt Troas Berytus Dyrrachium ; Ulp. *libro primo de censibus*,
Dig., *h. t.*, 1, 1 : Sed et Berytensis colonia... et... Augustana colonia, quae
ius Italicum habet ; Paul, *libro secundo de censibus*, Dig., *h. t.*, 8, 3 ;
Laodicia in Syria et Berytos in Phoenice iuris Italici sunt et solum earum.

On ignore à quelle date s'installa dans la colonie une université et spécialement une École de Droit.

Parmi les anciens, Hase[1] rappelle et réfute les opinions de Scipion Gentilis qui en attribuait la fondation à Auguste, d'autres écrivains qui mettaient ses débuts sous Hadrien, de Ménage qui en plaçait le commencement sous Alexandre Sévère. Pour lui, l'École aurait été créée peu après la victoire d'Actium[2], opinion qui ne repose sur aucun argument solide.

Parmi les auteurs modernes, Rudorff[3] est disposé à en faire remonter la création au temps d'Hadrien, sinon au temps d'Auguste[4].

Bremer[5], s'appuyant sur le passage du discours de saint Grégoire le Thaumaturge[6], prononcé, dit-il, en 239 ou 240 (vraisemblablement plutôt en 239), où l'École est mentionnée pour la première fois, suggère qu'elle aurait fonctionné peu après 200 — ce qui est incontestable. — Mais, modifiant sa propre conjecture, il en reporte à un autre endroit l'origine beaucoup plus haut, puisque, comme on va le voir, il pense que Gaius, jurisconsulte du IIe siècle, aurait enseigné à Beyrouth. On en reviendrait ainsi au règne d'Hadrien[7].

M. Schemmel[8] écrit que l'École de Droit existait depuis longtemps avant 212 et acquit une grande importance du jour où le droit romain se propagea de l'Occident en Orient sous l'influence de la constitution de Caracalla

---

1. Tout le Chapitre III de son opuscule (p. 23-25) traite des origines.

2. Le système personnel de Hase se fonde sur le passage des *Dionysiaques* de Nonnus rapporté plus loin; il est, je crois, inutile d'en montrer la fragilité.

3. Rudorff, *Roem. Rechsgeschichte*, t. I, p. 310.

4. *Contrà*, Hitzig, *op. cit.*, p. 74, n. 244.

5. Bremer, *op. cit.*, p. 73.

6. *Infrà*, p. 26.

7. *Sic*, Hitzig, *op. cit.*, p. 74, n. 244.

8. Schemmel, *loc. cit.*, p. 446; cf. le même, *Phil. Woch.*, 1923, col. 236-237.

(212), qui accordait la cité romaine à tous les habitants de l'Empire sauf aux déditices. C'est là une pure affirmation sans preuves. Nous avons seulement la certitude que l'École de Droit de Beyrouth existait à l'époque de la jeunesse de saint Grégoire le Thaumaturge, donc au début du IIIe siècle. Depuis combien d'années? On l'ignore.

Différents historiens de l'École de Droit, de la ville ou de la Syrie [1], ont avancé que la création de l'École de Droit de Beyrouth aurait pu se faire sous l'influence des grands jurisconsultes syriens du début du IIIe siècle : Ulpien, originaire de la ville de Tyr, toute voisine de Béryte; Papinien, beau-frère de l'Empereur syrien Septime Sévère par sa seconde femme Julia Domna, et que l'on a des raisons de croire né à Hémèse (Hôms), comme celle-ci; Cl. Tryphoninus, qui remplissait peut-être en Syrie des fonctions publiques en l'année 213 [2].

L'opinion de ces auteurs récents ne fait que corroborer les idées exprimées par l'ouvrage déjà mentionné de Bremer sur les Professeurs de Droit et les Écoles de Droit dans l'Empire romain.

Bremer [3] croit en effet pouvoir démontrer, d'abord, que Gaius, qui serait né à Troie, aurait été professeur à Beyrouth, parce que, parmi les villes dotées du *ius Italicum*. Gaius cite en première ligne ['Αλεξάνδρεια] Τρωάς et en seconde Βηρυτός [4] ; argument dont la faiblesse n'échappera

---

1. Huvelin, *loc. cit.* (à qui j'emprunte ses termes memes), Jalkh, p. 13; Porter, p. 32, dit qu'Ulpien a probablement été instruit à Béryte; Bouchier, p. 116, écrit qu'il y a des raisons de croire que plusieurs des plus fameux juristes de l'âge des Sévères, tels que Gaius (!), Ulpien et Papinien, ont été professeurs à Béryte; Lammens, p. 4-6.

2. P. Krueger, *op. cit.*, p. 225, n. 86 (trad. franç., p. 268, n. 3), en se référant au Cod. Iust. 1, 9, 1 (213), constitution d'Antonin Caracalla adressée à un Cl. Tryphoninus, où il est question d'un legs fait à la communauté des Juifs d'Antioche, est moins affirmatif que les auteurs cités.

3. Bremer, *op. cit.*, p. 81, 88.

4. Gaius, *libro sexto ad legem Iuliam et Papiam*, Dig. 50, 15, 7 (déjà cité).

à personne. — Bremer [1] fonde ensuite sur un argument
du même ordre et tout aussi peu convaincant son idée
qu'Ulpien, né à Tyr, aurait vécu à Beyrouth comme professeur, car, après Tyr, c'est Beyrouth qu'il donne en
exemple d'une ville possédant le *ius Italicum* [2]. Ulpien,
d'après Bremer [3], aurait même étudié dans cette ville où
il aurait appris le droit dans les Institutes de Gaius, qui
devaient servir de modèle à son *liber singularis regularum*. — Quant à Papinien, très vraisemblablement
d'origine syrienne, plusieurs passages de son œuvre où il
est question des provinces (entre autres de la Syrie) et de
la cité d'Antioche suggèrent à Bremer [4] l'hypothèse que
« peut-être » il s'adonna à l'enseignement à Beyrouth un
certain temps. Le doute est, en effet, permis. — Q. Cervi-
dius Scaevola, jurisconsulte de culture hellénique, rapporte un *casus* supposant un transport de marchandises de
la cité de Béryte dans la province de Syrie à Brindisi
(Brentesium) [5]; peut-être aurait-il été, lui aussi, professeur à Beyrouth, déclare Bremer [6], à moins qu'il ne l'ait
été à Césarée de Cappadoce. — Les raisons de Bremer [7]
ne sont pas plus décisives à l'égard de Marcien. Comme,
dans un texte [8], ce jurisconsulte donne l'énumération de
marchandises orientales, Bremer songe à lui assigner
Beyrouth pour résidence. — Enfin, Cl. Tryphoninus aurait
été, suivant Bremer [9], professeur de droit et avocat à Beyrouth.

---

1. Bremer, p. 87-88.

2. Ulp. *libro primo de censibus*, Dig. 50, 15, 1, pr. (Tyr), 1, 1 (Beyrouth)
(déjà cité).

3. Bremer, p. 88. — Peut-être même Ulpien était-il encore à Beyrouth
quand il décida du cas prévu au Dig. 34, 1, 14, 3 (Ulp. *libro secundo fidei-
commissorum*), propose Bremer !

4. Bremer, p. 88, 90.

5. Scaev. *libro vicensimo octavo digestorum*, Dig. 45, 1, 122, 1.

6. Bremer, p. 92.

7. Bremer, p. 100.

8. Marcianus, *libro singulari de delatoribus*, Dig. 39, 4, 16, 7.

9. Bremer, p. 101; à cause de la const. du Cod. Iust. 1, 9, 1 (citée *Suprà*,
p. 18, n. 2).

Toutes ces suggestions dénotent une vive imagination.
Mais dans le silence des textes, l'historien doit se borner
à constater que la fondation de l'École de Droit se
place, au plus tard, au début du IIIe siècle ou à la fin du
IIe siècle. La date pourrait être cependant remontée jusqu'à
une période moins avancée et d'ailleurs indéterminable
du IIe siècle, grâce à la relation que l'on va chercher à
établir entre la fondation de l'École et l'installation d'un
dépôt des lois à Beyrouth au cours de ce IIe siècle.

§ II. — Les Motifs de la fondation.

Les raisons qui ont amené la création d'une École de
Droit à Beyrouth sont aussi obscures que sa date réelle,
mais les auteurs ne se sont guère préoccupés de les
deviner. Aucun des documents conservés sur l'histoire de
la ville depuis la conquête romaine ne met sur la voie
d'une certitude. C'est donc dans le champ des hypothèses,
notre seule ressource, qu'il faut chercher à découvrir la
moins invraisemblable.

I. — *Beyrouth, centre de dépôt des constitutions impériales pour l'Orient.*

On peut se demander si la fondation de l'École de
Droit n'aurait pas été suscitée par un fait positif, lequel
malheureusement a été peu étudié : la cité de Beyrouth
n'aurait-elle pas été, dès le Haut-Empire, un centre de
dépôt des constitutions impériales pour l'Orient?
Nous avons, en effet, tenté ailleurs[1] de démontrer que
la ville de Beyrouth avait été le siège d'un dépôt auquel
étaient transmises, pour l'affichage et la conservation,
les constitutions intéressant certaines des provinces de

---

1. Voy. notre article de la revue *Syria*, 1924, n° 4. Il est superflu de
répéter les arguments qui nous ont conduit aux diverses hypothèses résumées ici.

l'Orient; l'établissement de ce dépôt serait au moins antérieur à l'année 196, date de la plus ancienne des constitutions figurant au Code Grégorien lequel, selon toute
vraisemblance, fut composé à Beyrouth; sa création
remonterait peut-être à quelques dizaines d'années auparavant.

Il est extrêmement regrettable que l'état des sources ne
permette pas de fixer l'existence du dépôt à une date
moins imprécise du second siècle que « avant 196 »;
peut-être serions-nous arrivés par ce moyen indirect à
déterminer le *terminus ex quo* des commencements de
l'École de Droit, car il est dans l'ordre naturel des choses
qu'un rapport existe entre le fonctionnement de cette
École et l'envoi à la ville de Beyrouth par les Empereurs
de leurs constitutions.

Mommsen[1] a saisi très judicieusement ce rapport.
Mais il a supposé sans hésiter que l'École de Droit était
de création antérieure au choix de Beyrouth comme lieu
de publication de lois; il a imaginé que ce privilège de
Beyrouth se justifiait par la présence même d'un foyer
d'études juridiques dans la ville.

Du rapport probable entre la création de l'École et la
présence à Beyrouth d'un centre de dépôt des lois, les
termes, selon nous, doivent être, à l'encontre du postulat
de Mommsen, renversés. Il nous paraît plus vraisemblable que le fait premier ait été le choix de Beyrouth
comme lieu de transmission des lois destinées à l'Orient et
le fait conséquent l'organisation d'une École de Droit.

Au IIe siècle, les maîtres des Écoles de Droit étaient
plutôt des praticiens enseignant que des professeurs
« spécialisés ». Certains *prudentes* de Beyrouth auront
entrevu un jour quel immense profit ils trouveraient à
utiliser le dépôt des lois pour l'enseignement. Le voisi-

---

1. Mommsen, *Die Heimath des Gregorianus*, dans *Z. S. S.*, t. XXII,
1901, p. 139-144 = *Ges. Schr.*, t. II, p. 366-370 (étude résumée dans notre
article).

nage d'un tel établissement leur permettrait de tenir la jeunesse au courant tant des innovations législatives des Empereurs que des réponses officiellement faites par la Chancellerie impériale aux consultations des plaideurs. Sur un point comme sur l'autre, la proximité d'un dépôt des lois leur faciliterait au plus haut degré la tâche, leur donnerait de l'avance, si l'on peut dire, sur leurs concurrents de l'Orient, sur Césarée de Palestine, sur Alexandrie même qui, elle aussi, reçoit bien des constitutions, mais particulières á l'Égypte, leur assignerait, dans la hiérarchie des *auditoria*, un rang prééminent qui ne serait dépassé que par Rome, la capitale.

Ainsi s'explique, croyons-nous, la création, dans le cours du iie siècle, de l'École de Droit de Beyrouth ou, pour parler un langage plus précis, la création d'une *statio*, d'*auditoria* où se réunissent les jeunes gens, la *iuventus legum cupida*, — car il a pu exister à Beyrouth comme partout un enseignement du droit, donné par les praticiens chez eux à l'exemple des hommes de loi d'aujourd'hui auprès de qui s'exercent les futurs notaires, avocats ou avoués, avant qu'il n'y existe une véritable École de Droit, comparable à nos Facultés. Ainsi s'explique encore mieux le succès de l'École attesté, on le verra bientôt, par la plupart des textes qui en ont perpétué le nom. Sa célébrité si vite conquise, l'École en est peut-être redevable à d'illustres jurisconsultes, aux Ulpien, aux Papinien, dont on ignore toutefois s'ils y ont professé; moins problématiquement, l'École a pu rencontrer le succès, dès sa fondation ou peu de temps après sa fondation, du fait qu'elle était instituée auprès du dépôt des lois pour l'Orient. Par là se comprend, nous semble-t-il, l'attrait qu'elle exerce sur toutes les provinces de l'Orient, sur certaines provinces de l'Europe[1], sur celles mêmes qui possèdent des Écoles de Droit.

---

1. Voy. *Infrà*, Chap. III. Encore nos informations sont-elles très incomplètes, il ne faut pas se lasser de le redire.

II. — *L'Influence politique et économique de la ville de Beyrouth.*

Même si le lecteur se refusait à croire, avec nous, à l'existence d'un dépôt des lois à Beyrouth, ou si, convaincu de la réalité du fait, il se dérobait devant la relation proposée avec la naissance de l'École de Droit, — il resterait néanmoins encore quelques hypothèses à produire sur la question ici discutée et qui valent en tout état de cause, soit pour remplacer l'hypothèse antérieure, soit pour la renforcer.

Les auteurs modernes sont d'accord avec saint Grégoire le Thaumaturge [1] pour reconnaître en Beyrouth une « ville essentiellement romaine », πόλις Ῥωμαϊκωτέρα. Bien mieux que les rares débris archéologiques de son sol, les témoignages historiques concourent à prouver quelle importance l'Empire attacha à cette cité. Colonie militaire, siège de deux légions, Beyrouth reçut d'Auguste lui-même et de ses successeurs les plus grandes faveurs : l'un de ses premiers gouverneurs fut Agrippa, le mari de Julie, fille d'Auguste, dont elle prit son nom de *Colonia Augusta Iulia Felix*; d'admirables constructions y furent élevées par Auguste, et, à son exemple, par les rois juifs de la famille d'Hérode Agrippa ; son territoire fut assimilé au sol quiritaire par l'octroi du *ius Italicum* ; c'est elle qui fut choisie pour la tenue de la cour de justice extraordinaire instituée par Auguste dans le procès d'Hérode contre ses fils accusés de conspiration ; son port était la station de la flotte chargée de surveiller la Méditerranée orientale.

Les Empereurs appelés en Orient par la guerre ou par des raisons politiques y ont séjourné : Auguste, Vespasien, Titus [2].

---

1. Dans le Panégyrique d'Origène (Migne, *P. G.*, t. X, col. 1056) (*Infrà*, p. 26).

2. Avant son règne, après la prise de Jérusalem.

Comment de ces témoignages peu nombreux pourtant en comparaison de tous ceux qui sont perdus, mais qu'il était bon de rappeler, quoiqu'ils fussent très connus, comment ne pas tirer la conclusion que Beyrouth a été, de par la volonté consciente des Empereurs, une ville privilégiée entre les villes de l'Orient? Et comment s'étonner alors qu'elle ait pu être le lieu préféré pour le dépôt des lois de l'Orient : ce n'était là qu'une marque nouvelle de la bienveillance impériale à son égard. Bienveillance d'ailleurs, non de sentiment, mais d'intérêt. Les Empereurs favorisent Beyrouth parce que cette ville représente, pour eux, la « porte de l'Orient », du moins de « l'Orient sémitique » (en dehors de l'Égypte, unité politique à part).

Cette situation avantageuse, Beyrouth la doit à son port, merveilleusement abrité, où les prédécesseurs des Romains, Phéniciens, Juifs et Grecs, doués d'un génie commercial supérieur, ont su faire converger les routes qui débouchent des plus riches provinces de l'Asie.

Les Empereurs ont su reconnaître, très vite, l'importance géographique de la ville : dans l'ordre politique comme dans l'ordre économique, elle leur servira utilement de base d'opérations pour leurs desseins d'emprise sur ces provinces.

Faut-il conclure de là que ce fut un Empereur qui fonda l'École de Droit, comme l'ont cru quelques anciens ; nullement, au Haut-Empire il n'y a pas encore d'Écoles officielles. Mais la fondation de l'École de Droit a très probablement été provoquée par les mêmes considérations politiques et économiques qui avaient attiré sur Beyrouth l'attention impériale.

A quelque époque qu'elle ait été créée, sous l'influence ou non de l'institution dans la ville d'un dépôt des lois, l'importance politique de Beyrouth, « clef de l'Orient », comme l'importance économique de son port nous semblent des motifs propres à justifier l'érection d'une *statio* analogue à celles de Rome ou des cités de l'Orient. C'est au port de Beyrouth que venaient s'embarquer pour l'Italie (Brindisi), et évidemment aussi pour la Grèce et l'Égypte, les voyageurs de Syrie ou de l'arrière-pays, appelés hors de chez eux par leurs affaires ou par leurs procès ; c'est de son port aussi qu'étaient expédiées par la voie de mer les marchandises variées de la Syrie et des régions de l'intérieur (Arabie, Mésopotamie, etc...), la soie en particulier. L'activité commerciale engendre les procès ; les procès font naître les hommes de loi ; dans la société romaine du Haut-Empire les *prudentes* se font facilement professeurs en même temps que consultants. Que des *prudentes* bérytiens se soient, vers le II° siècle, consacrés plus particulièrement à l'enseignement et aient ouvert un *auditorium* ou École de droit, ils y ont été poussés sans doute aussi par le zèle des jeunes Phéniciens dont tout porte à croire qu'ils étaient déjà exceptionnellement doués pour les affaires et pour les discussions oratoires comme leurs descendants le sont encore aujourd'hui [1].

Y a-t-il eu d'autres motifs à l'établissement d'une *statio* à Beyrouth sous le Haut-Empire ? L'influence des grands jurisconsultes syriens, même s'ils n'y ont jamais professé, s'est-elle fait sentir dans cette création ? Nous l'ignorons.

Cette raison ne serait d'ailleurs valable que si l'on était sûr que l'École date seulement des débuts du III° siècle ou de l'extrême fin du II° siècle. Mais, comme elle remonte sans doute à une période plus haute de ce II° siècle, ne serait-ce pas plutôt l'existence d'une École déjà florissante qui aurait suscité la vocation juridique de ces futures illustrations ?

---

1. Il n'entre pas dans nos vues de remettre en lumière l'idée connue que les habitants de la Syrie, sous la domination phénicienne, grecque ou romaine, ont toujours pratiqué le commerce d'exportation, soit en Syrie même, soit chez les autres peuples méditerranéens où ils avaient fondé des comptoirs nombreux et prospères. Je signalerai seulement sur la question les travaux concernant l'histoire du collège marchand bérytien de Délos que vient de publier M. Ch. Picard, *Bull. de corresp. hellén.*, t. XLIV, 1920, p 263-311 et *L'Etablissement des Poseidoniastes de Bérytos*, Paris, 1921, gr. in-4° (Exploration archéologique de Délos, fasc. VI).

SECTION II

LES SOURCES

——

Pour retracer aussi complètement que possible l'histoire de l'École de Droit de Beyrouth, la méthode la plus sûre est de suivre un à un les textes, malheureusement trop peu nombreux, que nous a laissés l'Antiquité, textes qui, malgré leur rareté, n'ont pas encore été relevés dans leur ensemble [1].

§ I. — Le IIIe siècle.

1. — Le premier document historique qui révèle l'existence de l'enseignement du droit à Beyrouth est un passage de saint Grégoire le Thaumaturge dans l'*Orat. panegyr. ad Origenem*, chap. V, prononcée en 239. Grégoire y raconte qu'un précepteur lui apprit, dans sa patrie, la Cappadoce, le latin et les lois romaines afin qu'il pût se rendre à Beyrouth pour y devenir étudiant en droit. Il qualifie cette ville de πόλις Ῥωμαϊκωτέρα πως καὶ τῶν νόμων τούτων.... παιδευτήριον (civitas... Romani iuris, harum legum communis schola et auditorium) [2].

———

1. Au dire de Hase, un passage obscur de Juvénal, *Sat.* III, 114 et suiv., ferait allusion à l'École de Droit de Beyrouth. Hase consacre son Chapitre IV (p. 35-52) à l'interprétation de ces vers. Son exégèse est vraiment trop imaginative pour pouvoir nous convaincre.

2. Migne, *P. G.*, t. X, col. 1065-1066. D'après Hase, p. 52-55, c'est en 231 que Grégoire se serait proposé d'aller commencer ses études à Beyrouth. Le

L'importance de ce passage est considérable à deux égards : parce qu'il montre la réputation de l'École de Droit de Beyrouth s'étendant déjà au début du IIIe siècle fort loin de la Syrie, et parce qu'il atteste que la ville était alors un centre romain et où l'enseignement se donnait en latin. En fait, d'ailleurs, saint Grégoire le Thaumaturge, pour des raisons de famille, ne se rendit pas à Beyrouth, comme il en avait le vif désir, mais à Césarée de Palestine[1]. Les auteurs qui ont fait de lui un étudiant de Beyrouth ont été trompés par le triple témoignage de saint Jérôme[2], de Socrate le Scholastique[3] et de Cassiodore[4], ces derniers affirmant que Grégoire étudia les lois à Beyrouth. Mais cette opinion se heurte à la déclaration expresse du Panégyrique même[5].

Une erreur identique a été professée à l'égard du frère du Thaumaturge, Athénodore, qui, selon certains auteurs, l'aurait accompagné à Beyrouth[6]. Les sources[7] disent seulement qu'il fut cinq ans l'élève d'Origène à Césarée

---

passage est cité aussi par : Godefroy (chez Mueller, *Geogr.- gr. min.*, II, 517, d'après *S. S. Patrum Greg. Thaum... opera graeco-latina*, Paris, 1622, in-fol.); Krueger, p. 153, n. 86 (trad. franç., p. 186, n. 7); Hitzig, *op. cit.*, p. 74, n. 244; Benzinger, v⁰ *Berytos*, dans Pauly-Wissowa, t. III, col. 322; Jullien, *loc. cit.*, p. 451; Schemmel, p. 446; P. de Francisci, p. 3, n. 2; Kuebler, *loc. cit.*, col. 398 (d'après l'éd. de Koetschau, § 62, p. 13, 5); Lammens, p. 5.

1. *Loc. cit.*, Migne, *P. G.*, t. X, col. 1067-1068.

2. S. Eusebii Hieronymi, *De Viris illustribus*, c. lxv, Migne, *P. L.*, t. XXIII, col. 675-676 : Theodorus, qui postea Gregorius appellatus est, Neocaesareae Ponti episcopus, admodum adolescens, ob studia Graecarum et Latinarum litterarum, de Cappadocia Berytum, et inde Caesaream Palestinae transiit, iuncto sibi fratre Athenodoro.

3. Socratis, *Hist. eccl.*, l. IV, c. xxvii, Migne, *P. G.*, t. LXVII, col. 535-536; le passage, connu par Benzinger, Hitzig, est discuté par Hase, p. 88.

4. Cassiodore, *Hist. Tripartita*, l. VIII, c. viii, Migne, *P. L.*, t. LXIX, col. 1116 (d'après Socrate).

5. En ce sens, Hase, p. 88-90.

6. Lammens, p. 5. Le témoignage de saint Jérôme, *loc. cit.*, base de cette assertion, a été réfuté par Hase, p. 90.

7. *Acta S. S.*, Febr. II, 288; Eusèbe, *Hist. eccl.*, VI, 30; VII, 14, 28, 1 cf. Juelicher, v⁰ *Athenodoros*, n⁰ 15, dans Pauly-Wissowa, t. II, col. 2044.

avec son frère, mais il n'y est nullement question de
Beyrouth où Grégoire ne fut jamais étudiant. Firmilien,
évêque de Césarée, leur compagnon de voyage et leur
condisciple chez Origène, ne passa pas davantage par
l'École de Beyrouth [1].

2. — Saint Pamphile [2], né vers 240 ou 250, mis à mort
avec onze compagnons sous Maximin, en 309, et dont la
fête se célèbre le 1er juin, qui ouvrit une école à Césarée
de Palestine où il fonda une importante bibliothèque
chrétienne de 30.000 volumes, l'apologiste d'Origène, le
maître d'Eusèbe, était né à Béryte même et, selon toute
vraisemblance, les études de sa jeunesse auxquelles
Eusèbe fait allusion furent des études de droit [3].

3. — Un peu après saint Pamphile, vers la fin du IIIe siècle,
saint Apphien et saint Aedesius [4], qui devaient être vic-

---

1. Hase, p. 90-91.

2. Sa vie se trouve dans Eusèbe, *De Martyribus Palestinae*, c. xi. dont
le texte grec a été édité en particulier par les Bollandistes (*Acta S. S.*,
1er juin, t. 1, p. 62-64), et d'une façon critique par [H. Delehaye] dans les
Anal. Bolland., t. XVI, Bruxelles, 1897, p. 129-139. — Indications bibliographiques dans la *Bibliotheca Hagiographica Graeca* des Bollandistes,
ed. altera, Bruxelles, 1909, p. 195; et dans la *Bibliotheca Hagiographica
Orientalis* des mêmes, Bruxelles, 1910, p. 182.

3. Ὡρμᾶτο μὲν οὖν ἐκ τῆς Βηρυτῶν πόλεως, ἔνθα τὴν πρώτην ἡλικίαν τοῖς
αὐτόθι ἐτέθραπτο παιδευτηρίοις · ἐπὶ δὲ τὰ τῆς φρονήσεως εἰς τελείους ἄνδρας
αὐτῷ προσῄει μετέβαινεν ἀπὸ τῶνδε ἐπὶ τὴν τῶν ἱερῶν λόγων ἐπιστήμην
(Erat autem ex Berytensium civitate, ubi primam aetatem egit in iis quae
ibi erant puerorum gymnasiis : postquam vero ingenium eius ad virilem
aetatem maturuit, transivit ad sacrarum litterarum studium ;...) (*Anal. Bolland.*, t. XVI, p. 133; trad. des *Boll.*, 1er juin, t. I, p. 64). Le passage manque
dans Migne, *P. G.*, t. XX, col. 1500. — Lammens, p. 6.

4. La vie des deux saints est racontée par Eusèbe, *De Martyribus Palestinae*, c. iv, 3, 5. La meilleure édition du texte grec est celle de [H. Delehaye]
dans les *Anal. Bolland.*, t. XVI, 1897, p. 122-127. Voy. en outre la bibliographie indiquée par la *Bibliotheca Hagiographica Graeca* des Bollandistes, *ed.
altera*, Bruxelles, 1909, p. 25, n° 161 et par la *Bibliotheca Hagiographica
Orientalis*, Bruxelles, 1910, p. 8 (Aedesius), p. 23 (Apphianus). L'ouvrage
de B. Violet, *Die Palestinischen Martyrer*, Texte u. Untersuch., Leipzig,
1894, contient une traduction du syriaque. La vie de saint Apphien est

times aussi des persécutions de Maximin, faisaient leurs
études à Beyrouth. Les deux frères étaient nés à Paga,
en Lycie, d'une famille illustre. Après une enfance très
morale, leur père voulut leur donner une éducation dis-
tinguée et pour y réussir, les envoya à Beyrouth. Ils y
furent reçus par un de leurs compatriotes et ne se laissè-
rent pas entraîner par la jeunesse trop libre de l'Université. Apphien étudia surtout l'éloquence, Aedesius la philosophie. Ils passèrent cinq ans à Beyrouth pour étudier
le droit romain qu'Apphien, au moins, possédait parfaitement. Il est probable que c'est à Beyrouth qu'Apphien
se fit chrétien. Évêque de Césarée de Palestine, il y mourut martyr, encore jeune, le 2 avril 306. Sa fête se célèbre
le 2 avril. Son frère fut martyrisé à Alexandrie.

4. — Aux confins du III⁰ et du IV⁰ siècles, une constitution non datée de Dioclétien et Maximien[1] apporte un
renseignement d'un certain intérêt sur l'École de Droit de
Beyrouth :

Cod. Iust. 10, 50 (49), *qui aetate se excusant*, 1.
*Impp. Diocletianus et Maximianus AA. Severino et
ceteris scholasticis[2] Arabiis.* Cum vos adfirmetis libera-
libus studiis operam dare, maxime circa professionem
iuris, consistendo in civitate Berytorum provinciae
Phoenices, providendum utilitati publicae et spei
vestrae decernimus, ut singuli usque ad vicesimum
quintum annum aetatis suae studiis non avocentur.

resumée d'après Eusèbe par le P. François Bouvier, *Le Saint étudiant de
Beyrouth* (en arabe), dans *Al-Machriq*, t. IX, 1906, p. 984-990 et p. 1079-
1085. — Porter, p. 35-39, la raconte aussi ; Hase, p. 56, 93-94 en parlait
déjà. — Simple allusion dans Hitzig, *op. cit.*, p. 74, n. 244 (d'après Rui-
nart) ; Jullien, *loc. cit.*, p. 451 ; Lammens, p. 6.

1. Citée par Godefroy ; Strauch, c. IV, n⁰ 15 [p. 42] ; Hase, p. 55-56, 94-96 ;
Krueger, p. 153, n. 86 (trad. franç., p. 186, n. 7) ; Hitzig, *op. cit.*, p. 74,
n. 244 ; Bouchier, p. 117 ; Kuebler, *loc. cit.*, col. 398, 401 ; Schemmel, *Phil.
Woch.*, 1923, col. 237-238.

2. Le mot *scholasticus* veut dire ici « étudiant », il ne saurait signifier
« avocat » puisque les destinataires sont encore en cours d'études.

Le rescrit étant adressé à Séverin et à d'autres étudiants d'Arabie nous renseigne d'abord sur le fait que l'École de Droit de Beyrouth attirait déjà aux IIIe-IVe siècles des élèves originaires de l'Arabie [1].

Dans son dispositif le rescrit nous apprend aussi que les étudiants d'Arabie [2] avaient eu besoin d'une intervention spéciale des Empereurs pour pouvoir continuer leurs études de droit à Beyrouth jusqu'à l'âge de vingt-cinq ans, sans risquer d'en être détournés par l'appel à des *munera personalia :* le titre du Code *qui aetate se excusant* se rapporte en effet, d'après sa place même, aux excuses afférentes aux charges personnelles. Le texte prouve donc que les études se poursuivaient parfois à Beyrouth, au moins jusqu'à un âge aussi avancé que celui des étudiants français en doctorat en droit. En outre, cette concession montre quelle importance les Empereurs attachaient à la fréquentation des écoles par la jeunesse, en la faisant prédominer sur l'obligation à remplir des devoirs publics [3].

§ II. — Le IVe siècle.

Au IVe siècle, la réputation de l'École de Droit de Beyrouth ne s'était pas démentie.

5. — La preuve nous en est fournie d'abord par une allusion que fait à la célébrité juridique de Beyrouth le sophiste Eunape, l'un des partisans de Julien l'Apostat, qui écrivait sous l'Empereur Constance. Dans le passage

---

1. Une inscription grecque de Beyrouth, récemment publiée et portant une dédicace à la Tyché de Pétra (Arabie), atteste l'existence de relations commerciales entre Pétra et Béryte, un siècle et demi avant la constitution de Dioclétien que les éditeurs de cette inscription ne manquent pas de citer (L^s R. du Mesnil du Buisson et P. R. Mouterde, *Inscriptions grecques de Beyrouth*, dans *Mél. de la Faculté orientale*, t. VII, 1914-1921, p. 383-384; p. 23 du tirage à part).

2. M. Schemmel, *Phil. Woch.*, 1923, col. 238, se trompe en croyant que l'objet de la constitution était de permettre aux Grecs d'étudier à Beyrouth jusqu'à vingt-cinq ans.

3. C. Barbagallo, *op. cit.*, p. 195.

de sa *Vita Proaeresii* [1], où il parle d'un haut fonctionnaire de l'Empire, Anatole, surnommé par ses ennemis *Azutrio* ou *Adiutrio*, Eunape écrit [2] : « Il atteignit les sommets de la science du droit. Rien à cela d'étonnant, car Béryte, sa patrie, est la mère et la nourrice de ces études [3] ». L'expression νομικῆς..... παιδείας..... μήτηρ apparaît chez Eunape pour la première fois; on rencontrera à plusieurs reprises encore le terme même ou des termes équivalents.

Les lettres de Libanius et d'autres sources fournissent des renseignements complémentaires sur la brillante carrière du Bérytien Anatole : nous la retracerons plus tard [4], en parlant des étudiants de l'École de Droit.

Il n'y a pas lieu de regarder comme un élève de Beyrouth le fils d'Anatole, Apolliuaris [5], qui fut le disciple de Libanius; car Libanius n'a jamais enseigné à Béryte; c'est plutôt à Antioche, ville par laquelle Anatole est passé au cours de sa carrière, qu'Apollinaris se mit à l'École de Libanius.

6. — Saint Spiridion, le berger évêque de Trimithonte

1. *Eunapii Sardiani Vitae Sophistarum*, ed. Jo. Fr. Boissonade, Paris, Didot, 1849, p. 490 [p. 150].

2. Le passage est visé par Hase, p. 56, 99-104; Godefroy dans Mueller, t. II, p. 517; Strauch, n° 16 [p. 43]; Hitzig, p. 74, n. 244 (sur Anatole, p. 66, n. 227); Schemmel, p. 448 ; Seeck, vᵒ *Anatolius*, dans Pauly-Wissowa, t. 1, col. 2071-2072; Kuebler, *loc. cit.*, col. 398; Lammens, p. 7.

3. Ἦν μὲν γὰρ ἐκ Βηρυτοῦ πόλεως, καὶ Ἀνατόλιος ἐκαλεῖτο · οἱ δὲ βασκαίνοντες αὐτῷ καὶ Ἀζουτρίωνα ἐπίκλησιν ἔθεντο, καὶ ὅ τι μὲν τὸ ὄνομα σημαίνειν βούλεται ὁ κακοδαίμων ἴστω τῶν θυμελῶν χορός. Δόξης δὲ ἐραστής ὁ Ἀνατόλιος καὶ λόγων γενόμενος, ἀμφοτέρων ἔτυχε · καὶ τῆς τε νομικῆς καλουμένης παιδείας εἰς ἄκρον ἀφικόμενος, ὡσὰν πατρίδα ἔχων τὴν Βηρυτὸν ἢ τοῖς τοιούτοις μήτηρ ὑποκάθηται παιδεύμασι..... ([Hac tempestate imperatoris aula tulit virum et gloriae et eloquentiae appetentem,] Beryto Phoeniciae urbe oriundum, Anatolium nomine, cui Azutrionis cognomen imposuerunt invidi; quod nomen quid significet relinquo investigandum insano scenicorum gregi. Iste itaque gloriae pariter et eloquentiae amator, utramque est assecutus, iuris civilis scientia exacta clarissimus; nec mirum, quippé cum patria Berytus fuerit, eiusmodi studiorum mater et alumna...)

4. *Infrà*, Chap. III.

5. Riess, vᵒ *Apollinaris*, n° 7, dans Pauly-Wissowa, t. I, col. 2845.

en Chypre, mort en 348, ayant sa fête le 14 décembre, était, dit sa Vie, scandalisé par l'atticisme affecté de son collègue, Triphyllius, qui répugnait à employer le vocabulaire des Évangiles[1]. Ce Triphyllius, évêque de Ledron en Chypre, était un ancien avocat (scholastique) qui « pour étudier les lois était resté longtemps dans la ville de Béryte », déclare Sozomène, l'auteur de l'*Historia ecclesiastica* (I, 11)[2], le continuateur d'Eusèbe.

Pour certains auteurs, Sozomène lui-même, qui fut avocat à Constantinople, aurait fréquenté, comme étudiant, l'École de Beyrouth. Cette opinion ne s'appuie sur aucun document[3]. Parfois même on fait de Sozomène un professeur de droit à l'Université de Beyrouth[4] : opinion qui ne repose non plus sur aucun texte connu de nous.

7. — En 342, un rescrit impérial atteste indirectement, croyons-nous, l'influence que l'enseignement de l'École de Droit de Beyrouth exerçait sur la pratique.

Il s'agit de la célèbre constitution des fils de Constantin de l'an 342[5] ordonnant l'abrogation des formules dans les actes. La suppression radicale des formules de droit s'applique probablement aux formules usitées dans les

---

1. *Les Vies des Saints*, t. XII, Paris MDCCI, p. 4, 6; Lammens, p. 7.

2. Migne, *P. G.* t. LXVII, col. 887, 889-890 : ... εἶναι δὲ σὺν αὐτοῖς Σπυρίδωνα τοῦτον, καὶ Τριφύλλιον τὸν Λήδρου ἐπίσκοπον, ἄνδρα ἄλλως τε ἐλλόγιμον, καὶ διὰ νόμων ἄσκησιν πολὺν χρόνον ἐν τῇ Βηρυτίων πόλει διατρίψαντα (inter quos erat Spyridon hic noster, et Triphyllius Ledrorum episcopus, vir disertissimus, et qui ob studium legum [sc. Romanorum] diu in urbe Berytiorum fuerat commoratus). — Ancienne édition : R. Estienne, *Historici graeci*, Paris, 1544. Le passage est cite par Hase, p. 56, 91-92; Benzinger, *loc. cit.*, col. 322; Hitzig, *op. cit.*, p. 74, n. 244; Lammens, p. 7.

3. Cette opinion qui vient du célèbre érudit Henri de Valois, éditeur de Socrate et Sozomène, et qui se retrouve encore dans Lammens, p. 7-8, est écartée par Hase, p. 104-105.

4. Paul Allard, *Julien l'Apostat*, t. III. p. 393.

5. Cod. Iust., 2, 57, 1 : *Impp. Constantius et Constans Marcellino praesidi Phoenice. Iuris formulae aucupatione syllabarum insidiantes cunctorum actibus radicitus amputentur.*

actes juridiques en général autant qu'aux formules de procédure, en dépit de la rubrique du Code de Justinien, sous laquelle la constitution est placée : *De formulis et impetratione actionum sublatis*[1].

D'ordinaire on ne se demande pas s'il est possible d'expliquer que cette constitution ait été adressée à Marcellin, président de la province de Phénicie. Comment se fait-il que les Empereurs aient eu à répondre par rescrit à une consultation du président d'une si petite province et située en Orient? Pourquoi la question des formules a-t-elle préoccupé spécialement, en 342, le président de Phénicie? Ces questions peuvent recevoir peut-être une explication du fait que la Phénicie, dont le gouverneur résidait à Tyr, comprenait dans son ressort la ville de Beyrouth. Nous nous imaginerions volontiers que le rescrit est dirigé contre l'influence de l'École de Droit de cette ville. Beyrouth était un centre très romanisé (Ῥωμαϊκωτέρα, constatait un siècle plus tôt saint Grégoire le Thaumaturge) où les professeurs de l'École de Droit, par leur enseignement, maintenaient en l'honneur le droit romain des classiques dans les œuvres desquels abondaient les formules d'actes, d'actions, ou d'autres voies de droit, de même qu'au milieu du iv⁰ siècle, ils enseignaient certainement encore en latin [2]. De l'enseignement les formules se répandaient dans la pratique, encore en 342. Le gouverneur Marcellin venait sans doute de Rome, tout pénétré du mouvement de réaction contre les formules qui se faisait alors sentir dans la capitale. On peut supposer qu'il aura voulu mettre fin dans sa province à des pratiques attardées, en agissant sur les professeurs et en essayant de réformer la méthode d'enseignement

---

1. Telle est, du moins, l'opinion du dernier auteur qui s'en soit occupé. A.-J. Boyé, *La* Denuntiatio *introductive d'instance sous le Principat*, thèse de Bordeaux, 1922, p. 308.

2. *Infrà*, p. 211.

de l'École de Droit. N'y réussissant pas par son autorité propre, il se serait décidé à consulter la Chancellerie impériale, dont il obtint le rescrit péremptoire de 342.

Que les gouverneurs de la province de Phénicie aient exercé un contrôle sur l'enseignement de l'École, un argument de texte le prouve. La Const. *Omnem* de Justinien (§ 10), désirant arrêter les *ludi* ou brimades des étudiants en droit de Beyrouth, confère un pouvoir de contrôle (*observare*) et de répression (*vindicare*) sur leurs gestes délictueux tant au clarissime gouverneur de la Phénicie maritime (*vir clarissimus praeses Poenicae maritimae*) qu'à l'évêque et aux professeurs de droit.

Jacques Godefroy[1] expliquait autrement l'adresse de la constitution. Remarquant que l'Empereur Constance a séjourné en Syrie à la fin de 338 et en 339, il pensait que la constitution abrogative des formules aurait été prise avec le conseil des jurisconsultes de « Beyrouth en Phénicie »; les professeurs, constate-t-il, avaient acquis déjà une certaine célébrité sous le règne de Constance. duquel date l'*Expositio totius mundi* qui parle explicitement de l'École de Droit[2]. L'hypothèse de Godefroy, on le voit, fait jouer aussi à l'École un rôle dans l'émission de la loi de 342. Mais n'est-on pas un peu surpris que Constance ait attendu trois ans avant de la promulguer?

Dans la seconde moitié du IVe siècle, la renommée de Beyrouth, comme centre des études juridiques, est attestée par des textes assez nombreux. M. Schemmel[3] écrit que l'importance de l'École de Droit grandit à cette époque sous deux influences : la fondation de Constantinople (en 330) et l'accès aux fonctions publiques qui fut alors permis aux Grecs.

---

1. J. Godefroy, *Codex Theodosianus*, éd. Ritter, t. V, Mantoue, 1748, in-fol., p. 188, col. 2, *in fine* et p. 189, col. 1
2. Mais, sur ce texte, cf. *Infrà*, p. 40.
3. Schemmel, *loc. cit.*, p. 448.

8. — Saint Grégoire de Nazianze, né en **328**, mort vers **389**, dans son poème « de Nicobule à son fils » fait allusion à Beyrouth, sans la nommer. La périphrase qu'il emploie, « ville célèbre de l'agréable Phénicie, siège des lois romaines »[1], ne prête à aucune équivoque.

9. — C'est surtout le fameux rhéteur Libanius[2], autre partisan de Julien l'Apostat, qui nous a laissé plusieurs témoignages insignes sur l'École de Droit de Beyrouth[3]. Dans ses lettres, d'abord, Libanius parle fréquemment d'étudiants en droit de Beyrouth et aussi d'un professeur, le seul qu'il mentionne, Domnio ou Domninus[4]. La ville d'Antioche où Libanius tenait école de rhétorique est peu éloignée de Beyrouth; ceux de ses élèves qui voulaient devenir avocats ou magistrats se rendaient à la célèbre École de Phénicie quand ils ne partaient pas pour Rome; c'est ainsi que la correspondance de Libanius[5] contient

---

1. *Carmina*, II, ɪɪ, 5 (*Nicobuli patris ad filium*), vers 226-227 (Migne, *P. G.*, t. XXXVII, col. 1538) :

$$\ldots\ldots \text{εἴτε σε τερπνῆς}$$
$$\text{Φοινίκης κλυτὸν ἄστυ, νόμων ἕδος Αὐσονιήων}$$

(... sive te iucundae Phoeniciae urbs inclyta, legum sedes Romanarum). — L'annotateur du v. 227 dans Migne déclare ignorer le nom de cette ville qui n'est pas Tyr. C'est Beyrouth, comme l'a bien compris Billius, l'auteur de la version métrique des mêmes vers :

> Seu magis arridet tibi Berytus, est ubi sedes
> Legibus Ausoniis...

Le P. Lammens, p. 12, semble dire que saint Grégoire de Nazianze avait été l'élève de Beyrouth, après un stage à Athènes. Je n'ai trouvé aucune trace de son passage à l'École de Droit de Beyrouth.

2. Les deux travaux fondamentaux sur Libanius sont ceux d'Emile Monnier, *Histoire de Libanius*, thèse de lettres, Paris, 1866, et de G. R. Sievers, *Das Leben des Libanius*, Berlin, 1868.

3. Référence générale dans Hase, p. 57, qui revient sur Libanius plus loin.

4. Sur lui, *Infrà*, p. 121-122.

5. La correspondance de Libanius est publiée sous le titre *Libanii Sophistae Epistolae* par Wolf; Amsterdam, 1738, in-fol. (Cf. L. Petit, *Essai sur la vie et la correspondance du sophiste Libanius*, thèse de lettres, Paris, 1866). Cette publication est postérieure aux travaux de Godefroy, Strauch

des indications ou même de précieux détails sur les étudiants ou anciens étudiants en droit de Beyrouth. Nous en ferons largement état en parlant des étudiants [1].

Pour l'instant, nous ne retiendrons de la correspondance que des renseignements d'ordre général, les qualificatifs donnés à Beyrouth par Libanius.

La lettre [2] adressée à Anatole, *consularis Phoenices* (été 361), où Libanius lui signale le départ pour Beyrouth de l'étudiant Hilarinus, Grec de l'Eubée, se sert de l'épithète déjà rencontrée chez Eunape de τῶν νόμων μήτηρ « legum mater » : ἐπὶ δὲ τὴν τῶν νόμων μητέρα ἥκει (Is nunc ad legum matrem venit).

Dans une autre lettre à Anatole [3] (hiver 355), Libanius qualifie Beyrouth « la très belle », καὶ Βηρυτῷ τῇ παγκάλῃ; l'épithète apparaît là pour la première fois en grec (*valde deliciosa*, avait dit vers 350 l'*Expositio totius mundi*, § 25) [4]; elle se retrouvera sous des variantes dans les textes formant notre répertoire historique. Ainsi elle reparaît dans une lettre de Libanius à Cléarque [5] (été 365) : Φοινίκης ἡ καλλίστη πόλις « urbs Phoeniciae elegantissima », telle est la désignation de Beyrouth où Palladius étudie le droit.

---

et Hase sur Beyrouth. — Nous utiliserons pour la numération et la datation des lettres, pour les biographies ou l'orthographe des noms des personnages, l'ouvrage d'Otto Seeck, *Die Briefe des Libanius zeitlich geordnet*, Leipzig, 1906 (Texte u. Untersuch. d'O. von Gerhardt u. A. Harnack, Neue Folge, XV⁰ʳ Band). Nous profiterons aussi du premier volume de l'édition des lettres de Libanius par R. Foerster : *Libanii opera vol. X epistulae 1-839*, Leipzig, Teubner, 1921. Cette édition adopte un numérotage chronologique (basé sur celui de Seeck) dont la concordance avec l'édition Wolf doit être donnée seulement à la fin du tome XI. Les numérotages de Wolf, Seeck et Foerster seront distingués par nous sous les initiales W, S, F.

1. *Infrà*, p. 85-91.
2. Liban. ep. 566 W (= app. 38 S, 652 F). — Cf. Krueger, p. 393, n. 6 (trad. franç., p. 465, n. 2); Hitzig, p. 74, n. 244; Kuebler, *loc. cit.*, col. 398.
3. Liban. ep. 1242 W (= V, 55 S, 438 F).
4. *Infrà*, p. 40.
5. Liban. ep. 1547 W (= add. 416 S).

En dernier lieu, Sievers[1] croit apercevoir dans les mots
Φοινίκης λαβόμενος, d'une lettre relative à Julien[2] (été 364),
une allusion à l'École de Droit de Beyrouth. Julien, dit-il,
aimait par dessus tout l'antiquité hellénique et le peuple
des Hellènes ; la lettre visée montre que Julien combat-
tait les Barbares, elle parlait de son droit à lui et vantait
son éloquence. L'allusion à l'École de Beyrouth pourrait
signifier : « Que ferais-tu si tu l'avais visitée ? ».

Comme sa correspondance, les discours de Libanius
renferment des passages sur l'enseignement du droit à
Beyrouth ; ces morceaux sont rares, mais présentent un
intérêt de premier ordre.

Le texte le plus instructif appartient au célèbre discours « Contre les détracteurs de son enseignement »,
Πρὸς τοὺς εἰς τὴν παιδείαν αὐτὸν ἀποσκωψάντας, composé après
366 (ou entre 367 et 374)[3]. Libanius expose, dans ce discours, les causes qui, de son temps, ont amené la décadence de l'art des rhéteurs. Le passage où il fait allusion
au grand succès de l'École de Droit de Beyrouth est assez
important pour que nous en reproduisions la traduction
intégrale[4] : « Une troisième cause a concouru à la ruine
de l'art oratoire. Qu'on loue, qu'on approuve tant qu'on
voudra la révolution dont je vais parler, toujours est-il
qu'elle a contribué pour beaucoup à la stérilité de l'enseignement littéraire. Jusqu'ici les jeunes gens qui appartenaient à des familles d'artisans, et qui avaient besoin

1. Sievers, *op. cit.*, p. 88, n. 16.
2. Liban. ep. 1125 W (= add. 123 S).
3. Cette œuvre de Libanius est visée par Godefroy (chez Mueller, *Géogr.
gr. min.* II, p. 517) sous le titre « Libanii... Orat. 26 apologetica, p. 595 »
[de l'éd. Morellius] ; Strauch, c. ıv, nᵒ 21 [p. 45] ; Schemmel, *loc. cit.*, p. 447 ;
Lammens, p. 7.
4. Liban. or. LXII, c. 21-23 ; t. III, p. 441-442 Reiske ; t. IV, p. 356-358
Foerster. — La traduction reproduite ici est empruntée à un ouvrage inédit
d'Émile Monnier, Λιβανίου ἐκλεκτοὶ λόγοι, *Libanius, Discours choisis*, p. 121-
123, ouvrage dont les bonnes feuilles existent à la Bibliothèque de l'Université de Paris (*Réserve* 322 in-8ᵒ) ; la fin de l'ouvrage et la partie qui devait
contenir les notes manquent.

de se créer des moyens d'existence, allaient en Phénicie
pour y apprendre les lois; les fils de grande maison, qui
étaient d'un sang illustre, qui avaient de la fortune, dont
les ancêtres avaient exercé les charges municipales,
restaient dans nos écoles[1]. Il semblait qu'apprendre les
lois fût la marque d'un état nécessiteux, que pouvoir s'en
dispenser, au contraire, fût le signe d'une condition privilégiée. Aujourd'hui il n'en est plus de même : on se
précipite de toutes parts à l'étude des lois. Des jeunes
gens qui savent parler et qui sont capables de remuer un
auditoire courent à Béryte dans l'espoir de cumuler des
connaissances nouvelles avec celles qu'ils possèdent. Mais
ils se trompent : ils ne cumulent pas, ils ne font qu'un
échange. Ce n'est pas un nouvel apport qui s'ajoute au
premier, c'est un fonds nouveau qui se substitue à l'ancien.
L'esprit n'est pas assez fort pour suffire à cette double
tâche, acquérir une science et en retenir une autre. Ceux
qui reviennent sur ce qu'ils ont appris laissent échapper
ce qu'ils ont commencé d'apprendre; en sorte qu'il leur
serait plus avantageux de donner tout leur temps aux lois
que d'en perdre la plus grande partie dans ces retours
inutiles. Quant à ceux qui se consacrent sans partage à
l'étude des lois, la jugeant plus utile, ont-ils raison? C'est
ce que je n'examinerai pas. Il ne s'agit pas, en effet, d'ou-
vrir ici un débat entre l'éloquence et le droit. C'est assez
pour moi d'avoir montré que tout le fruit des premières
études se montre nécessairement détruit par les secondes,
que celles-ci prennent le dessus, et que le savoir antérieurement acquis se perd complètement pour les uns, nota-
blement pour les autres ».

Le même Libanius montre, dans un autre de ses
discours, « Contre ceux qui l'avaient qualifié de fâcheux »,
Πρὸς τοὺς βαρὺν αὐτὸν καλέσαντας (prononcé en 381 ou 381-
382), que l'enseignement du droit à Beyrouth se donnait

---

1. [C'est-à-dire, entre autres, à Nicomédie ou à Antioche] (note de P. Collinet).

encore en latin à la fin du ivᵉ siècle. La traduction du passage mérite aussi d'être reproduite[1] : « On le regarde aujourd'hui, cet art de bien dire, on la regarde aujour-d'hui cette langue grecque, comme un rocher stérile, sur lequel est bien fou qui va semer, car rien n'y lève, et la semence même est perdue. C'est un autre terrain qui porte les moissons, c'est la langue des Italiens, ô Minerve, ma divine maîtresse! c'est la science des lois. Et quel rang tenaient-ils autrefois ces habiles qui savent les lois? Leurs textes à la main, debout, les yeux fixés sur l'avocat, ils attendaient qu'il leur dît « Toi, qui es là, lis ».

Enfin, dans son discours Πρὸς τὴν βουλήν, prononcé après 388, Libanius revient encore sur le succès de l'École de Beyrouth et apostrophe les sénateurs d'Antioche en ces termes : « Vous ne vous indignez pas de voir chaque printemps les enfants des sénateurs ou des anciens séna-teurs navigant les uns vers Beyrouth, les autres vers Rome... »[2]. Ceux qui voguent vers Beyrouth y vont évidemment pour entreprendre les études juridiques, qui avaient fait, depuis le iiiᵉ siècle au moins, la réputa-tion de la ville.

10. — La plupart des auteurs qui retracent l'his-toire de l'École de Droit de Beyrouth rangent parmi les sources du ivᵉ siècle le passage de l'*Expositio totius mundi* ou *Descriptio orbis terrae* (§ 25)[3] qui, d'après

---

1. Liban. or. II, c. 44; t. I, p. 185-186 Reiske: t. I, p. 253 Foerster. — Trad. Monnier, *op. cit.*, p. 221. — Libanius ne nomme pas expressément l'École de Beyrouth; mais en rapprochant ce discours du discours « Contre ses détracteurs » cité plus haut, il est permis de conjecturer qu'il a dans l'esprit l'enseignement des lois donné dans la cité phénicienne. C'est aussi l'avis de Lammens, p. 7.

2. Liban. or. XLVIII, c. 11; t. II, p. 537 Reiske; t. III, p. 438-439 Foerster. — Cf. Sievers, *op. cit.*, p. 163; Schemmel, *Phil. Woch.*, 1923, col. 240.

3. Le passage est connu de Godefroy qui a publié l'Apographon Jureti de l'*Expositio* (voy. Mueller, *Geogr. gr. min.*, II, p. 517, où sont réédi-tées précisément sous le § 25 de l'*Expositio* les références de Godefroy aux sources concernant l'École de Beyrouth); il est cité aussi par Hase, p. 56,

son dernier éditeur, M. Th. Sinko [1], doit se restituer ainsi :

> post ipsam (*sc.* Tyrum) Berytus, civitas valde
> deliciosa et auditoria legum habens, per quam omnia
> iudicia Romanorum <stare videntur>. [inde enim
> viri docti in omnem orbem terrarum adsedent iudi-
> cibus et scientes leges custodiunt provincias, quibus
> mittuntur legum ordinationes].

Nous reviendrons plus loin [2] sur ce texte célèbre et, en
en faisant la critique, nous espérons démontrer que la
première partie seule date du ive siècle (vers 350), la
seconde partie représentant une interpolation du ve siècle.
Quel que soit le sort voué à notre conjecture, il n'en demeure
pas moins acquis que le géographe du ive siècle avait
cru bon d'attirer l'attention de ses lecteurs sur l'existence
à Beyrouth des « auditoires de droit », parce que les
maîtres qui y enseignaient possédaient une science excep-
tionnelle [3].

11. — Après les textes littéraires du ive siècle, qui nous
apportent des informations assez précises sur l'École de
Droit de Beyrouth, il est utile de mentionner deux documents papyrologiques où les éditeurs ont cru trouver une
allusion à l'enseignement du droit à Beyrouth.

Deux papyrus de Berlin (P. Berol. 10559, 10558) [4] con-

---

p. 69-70; Strauch, c. iv, n° 16 [p. 43]; Krueger, p. 153, n. 86 (trad. franc.,
p. 186, n. 7); p. 393, n. 6 (p. 465, n. 2); Benzinger, *loc. cit.*, col. 322;
Hitzig, *op. cit.*, p. 74-75; Schemmel, p. 448; Laborde, p. 46; Huvelin-
Jalkh, p.-12; Kuebler, *loc. cit.*, col. 398.

1. Th. Sinko dans *Arch. f. latein. Lexikogr.*, t. XIII, 1904, p. 549-550.

2. *Infrà*, Chap. IV, Sect. II, § IV.

3. Voy. plus haut, p. 34, le parti que J. Godefroy a tiré de cette source
pour expliquer l'adresse de la const. de 342.

4. Publiés par W. Schubart et U. von Wilamowitz-Mœllendorff, dans
Berliner Klassikertexte, Heft v, n° IX, Erste Hälfte, Berlin, 1907, in-4°,
p. 82 et suiv. — Grâce à l'obligeance amicale du professeur H. Stuart Jones,
l'éminent historien, j'ai pu profiter à Oxford de ses suggestions personnelles à propos de ces textes. — Textes cités seulement par Kuebler, *loc.
cit.*, col. 398 et par Schemmel, *Phil. Woch.*, 1923, col. 237.

tiennent les fragments de deux Épikedeia, poèmes funèbres
en l'honneur de deux rhéteurs de Beyrouth ou, plus
exactement, les fragments de deux remaniements d'un
même Épikedeion en l'honneur d'un seul rhéteur de cette
ville[1]. Le maître inconnu célébré dans le poème était un
rhéteur, originaire de Smyrne, qui jouit au milieu du
ıv⁶ siècle d'une grande renommée à Beyrouth, où ses
« ouailles » (ἀγέλη), en témoignage d'admiration, firent
peindre son portrait à la cire, et qui mourut à Constantinople au moment même où il devait y obtenir une place
de professeur.

Un premier passage susceptible d'éveiller l'attention est
celui où sont vantés les dons variés du héros ; son pané-
gyriste y rappelle[2] que, « tantôt il dirigeait dans son
cœur les eaux sans fin de l'éloquence attique, tantôt il
examinait [comment] de la [sphère (?)] céleste [dépen-
dent (?)] les lois et les coutumes... [mêlant (?)] aux M[uses]
au beau langage les [dogmes] de Platon »[3].

En termes moins poétiques, on pourrait dire que le
défunt rassemblait en lui les dons rarement unis de l'orateur, du juriste, du rhéteur et du philosophe.

---

1. La première opinion est celle des éditeurs ; la seconde a été émise par
Adolf Körte, dans l'*Archiv fuer Papyrusforschung*, t. V, 1913, p. 547-
548 (nᵒ 397).

2. P: Berol. 10559, vers 71-76.

3. Vers 74 ἥ [καὶ ἀ]π' οὐρανίης ἐσκέπτετο [.....

    75 ι..... αν θεσμούς τε καὶ ἤθε[α.....

    76 μ.[ούσαι]ς εὐφραδέεσσ· Πλατώνια [δόγματα μίξας]

Le vers 75 est interprété par les éditeurs dans un sens métaphysique (les
lois du monde, disent-ils) et moral (la vertu morale). M. H. Stuart Jones
pense que le rhéteur, sans être un juriste de profession, s'intéressait au
droit, au droit positif, au droit romain. La gémination θεσμούς τε καὶ ἤθεα
traduit exactement, nous dit-il, la gémination latine *leges moresque*. — Il
est assez curieux de noter que la lettre de recommandation adressée par
Libanius au célèbre sophiste Thémistius (ep. 1111 W, p. 528-529 = add.
183 S [printemps 364]) en faveur d'un Syrien nommé Julien énumère, parmi
les connaissances qu'il possède, la science de Platon (περὶ Πλάτωνος) et l'as-
tronomie (κατ' οὐρανόν).

Le second passage ferait, d'après les éditeurs, une allusion directe à l'enseignement du droit à Beyrouth : il constitue les vers 9-11 du second papyrus (P. Berol. 10558, r°) :

Vers 9 ..... Β]ερόης πέδον ἠυκόμο[ιο
      10 ....]κ[όμ]ενον θιάσων
      11 .....] .. σο [.] .... οθεμισ[τ...

C'est grâce à la restitution certaine du mot Β]ερόης au vers 9 que les éditeurs ont découvert le nom de l'École où professait le maître célébré ; dans I 40, on restituera donc Βη[ρυτῶι]. Mais ils pensent, de plus, que les lettres θεμισ[τ... du vers 11 seraient le commencement du mot Θέμιστες, lequel mot viserait « le droit romain qui est enseigné à Beyrouth »[1].

C'est à cause de cette allusion, que les lacunes du papyrus rendent trop peu explicite, que nous avons cru bon de nous arrêter un instant devant le très curieux Épikedeion du rhéteur inconnu.

§ III. — Le Vᵉ siècle.

Pour le vᵉ siècle, les sources fournissent de plus abondants renseignements sur l'École de Droit de Beyrouth, car, à côté de sources historiques inestimables, les sources juridiques, qui manquaient à peu près totalement pour les périodes antérieures, entrent à leur tour en ligne de compte.

12. — Dans le courant de ce siècle, se rencontrent à nouveau parmi les anciens élèves de Beyrouth deux saints, Arcadius et Jean, martyrisés avec Xénophon et Maria, et originaires de Constantinople.

Leur Vie[2] raconte ceci : Xénophon, qui était un sénateur

---

1. *Loc. cit.*, p. 89, n. 11 (avec renvoi à Nonnus, 41, 145-174).

2. Leur Vie est connue par des textes arabe, arménien et grec (cf. la *Bibliotheca Hagiographica Orientalis* des Bollandistes, Bruxelles, 1910,

très vertueux et très riche de Constantinople et qui était
l'époux de Maria, femme en tout point digne de lui, fit
donner à ses deux enfants, Jean et Arcadius, une forte
instruction en éloquence grecque et en philosophie et,
voulant qu'ils acquièrent la science du droit, il les envoya étudier à Beyrouth, ville « qui alors florissait par le
renom de professeurs très habiles dans les lois » [1].

Une maladie de leur père les fit revenir dans leur patrie.
Mais, guéri par miracle, Xénophon leur ordonna de
retourner à Beyrouth pour achever le cours commencé
de leurs études. « Allez, mes fils, leur dit-il, ayez du cœur
à l'ouvrage ; pendant ce temps j'aviserai à vous trouver
de bonnes épouses pour votre retour » [2]. Au cours de
leur voyage, une tempête les assaille ; ils abordent en
deux endroits différents et entrent dans des couvents
séparés ; ils n'achevèrent jamais leur droit, quoique Arcadius se soit demandé s'il ne devait pas poursuivre ses
études conformément à l'ordre de son père [3]. Sans nouvelles d'eux, leur père expédie un messager à leur
recherche jusqu'à Beyrouth où il ne les trouve pas [4]. Leur
fête est, avec celle de leurs parents, le 26 janvier [5].

---

nᵒˢ 1246-1247). Le texte arabe est publié par l'abbé G. Graf, *Dispersae
familiae restitutio*, dans *Al-Machriq*, t. XII, 1909, p. 696-706. — Le texte
arménien (avec traduction) est dans *Vitae et Passiones sanctorum*, t. II,
p. 515-526. — Le texte grec est donné par Migne, *P. G.*, t. CXIV, col.
1013-1043. Le séjour à Beyrouth des saints Arcadius et Jean n'est signalé
que par Hase, p. 57, 105-106 ; Jullien, *loc. cit.*, p. 451-452 ; Lammens, p. 7.

1. Migne, t. CXIV, col. 1016 : Ἐπεὶ δὲ καὶ νόμων αὐτοὺς ἠβούλετο γνῶσιν
ἔχειν, πρὸς πόλιν Βηρυτὸν ἐκπέμπει (ἐκείνη γὰρ τότε τοῖς πολλὴν ἔχουσι περὶ
τῶν νόμων μελέτην ἀνδράσιν ἤνθει) (Postquam vero etiam legum scientia eos
imbui voluit, ad Berytum urbem, quae hac tempestate viris legum peritissimis florebat maxime, haud gravate dimisit)...

2. *Ibid.*, col. 1020 : ... ἐπέτρεπεν αὖθις τοὺς παῖδας τὴν εἰς Βηρυτὸν· ὁδεύειν,
ὥστε τοῖς ἠργμένοις ἤδη τῶν μαθημάτων ἐπιθεῖναι πέρας..., (denuo filios Berytum, ad litterarii cursus coeptum stadium conficiendum, reverti iussit...).

3. *Ibid.*, col. 1026.

4. *Ibid.*, col. 1028.

5. *Acta SS.* Januar., t. III, p. 339.

L'historien byzantin, Nicéphore Calliste, narrant à son tour, dans son *Histoire ecclésiastique* (XIV, 52), la vie d'Arcadius et de Jean, rappelle aussi leur envoi à Beyrouth pour y faire leurs études de droit[1].

13. — Le poète grec Nonnus (né vers 410), l'auteur des *Dionysiaques,* esquisse en ces termes l'avenir des destinées du monde : « La discorde, dévastatrice des États, cessera de compromettre la paix, alors seulement, quand Béryte, protectrice du repos de la vie, jugera la terre et les mers, fortifiera les villes de l'indestructible boulevard des lois, enfin lorsque cette cité assumera le régime exclusif de toutes les cités du monde[2] ».

La ferveur de son admiration trahit en Nonnus, Égyptien de naissance, un ancien élève de Béryte, suppose un auteur[3]. Nous ne savons. Mais, peut-être, ne serait-ce pas trop céder à l'imagination que d'apercevoir un rapprochement entre la vaticination de Nonnus prédisant à Beyrouth le rôle de régente juridique du monde

---

1. *Nicephori Callisti Eccl. hist.*, l. XIV, c. LII; Migne, *P. G.*, t. CXLVI, col. 1249 : Ἐπὶ δὲ μίαν τῶν κατὰ Φοινίκην πόλεων Βηρυτὸν ἐπὶ παιδείᾳ καὶ μελέτῃ νόμων τοὺς οἰκείους παῖδας Ἀρκάδιον καὶ Ἰωάννην ἐκπέμψας... (Miserat is [sc. Xenophon] Berytum, quae Phoeniciae urbs est, disciplinae et legum discendarum gratia, Arcadium et Ioannem filios suos...).

2. *Dionys.* liv. 41, vers 395-398 (t. II, p. 243 Koechly; t. II, p. 333-334 Ludwich) :

  .... ἄχρι δικάζει

 Βηρυτὸς βιότοιο γαληναίοιο τιθήνη
  γαῖαν ὁμοῦ καὶ πόντον, ἀκαμπεῖ τείχεϊ θεσμῶν
  ἄστεα πυργώσασα, μία πτόλις ἄστεα κόσμου.

La traduction française de Boitet, Paris, 1695, p. 641, ne serre pas le texte d'assez près. Nous suivons la traduction du P. Lammens, p. 10. Le passage est connu de : Godefroy dans Mueller, t. II, p. 517; Strauch, c. iv, n° 22 [p. 45]; Hase, p. 27-29, 57; Schemmel, p. 448. Les deux autres mentions de Béryte (*Dionys.* liv. 41. v. 367 et liv. 43, v. 130) n'évoquent nullement l'étude des lois. — Le liv. 41, v. 145 parle de δίκης πέδον, ἄστυ θεμίστων (solum iuris et urbs legum) (Kuebler, *loc. cit.*, col. 398). Cf. liv. 41, v. 10 : θεμιστοπόλου Βερόης (iustitiam exercentis Beroës).

3. Lammens, p. 10

entier et le titre de « Maîtres œcuméniques », οἱ τῆς οἰκουμένης διδάσκαλοι, porté par les professeurs en droit de
Beyrouth au vᵉ siècle[1], au moment même où il écrit.

14. — La première moitié du vᵉ siècle, pensons-nous, vit
s'accomplir un événement heureux pour les destinées de
l'École de Droit de Beyrouth : elle reçut des Empereurs
un *privilegium*, une charte d'érection en École officielle
ou École de l'État. Que l'École de Beyrouth ait été,
comme celles de Rome et de Constantinople, une École
officielle, une École de l'État, Justinien le reconnaît formellement dans la Const. *Omnem*, § 7, et c'est pour ce
motif et à ce titre qu'il la maintint avec les Écoles des
deux « villes royales », tandis qu'il en supprimait d'autres,
qui ne possédaient pas le même caractère. L'attribution
du caractère officiel à une École résultait d'un *privilegium*
impérial ; ces *privilegia,* dit la Const. *Omnem,* avaient été
octroyés aux trois villes par certains Empereurs, les
ancêtres (*maiores*) ou mieux les prédécesseurs de Justinien[2].

Les Codes Théodosien et Justinien nous ont conservé
le *privilegium* des Universités de Rome et de Constantinople, qui émane des Empereurs Théodose II et Valentinien III (425)[3]. Le *privilegium* correspondant de l'École
de Droit de Beyrouth nous est inconnu. Nous avons tenté
plus loin[4] d'en déterminer approximativement la date et
les auteurs : le *privilegium* de Beyrouth viendrait peut-

---

1. Sur ce titre, voy. *Infrà*, p. 52 et surtout Chap. IV, Sect. II, § V.
2. Const. *Omnem*, § 7 : ... quod iam et a retro principibus constitutum est
et non in aliis locis, quae a maioribus tale non meruerint privilegium... —
Mais, constate C. Barbagallo, *op. cit.*, p. 364, n. 1, Justinien oublie que
les princes ont reconnu l'enseignement du droit dans les provinces sans
honorer les maîtres des exemptions de tutelles (Dig. 27, 1, 6, 12 : Modes-
tinus *libro secundo excusationum*); cf. *Infrà*, Chap. IV, Sect. VII.
3. Cod. Theod. 14, 9, 3 = Cod. Iust. 11, 18 (19), un.
4. Chap. IV, Sect. VI.

être des mêmes Empereurs Théodose et Valentinien et aurait été octroyé à l'École entre 438 et 450[1].

15. — C'est pour la fin du ve siècle que nous possédons sur l'École de Droit de Beyrouth les indications les plus abondantes grâce à la *Vie de Sévère*, par Zacharie le Scholastique, texte hagiographique syriaque dont l'original grec a péri[2].

Zacharie de Gaza, surnommé aussi le Scholastique ou le Rhéteur parce qu'il fut avocat à Constantinople, ou Zacharie de Mytilène parce qu'il devint évêque de cette ville, n'est pas l'auteur de la *Chronique syriaque* ou *Histoire ecclésiastique* (des années 450-491) écrite entre 491 et 518, que ses récents traducteurs ont eu raison de regarder comme la compilation historique de Pseudo-Zacharie[3].

La vie et les œuvres du vrai Zacharie sont ainsi retracées

---

1. Hase, p. 73-74, réunit sous le nom de *privilegia* les faveurs accordées à l'École par les *maiores* inconnus, puis le maintien de l'École par Justinien. Il fait rentrer (p. 74-75) dans les *leges Academiae,* dans les statuts de l'École, la disposition de Dioclétien et Maximien exonérant les étudiants de *munera publica* jusqu'à xxv ans [Cod. Iust. 10, 50 (49), 1]

2. La version syriaque du ms. Sachau 321, publiée dès 1893 par Spanuth, a été rééditée par M.-A. Kugener, dans la *Patrologia Orientalis,* tome II, fasc. 1 (1903), avec une traduction française. M. F. Nau, après avoir annoncé la publication de Spanuth dans la *R. O. C.,* t. IV, 1899, p. 186-187, en avait donné la première traduction française dans la même *Revue,* t. IV, 1899, p. 343-353, 544-571 ; t. V, 1900, p. 74-98, 293-302 (tiré à part en 1900). — La Vie éthiopienne de Sévère par Athanase (éd. Edgar J. Goodspeed ; *P. O.,* t. IV, fasc. 6, 1908) ne contient rien sur son passage à Beyrouth.

3. Le texte syriaque se trouve dans les *Anecdota syriaca* de Land, t. III, Leyde, 1870. Des chapitres choisis avaient été traduits en latin dans Migne, *P. G.,* t. LXXXV, col. 1150 et suiv. Nous signalons ici les traductions anglaise et allemande parce que nous leur empruntons quelques renseignements sur le vrai Zacharie. L'une est due à F. J. Hamilton et E. W. Brooks, *The Syriac Chronicle known as that of Zachariah of Mitylene,* Londres, 1899 ; l'autre à K. Ahrens et G. Krueger, *Die sogenannte Kirchengeschichte des Zacharias Rhetor,* Leipzig, Teubner, 1899 (*Scriptores Sacri et Profani,* t. III). Le compte rendu critique des deux traductions a été donné par M.-A. Kugener, *La compilation historique de Pseudo-Zacharie le Rhéteur,* dans *R. O. C.,* t. V, 1900, p. 201 et suiv., 461 et suiv., auquel nous devons naturellement beaucoup.

ou identifiées par les plus récents auteurs. Zacharie, originaire de Gaza, faisait ses études secondaires à Alexandrie en octobre 485 ; il arriva à Beyrouth en octobre 487 (ou 488)[1]. Il quitta cette ville en juillet 491 (ou 492)[2], si l'on admet qu'il n'y fit que les quatre années normales d'études, en 492 (ou 493) si, comme il est plus probable, il compléta le cours ordinaire des études par la 5e année facultative que les meilleurs étudiants prenaient soin d'accomplir[3]. De toutes manières, Zacharie ne se serait pas établi avocat à Constantinople avant 492 (ou 493).

Entre 511 et 518, Zacharie écrivit sa *Vie de Sévère*, dont il va être question un peu plus loin et qui est l'œuvre à laquelle nous puiserons le plus utilement. En 527, il était encore συνήγορος τῆς ἀγορᾶς τῆς μεγίστης τῶν ὑπάρχων et συμπονῶν τῷ κόμητι τοῦ πατριμωνίου, « avocat au tribunal suprême des préfets » et « assesseur du *comes patrimonii* »[4]. Il devint évêque de Mytilène entre 527 et 536 et mourut probablement entre 536 et 553[5].

Il n'existe aucune raison d'hésiter à identifier Zacharie de Mytilène, le Rhéteur ou le Scholastique, avec l'auteur du Dialogue *De Opificio mundi*[6], qui porte pour titre Ζαχαρίου Σχολαστικοῦ Χριστιανοῦ τοῦ γενομένου μετὰ ταῦτα

---

1. 487 (Kugener, *R. O. C.*, t. V, p. 205); vers 489 (G. Krueger); pour la date de 488, voy. *Infrà*, p. 92.

2. 491 (Kugener, *R. O. C.*, t. V, p. 206); la date de 492 dépend de celle de 488 (n. 1).

3. Les deux dates 492 (Kugener, *R. O. C.*, t. V, p. 206) ou 493 sont commandées par celle de l'arrivée à Beyrouth (n. 1). — Sur la 5e année d'études, *Infrà*, Chap. V, Sect. II, § II.

4. Ahrens et Krueger, p. xxii.

5. Pour ces dates, cf. les deux traductions citées de la *Chronique syriaque* et Kugener, *R. O. C.*, t. V, p. 207-209.

6. Kugener, *R. O. C.*, t. V, p. 207, signale les rapports du *De Opificio mundi* avec le Dialogue d'Énée de Gaza. Les deux Dialogues ont fait l'objet d'une édition savante de J.-F. Boissonade : *Aeneas Gazaeus et Zacharias Mitylaenus de immortalitate animae et mundi consummatione ad codices recensuit Barthii Tarini Ducaei notas addidit*. Jo.-Fr. Boissonade, Paris, 1836. Le *De Opificio mundi* se trouve aussi dans Migne, *P. G.*, t. LXXXV.

ἐπισκόπου Μιτυλήνης [1], et sur lequel nous allons revenir [2].

Mais la *Vie de Sévère* reste à tous égards son œuvre principale. La *Vie de Sévère* est la biographie que Zacharie a consacrée à son contemporain et ami, Sévère de Sozopolis en Pisidie, dit d'Antioche, patriarche de cette ville le 6 novembre 512, déposé le 20 juillet 518, mort le 8 février 538 [3], qui fut l'un des plus fermes défenseurs de la doctrine monophysite et, comme tel, condamné avec Anthime et d'autres par le Concile de Constantinople (536) sous Mennas et par la Novelle 42 de Justinien (536), et qui devint l'un des saints des calendriers jacobites. L'existence mouvementée de Sévère d'Antioche, sa doctrine personnelle et sa politique qui en ont fait le chef du monophysisme modéré ou « sévérien », ses rapports avec Justinien et Théodora, appartiennent à l'histoire religieuse des ve-et vi^e siècles dont un résumé, tout réduit qu'il fût, ne saurait trouver place en notre ouvrage [4]. Il nous suffira de retenir, dans la vie de Sévère, les années de sa formation juridique.

Zacharie nous apprend que Sévère et lui avaient étudié ensemble la grammaire et la rhétorique à Alexandrie. Ses études secondaires achevées, Sévère, sans doute un peu plus âgé que son ami ou s'étant, grâce à des dons merveil-

---

1. Les traducteurs anglais de la *Chronique syriaque* (*Introd.*, p. 3) marquent, au contraire, une légère hésitation dans l'identification, parce que, disent-ils, l'auteur du *De Opificio mundi* déclare dans sa préface qu'il a étudié à Alexandrie. Mais, précisément, Zacharie le Scholastique rappelle dans sa *Vie de Sévère* son séjour d'étudiant à Alexandrie, comme nous le noterons le moment venu (p. 82-83).

2. *Infrà*, p. 50.

3. Et non 543; cf. *R. O. C.*, t. VII, 1902, p. 102-103 (d'après Jean d'Asie).

4. Sur la vie de Sévère et le monophysisme sévérien, qui font l'objet d'une abondante bibliographie, nous citerons seulement : J. Lebon, *Le Monophysisme sévérien*, Louvain, 1909 (thèse de théologie); Ch. Diehl, *Justinien et la civilisation byzantine au vi^e siècle*, Paris, 1901, in-4°; Jean Maspero, *Histoire des Patriarches d'Alexandrie depuis la mort de l'Empereur Anastase jusqu'à la réconciliation des églises jacobites* (518-616), ouvrage posthume du regretté byzantiniste mort pour la France, formant le 237ᵉ fascicule de la *Bibl. de l'École des Hautes-Études*, Paris, 1923.

leux, assimilé plus vite que lui les sciences dites encyclopédiques, était venu inaugurer ses études de droit à Beyrouth à l'automne de 486 ou 487, un an avant que Zacharie
ne l'y rejoignît[1]. La brillante carrière d'étudiant qu'il y
suivit et les habitudes de dévotion qu'il y contracta avant
de se faire moine forment le thème, si l'on peut dire, de
l'apologie de Zacharie, thème par bonheur si abondamment développé que la *Vie de Sévère* constitue le seul document qui nous fasse pénétrer dans la vie intime des étudiants de Beyrouth et un témoignage d'un haut intérêt
pour la connaissance de l'enseignement dans la célèbre
Faculté du v⁰ siècle. Nous utiliserons donc plus loin, au
cours des divers chapitres sur les Étudiants, les Professeurs, les Méthodes d'enseignement, les indications qu'elle
renferme[2].

16. — Quelques renseignements annexes sur les études
que Sévère fit à Beyrouth ou sur ses camarades sont
fournis par une autre *Vie de Sévère*, composée en grec et
traduite en syriaque, qui est due à Jean, supérieur du
monastère du Beith-Aphtonia[3]. Dans cette *Vie* qui s'étend
jusqu'à la mort du patriarche d'Antioche, les détails concernant son existence à Beyrouth sont manifestement empruntés au récit de Zacharie le Scholastique. Nous en ferons

---

1. Pour ces dates, voy. *Infrà*, p. 92.

2. Ce texte a été employé déjà par : P. de Francisci, *Vita e studii a
Berito*, etc. (Rome, 1912; ouvr. cité); H. Peters, *Die ostroemischen
Digestenkommentare und die Entstehung der Digesten* dans *Berichte...
der Koenigl. Saechsischen Gesellschaft der Wissenschaften zu Leipzig*,
Phil.-hist. Klasse, 65. Band, 1913, 1. Heft, p. 60-64, 108-110 [retraduction
en grec par Ed. Schwartz du passage concernant les études à Beyrouth]:
Kuebler, *loc. cit.*, Lammens (art. cité); Schemmel, *Phil. Woch*, 1923,
col. 238-240. Ce texte capital a échappé à MM. Laborde, P. Krueger
(2ᵉ édition) et autres.

3. La deuxième partie des textes relatifs à Sévère publiés et traduits par
M.-A. Kugener comprend la *Vie de Sévère par Jean, supérieur du monas-
tère de Beith-Aphtonià* avec divers textes syriaques, grecs et latins; dans
P. O., t. II, fasc. III (1904), p. 200 et suiv.

néanmoins état dans la suite pour ce qu'ils apprennent de nouveau sur Sévère.

Le passage de Sévère à l'École de Beyrouth est confirmé par Evagrius (*Hist. eccl.*, III, 33)[1] et par l'acte d'accusation dressé pour le Synode de Constantinople de 536, sous Mennas[2].

17. — En même temps qu'il nous livre ce précieux document, Zacharie le Scholastique, évêque de Mytilène, a laissé, comme il a été dit, dans son Dialogue *De Opificio mundi*[3], d'autres indications sur Beyrouth et son École de Droit. Le Dialogue est engagé, en effet, entre Zacharie lui-même et un disciple du philosophe Ammonius d'Alexandrie[4], qui est venu à Beyrouth pour y apprendre la science du droit[5]. La première réponse de l'interlocuteur de Zacharie évoque l'École de Droit de Beyrouth. Le dialogue s'engage ainsi : « Qu'est-il arrivé de nouveau, ô cher ami (a demandé Zacharie), pour que, ayant quitté l'Égypte et le Nil et la grande cité d'Alexandre, tu sois

1. Evagrius, III, 33; Migne, *P. G.*, t. LXXXVI, col. 2667-2670 ; *The ecclesiastical history of Evagrius with the scolia* edited by 'J. Bidez and L. Parmentier, Londres, 1898, p. 131 : Ὃς πατρίδα τὴν Σωζοπολιτῶν κληρωσάμενος, ἢ μία τοῦ Πισιδῶν ἔστιν ἔθνους, δικανικοῖς πρώην ἐσχολάκει λόγοις ἀνὰ τὴν Βηρυτίων· ἐκ δὲ τῆς τῶν νόμων ἀσκήσεως..... passage reproduit par Kugener, *P. O.*, t. II, p. 374-375 ; cité par Hitzig, *op. cit.*, p. 74, n. 244.

2. *Liber monachorum ad Mennam* dans Mansi, *Concilia*, t. VIII, col. 999 ᴮ; passage reproduit par Kugener, dans *P. O.*, t. II, p. 354.

3. Migne, *P. G.*, t. LXXXV, col. 1023-1026; éd. Gronov., p. 164, 166; Boissonade, *op. cit.*, p. 81, 84-86. — Le passage est connu de : Strauch, c. IV, n° 17 [p. 44]; Hase, p. 57, 70-73, 97-99; Schemmel, p. 448; P. de Francisci, p. 3; Lammens, p. 16.

4. Ammonius Hermeas (qui a écrit la Vie de Porphyre) avec lequel Zacharie avait eu lui-même des discussions à Alexandrie; cf. l'argument de l'ouvrage, Migne, *P. G.*, t. LXXXV, col. 1016; Boissonade, p. 82.

5. Voici le commencement de l'argument (*Ibid.*, col. 1012-1013; Boissonade, p. 81) : Φοιτητής τις Ἀμμωνίου τοῦ δῆθεν φιλοσόφου γενόμενος, καὶ ἠρέμα πρὸς Ἑλληνισμὸν ἀποκλίνας, παραγέγονε κατὰ τὴν Βηρυτίων, νόμους ἀναγνωσόμενος (Discipulus quidam Ammonii philosophi sensim ad Hellenismum, sive paganorum impietatem, delapsus, Berytum venit, ut legum studium profiteretur).

vénu maintenant ici ? » L'autre répond : « L'amour des
lois, ô ami, m'amène chez la mère des lois et... je me suis
rendu en Phénicie, où je pourrai apprendre comment les
jurisconsultes des Romains ont conçu le droit. Car je veux
connaître le droit de la loi » [1].

Dans cette réponse retenons la qualification de « mère
des lois » (τὴν μητέρα τῶν νόμων) donnée à Beyrouth par
Zacharie, après Eunape [2] et Libanius [3] et avant Justinien [4].

Un peu plus loin, le Dialogue contient la description
lyrique d'un bâtiment dans lequel des historiens ont cru
reconnaître l'un des *auditoria* (ou salles de cours) de
Beyrouth. Ce passage dont la valeur est inestimable sera
discuté, lorsque le moment viendra de parler des locaux
affectés à l'enseignement du droit [5].

18. — Les *Plérophories* de Jean Rufus, évêque de
Maïouma, « témoignages et révélations contre le concile
de Chalcédoine » [6] (œuvre syriaque de polémique et
d'apologétique jacobite), dont l'auteur fut étudiant à
Beyrouth avant Sévère et Zacharie, corroborent sur
quelques points le récit que donne Zacharie de la vie de
Sévère, qui fut lui-même moine à la laure de Maïouma,
près Gaza.

19. — Les sources juridiques, qui apportent leur contribution à l'histoire de l'École au ve siècle, sont les sco

---

1. *Ibid.*, col. 1017-1020; Boissonade, p. 84 : Νόμων με, ὦ φίλος, ἔρως
ἄγει παρὰ τὴν μητέρα τῶν νόμων καὶ..... τῇ Φοινίκῃ ἐπιδημῶ, εἴ που δυναίμην
μαθεῖν ὅπως νομίζουσι τῶν Ῥωμαίων οἱ νομοθέται. Βούλομαι γὰρ καὶ τὸ τοῦ
νόμου δίκαιον πυθέσθαι (Legum studium et amor me, amice, adduxit ad
legum parentem urbem. Et... in Phoenicia peregrinor, sicubi possim
discere legum iurisque Romani prudentiam. Aveo enim ius civile cognoscere).

2. *Suprà*, p. 31.

3. *Suprà*, p. 36.

4. *Infrà*, p. 53.

5. *Infrà*, p. 63 et suiv.

6. F. Nau, Jean Rufus, évêque de Maïouma, *Plérophories, témoignages
et révélations contre le Concile de Chalcédoine*, texte et traduction avec
des appendices dans la *P. O.*, t. VIII, fasc. I (1911).

lies des Basiliques, extraites des commentaires élaborés
sur le Code et le Digeste de Justinien par certains professeurs grecs du vιᵉ siècle, Thalélée, Théodore et Stéphane
(ou Étienne). Ces scolies, utilisées seulement par les historiens du droit byzantin[1], fournissent des témoignages
capitaux sur les travaux des maîtres qui ont porté la
science de l'École à son apogée et qu'elles appellent du
nom générique et flatteur de Οἱ τῆς οἰκουμένης διδάσκαλοι,
les « Maîtres œcuméniques ».

Étant donné l'importance considérable de ces sources,
nous n'y faisons ici aucune référence, nous réservant de
les employer complètement dans les Chapitres consacrés
aux Professeurs, à leur Enseignement et à leurs Travaux.

§ IV. — Le VIᵉ siècle.

20. — Au vιᵉ siècle, la correspondance de Procope de
Gaza[2], professeur de rhétorique dans cette ville de Palestine, nous livre, à l'exemple de celle de Libanius, quelques noms d'étudiants en droit de Beyrouth. Nous utiliserons les renseignements que fournit Procope, seulement
plus loin en parlant des étudiants[3].

21. — Sous Justinien, l'École de Droit de Beyrouth
devait conserver son succès et même le développer
encore. Car Justinien (Const. *Omnem*, § 7) ne laissait
subsister que trois Écoles officielles : deux dans « les
villes royales » de Constantinople et de Rome, la troisième
à Beyrouth. Il supprimait les Écoles d'Alexandrie, de
Césarée (de Palestine) et autres (lesquelles?) ; auparavant
il avait supprimé celle d'Athènes. La cité phénicienne

---

1. Le P. Lammens et M. Schemmel les ont négligées à tort dans leurs
tableaux d'ensemble de l'histoire de l'École.

2. Dans les *Epistolographi Graeci* de R. Hercher, Paris, Didot, 1873. —
Cf. Hitzig, p. 73, n. 239, qui ne résume pas exactement les lettres qu'il
signale.

3. *Infrà*, p. 95-96.

était ainsi débarrassée de la concurrence d'établissements qui, toutefois, à en croire les sources ci-dessus, ne devaient pas être pour elle des rivales bien dangereuses.

L'éclat que confère à Beyrouth la valeur de son École de Droit est proclamé de façon officielle par l'Empereur Justinien dans deux des constitutions qui forment les Préfaces du Digeste : la Constitution *Omnem* (la 2ᵉ préface) et la Constitution *Tanta* — Δέδωκεν (la 3ᵉ préface), toutes deux datées du 16 décembre 533.

Dans la Const. *Tanta* — Δέδωκεν, l'Empereur ne fait qu'une allusion à l'École de Beyrouth. Parmi les commissaires chargés de la rédaction du Digeste, il avait introduit deux des professeurs de l'École : Dorothée et Anatole. — Dorothée est indiqué dans la version latine et dans la version grecque de la constitution comme enseignant le droit à la jeunesse « in Berytiensium splendidissima civitate » (c. *Tanta*, § 9); ἐν τῇ τῶν νόμων..... πόλει (φάμεν δὲ τὴν ἀοίδιμόν τε καὶ περιφανῆ τῶν Βηρυτίων μητρόπολιν) (c. Δέδωκέν, § 9). — Anatole est indiqué simplement comme « apud Berytienses iuris interpres » (c. *Tanta*, § 9); ὃς..... παρὰ Βηρυτίοις τὰ ἐκ νόμων παιδεύει [κα]λῶς (c. Δέδωκεν, § 9).

La Const. *Omnem* renferme à plusieurs reprises la mention de Beyrouth et de son École.

Cette constitution, adressée aux professeurs de droit de Constantinople et de Beyrouth, en parle d'abord (§ 7) en ordonnant de transmettre les trois volumes de la codification, tant aux villes royales qu'à Beyrouth : « ... in Berytiensium pulcherrima civitate quam et legum nutricem bene quis appellet ». Godefroy[1] a, depuis longtemps, rapproché ce qualificatif particulièrement élogieux des termes dont se servait déjà Eunape : τοῖς τοιούτοις μήτηρ... παιδεύμασι[2]. Si Godefroy avait connu les *Epistulae* de Libanius, il aurait pu comparer mieux encore l'épithète

---

1. Godefroy, dans Mueller, *Geogr. gr. min.*, t. II, p. 517; Krueger, p. 393, n. 6 (trad. franç., p. 465, n. 2).

2. *Vita Proaeresii* (p. 490 Boissonade), *Suprà*, p. 31, n. 3.

flatteuse de Justinien avec celle employée par Libanius qui
en est le prototype : τῶν νόμων μητέρα[1], épithète qui se
retrouve, comme on l'a vu, chez Zacharie de Mytilène[2] :
παρὰ τὴν μητέρα τῶν νόμων. Quant à l'épithète de *pulcherrima* donnée à la ville elle-même, elle apparaît aussi
plusieurs fois dans les sources : τῇ παγκάλῃ[3], Φοινίκης ἡ
καλλίστῃ πόλις, chez Libanius[4]; *civitas valde deliciosa*
dit l'*Expositio totius mundi* § 25[5];-au Concile de Chalcédoine (451), Eustathe est appelé l'évêque de Beyrouth
« la belle ville », ἐπίσκοπος τῆς Βηρυτίων καλλιπόλεως[6]; le
Pseudo-Antonin[7] lui applique l'épithète *splendidissima*
comme la Const. *Tanta*, § 9, qui rend par ce superlatif
les épithètes géminées de son modèle grec, la c. Δέδωκεν :
ἀοίδιμον (*decantatam*) καὶ περιφανῆ (*splendidam*).

La Const. *Omnem* reparle (au même § 7) de la métropole de Beyrouth; elle répète plus loin (au § 9) l'épithète
de « très belle cité de Beyrouth » (*in Berytiensium pulcherrimo oppido*); enfin (§ 10), elle cite une dernière fois
la ville de Beyrouth en y assignant le pouvoir de sévir
contre les étudiants fauteurs de désordre, soit au clarissime préfet de la Phénicie maritime, soit au béatissime
évêque, soit aux professeurs ès-lois.

§ V. — La Destruction de l'École (551).

L'École de Droit de Beyrouth cessa de fonctionner au
cours du vi^e siècle et à la suite de l'un des tremblements
de terre qui ruinèrent la cité. Dans la région de l'Asie qui

---

1. Liban. ep. 566 W (= app. 38 S, 652 F), *Svprà*, p. 36.
2. Zach. Mityl. *De Opificio mundi* (p. 84 Boissonade), *Suprà*, p. 51.
3. Liban. ep. 1242 W (= V, 55 S, 538 F), *Suprà*, p. 36.
4. Liban. ep. 1547 W (= add. 416 S), *Suprà*, p. 36.
5. *Suprà*, p. 40.
6. Labbe, *Concilia*, t. IV, col. 627, 631.
7. *Corp. Script. Eccles. latin.* de Vienne, t. XXXVIIII, p. 159 (*Infrà*.
p. 58).

renferme la Syrie, les tremblements de terre avaient toujours été fréquents[1].

En 349, la douzième année de Constance, les secousses sismiques détruisirent la plus grande partie de la ville[2]. A la fin du ve siècle, un autre cas est enregistré par la *Vie de Sévère* de Zacharie le Scholastique[3]. Il s'agit peut-être de l'événement de 494[4] ou d'une simple secousse sismique antérieure[5]. En 502 [6], nouvelle épreuve pour Beyrouth durant laquelle la synagogue juive s'effondra. Sous le règne de Justinien, un premier tremblement de terre survint en 529[7], auquel l'École de Droit survécut.

22. — Mais un dernier cataclysme, plus violent, un grand tremblement de terre suivi d'un raz de marée et d'incendie, se produisit le 16 juillet 551[8]. « A Beyrouth,

---

1. F. de Montessus de Ballore, *Les Tremblements de terre. Géographie séismologique*, Paris, 1906, gr. in-8°, indique (p. 155-159) le Sinaï, la Palestine et la Coelésyrie comme des centres de phénomènes sismiques; sur la carte (p. 157), Beyrouth est spécialement notée. Cf. du même auteur, *La Science séismologique. Les tremblements de terre*, Paris, 1907 (ouvrage technique). Le comte de Montessus de Ballore renvoie, pour la bibliographie, à l'étude classique d'Alexis Perrey, *Bibliogr. sismique*, dans les *Mém. de l'Acad. de Dijon*, t. IV (1855), V (1856), IX (1861).

2. Georgius Cedrenus, *Hist. comp.*, I, § 523; Migne, *P. G.*, t. CXXI, col. 569; Theophanes, *Chronogr.*, t. I, p. 58, éd. de Bonn (sous l'année 340). Allusions dans Godefroy, chez Mueller, II, p. 517; Hase, p. 56-57; Porter, p. 43; Lammens, p. 7.

3. *Vie de Sévère*, § 19; Nau, *R. O. C.*, t. IV, p. 570; Kugener, p. 72; Lammens, p. 19.

4. Porter, p. 43.

5. Car en 494, Zacharie avait quitté Beyrouth (*Suprà*, p. 47).

6. L'événement arriva le 22 août 502 ou 503 (?) d'après la *Chronique de Josué le Stylite*, éd. P. Martin, p. xlii; éd. W. Wright, p. 37. Porter, p. 43.

7. Cf. Benzinger, *loc. cit.*, col. 322.

8. Cette date précise vient des *Fragmenta historica tusculana* (éd. Angelo Mai), fr. IV, dans Migne, *P. G.*, t. LXXXV, col. 1821-1824. Elle est acceptée par R. Mouterde, *Mél. de l'Université Saint-Joseph, Beyrouth*, t. VIII, 1922, p. 99. La *Chronique de Michel le Syrien*, éd. J.-B. Chabot, t. II (Paris, 1901, in-4°), p. 244, parle aussi sous la date de l'an 23 de Justinien (= 551) de l'engloutissement de Tripoli, Beyrouth, Byblos, Botrys et des villes de Galilée : « La mer, dit-il, se retira à deux milles sur elle-même, et des navires gisaient sur le sol » (cf. le Pseudo-Denys ad ann. 864 = 553). Mais

et dans les autres villes du littoral de la Phénicie, la mer
se retira, par l'ordre de Dieu, l'espace d'environ deux
milles...; à Beyrouth, où le feu prit après la destruction
de la ville, l'incendie dura deux mois; les pierres mêmes
furent consumées et transformées en chaux. L'Empereur
Justinien envoya beaucoup d'or; on rechercha les cada-
vres des victimes pour les ensevelir, et on rebâtit une
partie de la ville ». Ainsi s'exprime la *Chronique de
Michel le Syrien*[1].

23. — Le passage d'Agathias, chroniqueur écrivant
après la mort de Justinien (565), auquel est dû aussi
(*Hist.*, II, 15)[2] un récit du tremblement de terre qui
détruisit la ville de Beyrouth, mérite d'être transcrit ici,
parce que l'auteur y remémore, dans une parenthèse, la
gloire que la ville tirait de l'existence de ses écoles :

τουτὸ γὰρ πάτριον τῇ πόλει καὶ ὥσπερ γέρας τι μέγιστον τὰ
τοιάδε αὐτῇ ἀνεῖται διδασκαλεῖα (erat enim hoc urbi patrium
et veluti maxima honoris praerogativa, quod eiusmodi
scholae ei essent dicatae).

Voici la traduction du passage entier[3] : « Béryte, dit
Agathias, alors l'œil le plus beau de la Phénicie, fut
dépouillée de toute sa splendeur. Ses superbes édifices
si renommés, ornés avec tant d'art, s'écroulèrent. Aucun

Michel le Syrien reparle du cataclysme sous l'année 554; voy. la note suivante. Theophanes, *Chronogr.*, t. I, p. 352, éd. de Bonn, met le cataclysme
à la date du 9 juillet 543.

1. Ed. J.-B. Chabot, t. II, p. 247 (ann. 554) [cf. le Pseudo-Denys ad ann. 870
= 558]; cf. Agathias, *Hist.*, II, 15 (Migne, *P. G.*, t. LXXXVIII, col. 1360-1362;
éd. de Bonn, p. 96) (sous la date de 558). Y a-t-il chez les auteurs cités p. 55,
n. 8 et ici confusion entre les années, ou y a-t-il eu plusieurs phénomènes
sismiques consécutifs; on en peut discuter. Cf. Strauch, c. v, n° 10 [p. 50];
Hase, p. 58-59; Diehl, *Justinien*, p. 423, n. 3; Porter, p. 43-45; Lammens,
p. 22 et, en dernier lieu, R. Mouterde, *loc. cit.*, p. 99.

2. Migne, *P. G.*, t. LXXXVIII, col. 1360-1362; éd. de Bonn, p. 96. —
Le passage est cité par Godefroy dans Mueller, II, p. 517; Hase, p. 58;
Lammens, p. 22.

3. D'après Lammens, p. 22.

ne fut épargné; il n'en subsista que des amas de décombres. Une multitude d'habitants et d'étrangers restèrent ensevelis sous les ruines. On déplora surtout la perte d'un grand nombre de jeunes étrangers de nobles familles, distingués par leur éducation, qui y étaient venus étudier le droit romain. C'était en effet pour cette ville une prérogative spéciale et le plus grand des privilèges de posséder cette école si renommée ».

La ville fut anéantie et 30.000 personnes périrent[1]. L'École de Droit fut transférée à Sidon (Saïda), en attendant la reconstruction de Beyrouth. Une ville nouvelle fut rebâtie, non pas comme elle était auparavant, mais sur un plan semblable[2].

On allait inaugurer cette ville nouvelle et y rappeler les anciens maîtres, lorsqu'un incendie dévora les édifices provisoires en 560[3].

24. — La dernière allusion à l'éclat de l'enseignement à Beyrouth est faite par l'un des pèlerins chrétiens qui, précisément, peu après le tremblement de terre de 551, visitèrent les régions dévastées de la Syrie. L'*Auctor*[4] *Itinerarii Antonini martyris* (ou Pseudo-Antonin) décrit ainsi son passage à Tripoli, à Byblos, à

---

1. Le chiffre est fourni par le passage du Pseudo-Antonin, *Corp. Script. Eccles. latin.*, de Vienne, t. XXXVIIII, p. 159, cité plus bas, p. 58.

2. Détails tirés d'Agathias, *Hist.*, II, 15 (*loc. cit.*); cf. Lammens, p. 22. — P. Krueger, p. 393, n. 8 (trad. franc., p. 465, n. 4), parle par erreur d'un transfert de l'École à Tyr. — Notons que les lamentations souvent citées du poète espagnol, Jean Barboucalos, sur la ruine de Beyrouth (*Anthol. palat.*, t. II, c. IX, n°⁸ 425-427, éd. Didot, t. II, p. 88), ne contiennent aucune allusion à l'École de Droit.

3. Lammens, p. 22 (d'après le P. Michel Jullien, *loc. cit.*, p. 437). — Cela n'est pas dans Agathias.

4. Cité par Migne, *P. G.*, t. LXXXVI, 2ᵉ partie, col. 2765, n. 85; *Corp. Script. Eccles. latin.*, t. XXXVIIII, *Itineraria Hierosolymitana* saec. IIII-VIII ex recensione Pauli Geyer, Vienne, 1898, p. 159 (dont nous suivons la leçon). — Ce texte a échappé aux auteurs qui ont écrit sur Beyrouth ou sur son École de Droit, sauf à Hase, p. 58 et à Lammens, p. 23.

Triari (Botrys ?) et à Beyrouth : « Venimus in partes Syriae in insula Antharidus et inde venimus in Tripoli Syriae, in qua sanctus Leontius requiescit : quae civitas tempore Iustiniani imperatoris subversa est a terrae motu cum aliis civitatibus. Venimus exinde Biblo, quae et ipsa subversa est cum hominibus, item in Triarim civitatem, quae et ipsa similiter subversa est. Deinde venimus in civitate splendidissima Berito, in qua nuper studium fuit litterarum. Quae civitas subversa; dicente nobis episcopo civitatis, quia cognitae personae, quae sciebantur nominatim, excepto peregrinis triginta milia ad breve missi hic perierunt. Ipsa civitas iacet sub montana Libani ».

Le *studium litterarum* de la très splendide cité de Beyrouth se traduit le mieux du monde par « l'Université ». Au moment où passèrent les pèlerins, l'Université n'y existait plus (*nuper*); elle avait été transférée à Sidon. Mais la réputation de l'Université s'était maintenue, puisque l'auteur prend soin de la mentionner. Or, comme c'était l'École de Droit qui donnait au *studium litterarum* son lustre, il nous semble que nous n'avons pas tort de comprendre ce texte peu connu sur Beyrouth dans le dénombrement des sources relatives à l'École de Droit.

Beyrouth était encore en ruines en l'an 600 ; elle tomba facilement aux mains des Musulmans en 635 [1], sans que l'École de Droit eût repris naissance.

---

1. Cf. Hase, p. 59-60; Benzinger, *loc. cit.*, col. 322.

CHAPITRE II
LES LOCAUX DE L'ÉCOLE DE DROIT

CHAPITRE II

LES LOCAUX DE L'ÉCOLE DE DROIT [1]

La topographie de la Beyrouth romaine et byzantine est encore trop mal connue pour qu'on y ait retrouvé les bâtiments de l'Université ou, au moins, les ruines d'une construction qui pourrait passer pour avoir abrité l'École de Droit.

Si l'archéologie n'apporte aucun renseignement utile [2], les textes, en revanche, fournissent quelques indications, dont la combinaison nous permettra de présenter une hypothèse sur l'emplacement de l'École de Droit dans la période finale et la plus brillante de son histoire, c'est-à-dire à partir du second tiers du v⁰ siècle.

I. — Pour le Haut-Empire, on ne possède aucun texte visant l'existence de la *statio* qui servait à l'enseignement du droit à Beyrouth. La seule conjecture vague que l'on puisse émettre à son sujet, c'est que, très probablement, elle formait l'annexe d'un temple ou était établie auprès d'un temple. A Rome, en effet, au Haut-Empire [3], les *stationes* où les prudents enseignaient se trouvaient toutes dans le voisinage des bibliothèques publiques, lesquelles

---

1. Voir à la fin du volume le Plan de Béryte au vi⁰ siècle, que le comte R. du Mesnil du Buisson a bien voulu dresser pour nous.

2. A moins que l'on n'accepte l'identification proposée, p. 72.

3. D'après Bremer, p. 13-14. Cf. Krueger, p. 152 (trad. franç., p. 185).

étaient d'ordinaire installées dans les temples, et dout certaines au moins renfermaient des ouvrages juridiques, comme on le sait pour la bibliothèque du temple de Trajan [1] et la *bibliotheca iuris civilis* du temple d'Apollon Palatin auprès duquel *iuris periti sedebant et tractabant* [2]. Une bibliothèque existait aussi au Capitole, peut-être avec une *statio*.

A l'exemple de la *Roma vetus*, Constantinople possédait en 425 sur son Capitole des salles de cours publics (*Capitolii auditorium*) [3].

La colonie romaine déduite à Beyrouth par Auguste avait, selon l'usage, reproduit chez elle toutes les institutions et installations de la capitale. Elle eut donc des temples, des bibliothèques et une *statio* ou des *stationes ius publice docentium*. C'est pourquoi nous pensons que la plus ancienne *statio* s'élevait dans le voisinage d'une bibliothèque, elle-même érigée dans un temple dont le vocable demeure inconnu (le temple de Jupiter?) [4].

II. — En ce qui regarde la première période de l'histoire de l'École au Bas-Empire, un seul texte parle de locaux spécialement affectés à l'enseignement du droit : c'est l'*Expositio totius mundi* (*Descriptio orbis terrae*), § 25, qui, on l'a vu, date du ive siècle (vers 350) et qualifie Beyrouth de *civitas valde deliciosa et auditoria legum habens* [5].

Où étaient situés ces *auditoria* du ive siècle, nous l'ignorons. Ici encore, une hypothèse est nécessaire. Nous croyons pouvoir établir, comme on le verra dans un

---

1. Aulu-Gelle, *N. A.*, XI, 17.
2. Schol. ad Iuven., I, 128.
3. Theod. et Valent., Cod. Theod. 14, 9, 3 = Cod. Iust. 11, 19 (18), un.
4. Peut-être était-ce le temple de Jupiter (aujourd'hui les Filles de la Charité) (Cf. p. 70), si l'on présume que la *statio* primitive se trouvait, sinon au lieu même, du moins dans le quartier où seront construites plus tard les Écoles de Droit du ive siècle (*Infrà*, p. 63) et du ve siècle (p. 70).
5. *Suprà*, p. 40. Le passage est utilisé par Hase, p. 69-70.

instant[1], qu'au v⁰ siècle l'École de Droit se trouvait dans les dépendances de la nouvelle Cathédrale de Beyrouth, bâtie avant 449 par l'évêque Eustathe. Serait-il téméraire de supposer que l'École de Droit était déjà annexée à la Cathédrale qui avait précédé les nouvelles constructions? Cette Cathédrale ancienne serait sans doute l'église dont l'existence est révélée pour la première fois lors de sa destruction sous le règne de Julien l'Apostat[2]. Théodoret (IV, 22, 10)[3] rapporte que Magnus ayant incendié au temps de Julien (vers 362, selon Paul Allard) l'église de Beyrouth, ville illustre de Phénicie, fut contraint de la rebâtir à ses frais sous le règne de Jovien (363-364) et qu'il s'en fallut de bien peu qu'il ne fût décapité pour son forfait, sa grâce étant due à l'intervention de nombreuses personnes. Ce serait dans l'enceinte des bâtiments épiscopaux entourant la Cathédrale détruite par Magnus que les *auditoria* auraient été installés, à un endroit inconnu, peut-être déjà sur le même emplacement où s'élèvera la Cathédrale du v⁰ siècle dont nous allons parler.

III. — Au v⁰ siècle, les sources apportent sur les locaux de l'École de Droit de Beyrouth des renseignements plus précis et dont les équivalents manquent pour Rome et Constantinople.

Au témoignage de Zacharie de Mytilène (le Scholastique), dans le Dialogue *De Opificio mundi*[4], de nouvelles et magnifiques constructions avaient été élevées par Eustathe, évêque de Beyrouth, dans la première moitié du v⁰ siècle, à une date que nous essayerons de fixer plus loin. Le Dialogue a laissé de ces constructions une description enthousiaste[5].

---

1. Ci-dessous, p. 66 et suiv.
2. Cf. Paul Allard, *Julien l'Apostat*, t. III, p. 85-87, 306.
3. Migne, *P. G.*, t. LXXXII, col. 1172; éd. Parmentier, p. 252-253.
4. Cf. *suprà*, p. 50.
5. Migne, *P. G.*, t. LXXXV, col. 1023-1025; Boissonade, p. 85-86. — En

Le Dialogue s'échange entre Zacharie (A) et le jeune païen, futur étudiant en droit, qu'il veut convertir (B). Voici, presque littérale, la traduction des passages qui nous intéressent[1] :

« A. — (ZACHARIE). Mais, afin que personne ne vienne interrompre mon discours, t'ayant pris par la main, je te conduis ici près du Temple de Dieu. Et t'ayant d'abord guidé vers le spectacle du Temple (car tu aimes les belles choses) et t'ayant bien préparé à la discussion, alors je t'exposerai tranquillement la doctrine.

« B. —(L'AMI). Mais tu me fais plaisir en agissant ainsi, mon cher, car mes oreilles sont remplies du bruit que ce Temple est le plus noble de tous les spectacles ; car il est orné (dit-on) de matières diverses et merveilleuses et sa beauté (dit-on) est inexprimable, en sorte qu'aucun de ceux qui aiment les belles choses ne peut se rassasier de sa vue, si grande est la beauté dont l'art et l'habileté de l'architecte l'ont revêtu ainsi que le zèle de ce fameux archevêque [Eustathe] qui (dit-on) s'est occupé de cette œuvre d'art.

. . . .

« A. — ... Regarde de tes propres yeux.

« B. — O quelle habileté de l'architecte, ô mon ami, et quel beau spectacle de cette peinture ! comme le Temple de Dieu a de beauté et de proportion ! comme ses dimensions grandes sont soutenues et s'appuyent sur deux fois cinq colonnes ! comme elles sont taillées dans une matière unique et comme elles ont le même aspect et pour ainsi dire une parenté les unes avec les autres, toutes blanches,

---

vérité, le nom d'Eustathe n'apparaît que dans une glose des manuscrits (Boissonade, n. 33, p. 333); mais l'attribution à cet évêque n'est pas douteuse : elle est confirmée par la *Chronique syriaque* de Pseudo-Zacharie, IV, IX (*Infrà*, p. 67-68).

1. On trouvera de ces passages deux traductions en latin, l'une chez Hase, p. 71-72 (reproduisant celle de Tarinus, éd. Gronov., p. 166), l'autre chez Migne, *loc. cit.* ; il existe deux traductions en français, l'une du P. Jullien, *loc. cit.*, p. 452, l'autre du P. Lammens, p. 16.

polies. et brillantes par la blancheur et le poli et comme elles montrent le même dessin et la même forme. Je loue aussi la peinture du peintre et les tableaux variés et gracieux et la beauté diverse de la peinture et la grâce et l'éclat des matériaux et leurs belles couleurs... ».

D'après ce passage lyrique, le bâtiment érigé par l'évêque Eustathe était une basilique, une longue salle soutenue par dix colonnes (sur deux rangs sans aucun doute) de la même forme et de la même matière, le marbre blanc. La salle était ornée de tableaux aux vives couleurs. Hase[1] croit que ces tableaux étaient des peintures, dont on ne saurait affirmer, dit-il, qu'elles représentaient des scènes de l'histoire sainte ou des scènes d'animaux (le mot ζωογραφία ayant perdu son sens originaire pour désigner toute peinture en général). Le P. Lammens[2] pense que le dernier trait de la description se rapporte, non à des peintures, non à des fresques, quoiqu'il en existât déjà au ve siècle dans les églises de Beyrouth, mais à des mosaïques, l'art du mosaïste étant alors très florissant en Syrie[3]. Ces mosaïques représentaient, selon toute probabilité, des scènes religieuses.

Les deux auteurs s'accordent cependant entre eux et avec d'autres auteurs pour admettre que la basilique d'Eustathe aurait servi à l'enseignement et aurait été l'un des *auditoria* ou salles de cours[4]. Comme Le Quien[5]

---

1. Hase, p. 70-73.

2. Lammens, p. 16.

3. Renan, *Mission de Phénicie*, texte, p. 625 (sur l'habileté des artistes syriens ambulants dans la mosaïque) : « un fait général de l'histoire de l'art en Syrie, c'est que les traditions anciennes s'y conservèrent beaucoup mieux qu'ailleurs aux ve, vi^e et viie siècles ».

4. C'est aussi l'opinion de l'annotateur du Dialogue (Barth) dans Migne, *P. G.*, t. LXXXV, col. 1023, n. 36 (Cf. Boissonade, n. 33, p. 333) : « Templum nobile Beryti intelligit. Videtur templum dicere dicatum auditoriis legalibus, ubi scholae juridicae;... ». C'était déjà l'idée de Heineccius, *Hist. iur. civ.*, § 362, cité par Bremer, *op. cit.*, p. 6, n. 10.

5. Le Quien, *Oriens christianus*, t. II, Paris, 1740, in-fol., col. 819.

et le P. Jullien [1], nous pensons que le monument
élevé par Eustathe n'était autre que la Cathédrale de
Beyrouth. Le contexte du Dialogue *De Opificio mundi* ne
renferme aucun terme qui fasse allusion à un bâtiment
érigé pour l'enseignement. Et, au contraire, Zacharie rapporte expressément sa description à un « temple de Dieu »
(ἀνάκτορον τοῦ Θεοῦ), c'est-à-dire à une Église chrétienne [2].
D'autre part, il est difficile de croire que l'enseignement
se serait donné dans une église.

Le fait qui nous paraît plus exact est que les *auditoria*
constituant dans leur ensemble l'École de Droit au v⁰ siècle ont été compris dans des dépendances de la basilique
chrétienne élevée par Eustathe, celle dont Zacharie nous
a laissé la description. Ce fait expliquerait que la rencontre de Zacharie et de son interlocuteur encore païen,
qui arrive à Beyrouth pour apprendre le droit, se soit
produite auprès de l'église même dans laquelle Zacharie
entraîne son ami pour lui permettre de contempler de
ses yeux le monument merveilleux dont la renommée
était parvenue jusqu'à Alexandrie, d'où sortait le nouvel
étudiant [3].

Est-il possible de découvrir à quelle église se rapporte
la description ci-dessus, à quelle église par conséquent
les auditoires de droit étaient annexés? La *Vie de Sévère*
par Zacharie le Scholastique nous fait connaître les voca-
bles de trois églises beyrouthines : 1⁰ l'Église de la Résurrection ('Ἀναστασία) [4], 2⁰ l'Église de la Mère de Dieu [5] « qui
est située à l'intérieur de la ville, tout près du port
(λιμήν) »; 3⁰ enfin l'Église consacrée à Saint-Jude [6].

---

1. P. Michel Jullien, *loc. cit.*, p. 452.
2. Note de Barth (Boissonade, n. 37, p. 334).
3. *Suprà*, p. 50.
4. *Vie de Sévère*, § 14; Nau, t. IV, p. 557: Kugener, p. 48. — 'Ἀναστασία
est une forme basse de 'Ἀνάστασις. Nous la conserverons en accord avec le
texte syriaque.
5. *Ibid.*, § 14; Nau, t. IV, p. 557; Kugener, p. 48; cf. p. 49.
6. *Ibid.*, § 18; Nau, t. IV, p. 565; Kugener, p. 63.

Il est pour nous certain que les auditoires de droit
étaient contigus à l'Église de la Résurrection ou de
l'Anastasie, et que celle-ci était la cathédrale décrite par
le *De Opificio mundi*.

Dans sa *Vie de Sévère*, en effet, Zacharie termine
le récit de sa première journée à l'École où il assista
au cours de Leontius en disant qu'une fois l'exercice
achevé, il se rendit en courant à l'Église de la Résurrection, afin de prier [1]. Il est assez naturel de penser
que c'est à l'église la plus voisine qu'il songeait à porter
son action de grâces. De plus Zacharie écrit que lui-même
et ses camarades les plus pieux, dont Sévère, avaient coutume de se réunir tous les soirs à l'Église de l'Anastasie
après s'être appliqués à l'étude des lois et aux travaux
qui s'y rapportaient [2]; c'est vraisemblablement aussi que
l'Anastasie était l'église la plus proche de l'École.

Mais, tous les doutes sont levés puisque nous savons
d'une façon positive par un texte non encore utilisé que
l'église qui avait été érigée par les soins de l'évêque
Eustathe, la Cathédrale, était l'Anastasie. C'est ce que
nous apprend un passage de la *Chronique syriaque* de
Pseudo-Zacharie (IV, ix). Le chroniqueur y raconte que
Timothée (Élure), l'évêque monophysite d'Alexandrie,
passant par Beyrouth lorsqu'il faisait route pour Gangra
de Paphlagonie, lieu de son exil [3], s'efforçait d'entraîner

---

1. *Ibid.*, § 14; Nau, t. IV, p. 557; Kugener, p. 48.

2. *Ibid.*, § 17; Nau, t. IV, p. 561; Kugener, p. 55. — M. Nau traduit :
« après la lecture des lois et les travaux qui s'ensuivent ».

3. Timothée Élure, chassé d'Alexandrie avec Anatole son frère, fut
banni à Gangra en 460 (Evagrius, *Hist. eccles.*, liv. II, c. xi, dans Migne,
P. G., t. LXXXVI, col. 2533 ; éd. J. Bidez et L. Parmentier, p. 63;
Nicéphore Calliste, XV, 16 dans Migne, *P. G.*, t. CXLVII, col. 52 ;
Pseudo-Zacharie, IV, 7, éd. Hamilton et Brooks, p. 74; Theophanes, p. 112,
éd. de Bonn ; Le Nain de Tillemont, *Mémoires pour servir à l'histoire
ecclésiastique*, t. XV, Paris, 1711, p. 69, 822) et y resta de juin 460
(Cf. Cedrenus, dans Migne, *P. G.*, t. CXXI, col. 661) à novembre 475
(Ahrens et Krueger, *Die sogen. Kirchengeschichte des Zacharias Rhetor*,
p. 391).

avec lui l'évêque Eustathe et son frère, Auxonius ou Euxène[1] « interprète des lois[2] », c'est-à-dire professeur de droit[3], mais qu'aux pressantes prières de l'exilé, Eustathe refusa de céder « en alléguant comme excuse la dédicace d'une Église, un grand temple qu'Eustathe avait bâti et nommé *Anastasia* »[4].

Par ce passage de la *Chronique syriaque*, nous pouvons donc avoir l'assurance que l'église érigée par Eustathe

---

1. La première forme est celle de la traduction anglaise de Hamilton et Brooks, p. 77 (*Infrà*, n. 4); la seconde, celle de la traduction allemande de Ahrens et Krueger, p. 34. *La Chronique de Michel le Syrien*, éd. J.-B. Chabot, t. II, p. 130 (passage tiré de Pseudo-Zacharie) l'appelle « Euxôn », pour Εὔξενος (?) propose l'éditeur.

2. Le titre est le même dans la traduction anglaise (« interpreter of the law »), dans la traduction allemande (« Gesetzesausleger ») et dans la traduction de la *Chronique de Michel le Syrien* par l'abbé J.-B. Chabot.

3. Pour la justification de ce titre d'Euxène, voy. plus bas, chap. IV, Sect. II, § II.

4. La traduction anglaise de la *Chronique syriaque* (ouvr. cité) par Hamilton et Brooks, p. 77, est ainsi conçue : And when he [Timothy] arrived at Berytus, Eustace the bishop urged the citizens there to receive him with public honour.

And he begged Timothy, upon his entry into the city, to pray for it; and the latter stood in the midst of the city and made supplications and prayers to God for it, and blessed it.

But Auxonius, the brother of Eustace, who was at that time an interpreter of the law, acting upon the advice of his brother, spent the whole night with Timothy, speaking earnestly about the faith, and against Nestorius. And during the whole of his long discourse Timothy was a silent listener, but when at length Auxonius, after many words, ceased speaking, Timothy said to him, « Who could persuade me that these three fingers should write upon the paper of Chalcedon? » And, upon hearing this, Auxonius was very sad, and began to weep.

Then Timothy, encouraging both him and his brother Eustace, who afterwards joined them, said, « Attach yourselves to me, and let us contend together for the faith, and let us prevail; so that either we shall recover our bishoprics, or else, we shall be driven into banishment by our enemies, and live a sincere life with God. » And he alleged as an excuse the dedication of a church, a great temple which Eustace built and named « Anastasia »; and Timothy said, « Shall we wait for the dedication of an earthly temple? But if you obey me, then we shall hold our festival in the heavenly Jerusalem? ». — La traduction allemande du passage se trouve chez Ahrens et Krueger, aux pages 34-35.

était bien l'Anastasie, et la confirmation que l'École de Droit était bien contiguë à l'Anastasie.

Nous pouvons aussi connaître d'après le même document la date de la dédicace de l'Anastasie ; elle a dû suivre de près le passage de Timothée Élure à Beyrouth et avoir eu lieu au printemps (mai ou juin) de 460, puisque Timothée arriva à Gangra en juin 460 [1].

Quant à la date d'érection de l'Anastasie, plus importante encore que celle de la dédicace au regard de l'histoire archéologique de l'École de Droit, elle remonte certainement à un nombre assez grand d'années avant 460. Sans qu'on puisse la fixer d'une façon précise, l'on sait d'une part qu'Eustathe avait pris possession de l'évêché de Beyrouth vers 445 [2], d'autre part que « les nouveaux bâtiments de l'évêché de la nouvelle église de Beyrouth » avaient servi de lieu de réunion aux trois commissaires, Photius, Uranius et Eustathe, l'évêque de Beyrouth, chargés d'examiner l'affaire d'Ibas d'Édesse, le 1er février de l'année 449 [3]. La Cathédrale de l'Anastasie et les bâtiments épiscopaux qui en dépendaient (parmi lesquels l'École de Droit) étaient donc terminés avant 449. Qu'on ne s'étonne pas du long espace de temps qui sépare l'achèvement des constructions et la dédicace de l'église. C'est un fait dont il existe d'autres exemples [4].

Qu'on ne s'étonne pas davantage de trouver réunis à Beyrouth, dans la même enceinte, la Cathédrale et des

---

1. *Suprà*, p. 67, n. 3.

2. Le Quien, *op. cit.*, t. II, col. 818 ; P. Michel Jullien, *loc. cit.*, p. 452.

3. Labbe, *Concilia*, t. IV, col. 638e (Concile de Chalcédoine, *actio X*) : … ἐν κολωνίᾳ φιλοχρίστῳ Βηρυτῷ … ἐν τῷ νέῳ ἐπισκοπείῳ τῆς ἐν Βηρυτῷ ἁγιωτάτης νέας ἐκκλησίας (in colonia Christi amica Beryto... in novo episcopio Beryti sanctissimae novae ecclesiae); Mansi, t. VII, col. 211; Le Nain de Tillemont, *op. cit.*, t. XV, p. 474-475 (et la Note 13 où se trouve justifiée la date donnée au texte); Hefele, *Hist. des Conciles,* trad. Leclercq, t. II, p. 744-745, accepte la date du 1er septembre 448 ou 449.

4. Sainte-Sophie de Constantinople, bâtie de 532 à 537, ne fut inaugurée que le 24 décembre 562.

édifices divers dont une École de Droit. Un tel groupement
correspond absolument à la disposition que présentaient,
aux premiers siècles, les églises chrétiennes qui comprenaient, avec le temple proprement dit, de nombreux
éléments annexes : logements de l'évêque et des clercs,
salles des archives et bibliothèques ; magasins de pro-
visions pour les pauvres ; hospice pour malades ou
étrangers de passage[1]. En particulier, la disposition que
nous imaginons avoir existé à Beyrouth au ve siècle se
rencontrait déjà au ive siècle, à Tyr, où la basilique,
construite de 315 à 322, à l'intérieur d'un vaste enclos,
était entourée d'exèdres et de salles servant à des usages
multiples[2].

Un peu après l'achèvement des travaux de sa Cathédrale, Eustathe devait obtenir de Théodose II une loi
accordant à Beyrouth le titre de *métropole*[3], titre jusque-là
réservé à la seule Tyr, capitale de la Phénicie. Eustathe
n'a-t-il pas voulu que sa fondation pût égaler en grandeur
celle de la cité avec laquelle il entrait en rivalité?

IV. — Où exactement étaient érigées ces constructions,
il est difficile de le déterminer.

Jusqu'ici une seule hypothèse a été formulée. Le
P. Jullien[4] pense que la Cathédrale ne devait pas être
éloignée de l'emplacement du temple de Jupiter (dont les
restes se trouvent aujourd'hui chez les Filles de la Charité); la Cathédrale d'Eustathe, se demande-t-il, n'aurait-elle pas été construite, comme bien des églises contemporaines de Syrie, à la place même d'un temple ou

---

1. Cf. R. de Lasteyrie, *L'Architecture religieuse en France à l'époque
romane*, Paris, 1912, in-4°, p. 70; Mgr L. Duchesne, *Origines du Culte
chrétien*, 5e éd., Paris, 1920, p. 420-421, avait écrit déjà : « La (*domus
ecclesiae*) était quelque chose d'assez compliqué, à la fois église, évêché,
réfectoire, dispensaire, hospice ».

2. R. de Lasteyrie, *op. cit.*, p. 70.

3. Cod. Iust. 11, 22 (21), 1 (sans date; vers 449-450). *Infrà*, p. 74.

4. P. Michel Jullien, *loc. cit.*, p. 452.

avec ses matériaux, conformément aux édits de Constantin et de Théodose le Grand? De l'hypothèse du P. Jullien, il ressortirait que la Cathédrale aurait été bâtie au Sud de la grande voie romaine de Béryte à Tripoli qui, vraisemblablement, suivait la ligne de l'ancienne route de Tripoli (aujourd'hui rue Gouraud, continuée vers l'Ouest par la rue des Martyrs).

L'auteur se trompe cependant en écrivant que les restes dont il parle ont été trouvés au centre de la ville antique[1]. Il est à présumer, au contraire, que la ville antique s'arrêtait au Nord de la voie romaine (rue du Sérail et rue des Martyrs), si, comme il est probable, les murailles formant l'enceinte romaine occupaient déjà l'emplacement des murs des Arabes et des Croisés, que longeait au Sud la route de Tripoli[2]. Dans l'hypothèse du P. Jullien, la Cathédrale aurait donc été érigée en dehors de la ville. Le fait, en soi, n'aurait rien de surprenant, car il est arrivé souvent dans les premiers siècles du Christianisme que la principale église s'est élevée dans les faubourgs industriels, non dans la ville même[3]. Bien plus, le fait se trouverait prouvé, en ce qui regarde Beyrouth, par un texte : Zacharie le Scholastique, après avoir rappelé que lui et ses camarades priaient à l'Anastasie, raconte qu'ils allaient ensuite à l'Église de la Mère de Dieu « qui est située à l'intérieur de la ville, tout près du port[4] ». C'est donc, dirait-on, que l'Anastasie n'était pas à l'intérieur de la ville.

Toutefois, une seconde hypothèse[5] est possible, à

---

1. Communication du P. Mouterde.

2. Comte du Mesnil du Buisson, *Les Anciennes défenses de Beyrouth*, dans *Syria*, t. II, 1921, p. 235-257, 317-327.

3. Notre collègue de la Faculté des lettres de Strasbourg, M. Albert Grenier, a résolu dans ce sens le problème pour Trèves et nous a amicalement fait part de ses remarques.

4. *Suprà*, p. 66.

5. C'est au P. Mouterde encore qu'en revient l'honneur.

laquelle nous donnerons la préférence, touchant l'emplacement probable de la Cathédrale d'Eustathe.

Au Nord de la voie antique (rue des Martyrs), des fouilles pratiquées sur l'emplacement de l'ancienne Église Saint-Georges des Grecs orthodoxes et des Maronites, dans le voisinage de la Cathédrale actuelle Saint-Georges (des Maronites), ont révélé l'existence à cet endroit d'une église byzantine : « Nous avons visité les tranchées, vraie mine de pierre de taille. On y distinguait encore des assises byzantines et, plus bas, dans la fouille, des couches de tessons romains », écrit le P. Jalabert dans l'article [1] où il publie deux inscriptions découvertes au cours des travaux, et dont l'une retiendra notre attention.

Cette église byzantine pourrait être la Cathédrale d'Eustathe qui, ainsi, aurait été construite, non pas au Sud, mais au Nord de la voie antique, non pas en dehors de la ville, mais sur le côté Sud de l'enceinte urbaine, la ville s'élevant entre la voie antique (au Sud) et la mer (au Nord).

L'hypothèse d'après laquelle l'édifice épiscopal devait attenir aux murailles Sud de la ville ne nous paraît aucunement infirmée par le passage cité de la *Vie de Sévère*[2]. Dans cette hypothèse, la Cathédrale se trouvant à la périphérie de la ville aurait été construite assez loin du centre pour que Zacharie pût dire qu'en sortant de l'Anastasie, lui et ses amis se rendaient à l'Église de la Mère de Dieu « dans l'intérieur de la ville ». Remarquons d'ailleurs qu'il ne dit pas « dans la ville », comme il l'eût dit sans doute si l'Anastasie avait été érigée dans les faubourgs. L'érection d'une église à la périphérie de la ville antique, sur les terrains vagues bordant les murailles, ne saurait d'ailleurs

---

1. P. L. Jalabert, *Inscriptions grecques et latines de Syrie*, dans *Mélanges de la Faculté orientale* (de l'Université Saint-Joseph, Beyrouth), t. I, 1906, p. 170-171, n° 36.

2. *Suprà*, p. 71.

nous surprendre, car il en existe des exemples en dehors
de Beyrouth [1].

Une raison déterminante nous porte au surplus à reconnaître dans les ruines de la rue des Martyrs la Cathédrale et à situer auprès d'elles l'École de Droit : c'est la
découverte qui fut faite à cet endroit de l'inscription déjà
signalée. Cette inscription grecque chrétienne incomplète
et que nous examinerons plus loin [2], contient un fragment de l'épitaphe d'un personnage nommé ΠΑΤΡΙΚΙΟΣ
dont la carrière avait été consacrée à l'étude des « lois
romaines » (Θεσμῶν..... Αὐσονίων). Ce personnage, selon
nous, s'identifierait avec Patricius, le célèbre professeur
de l'École de Droit au vᵉ siècle. Son monument funéraire
aurait été érigé dans l'église dont les restes ont été mis
au jour ou dans les environs. Cette église byzantine serait
donc bien la Cathédrale d'Eustathe que nous savons
par ailleurs avoir été toute voisine de l'École de Droit, de
cette École où s'illustra Patricius.

L'École de Droit étant alors une dépendance locale de
l'Évêché et étant établie dans l'enclos épiscopal, sa
place serait ainsi déterminée avec une approximation
suffisante.

V. — L'annexion d'une École de Droit à une église
chrétienne nous est, pour la première fois dans l'histoire,
croyons-nous, révélée par les textes qui parlent de
·Beyrouth. La même situation, qui se retrouvera au Moyen
Age en Occident et qui dure encore chez les Musulmans,

---

1. Voici, pour notre pays, le témoignage de M. Adrien Blanchet, *Les
Enceintes romaines de la Gaule*, Paris, 1907, p. 277-278 : « Dans plusieurs
villes, la cathédrale actuelle (ou une église très ancienne) est bâtie sur
l'enceinte antique et une partie du monument se trouve en dehors du
tracé.... Dans d'autres cas, l'église est seulement très rapprochée de la
muraille antique... Ces remarques conduisent à poser en principe que les
temples antiques, remplacés par des basiliques chrétiennes et par des
cathédrales, avaient servi de point d'appui à la muraille... ».

2. *Infrà*, p. 135-138.

n'était connue jusqu'ici dans l'Empire byzantin qu'à une
date beaucoup plus récente, au xi⁰ siècle, durant lequel
l'École de Droit reconstituée à Constantinople par la célèbre
Novelle de Constantin Monomaque (1045) fut installée
dans les bâtiments de l'Église Saint-Georges[1]. La solidarité
établie à l'époque chrétienne entre les Écoles de Droit et
les Églises ne faisait d'ailleurs que reproduire la tradition
de la Rome païenne, dans laquelle, nous l'avons montré,
les *stationes ius publice docentium* voisinaient avec les
temples : nouvel exemple, à ajouter à de plus importants,
de la continuité voulue entre la politique de l'Église et
la politique de l'Empire païen.

VI. — C'est sur une autre remarque d'un intérêt limité
à l'histoire de l'École de Beyrouth que nous voudrions
finir.

Comment ne pas être frappé par la concordance que
présente la date du transfert de l'École dans les nouveaux
bâtiments épiscopaux (avant 449) avec les commencements
de l'ère des τῆς οἰκουμένης διδάσκαλοι[2], c'est-à-dire des
plus illustres professeurs de l'École syrienne, — avec
l'érection de Beyrouth en métropole, sur la demande
d'Eustathe[3], — avec la concession par l'autorité d'un
privilegium studii, d'un statut universitaire, à l'École de
Droit[4]? Il y a là des coïncidences qui ne sont peut-être
pas fortuites et qui devront, en temps utile, retenir l'attention.

VII. — Il ne nous paraît pas douteux que ce ne soit à l'un
des auditoires de la nouvelle École de Droit, celle de
l'Anastasie, que la *Vie de Sévère* par Zacharie le Scholas-

---

1. Voy. en dernier lieu, notre Chap. XXII du t. IV de la *Cambridge
Medieval History* (1923), p. 719.
2. *Infrà*, Chap. IV, Sect. II, § III.
3. *Infrà*, Chap. IV, Sect. II, § VI.
4. *Suprà*, p. 70 et *Infrà*, Chap. IV, Sect. II, § VI.

tique fait allusion, puisque ses souvenirs d'étudiant se reportent aux années 487 (ou 488) et suivantes.

La *Vie de Sévère* raconte là comment Zacharie retrouva son ami Sévère, avec qui il s'était lié à Alexandrie, dans la salle (σχολή) où le professeur Leontius donnait le cours de 1ʳᵉ année[1]. Le professeur y enseignait du haut d'une chaire au pied de laquelle les élèves étaient groupés, sans doute assis sur le parquet, comme de nos jours encore les écoliers arabes dans les Mosquées ou les Médersas.

VIII. — On ignore au contraire si c'est dans l'auditoire d'Eustathe que se dressaient, au vıᵉ siècle, la statue du scholastique Synesius sur laquelle Jean Barboucalos composa un quatrain[2] et la statue du professeur Julien honorée d'un distique, par Theaetète[3], si tant est que la statue de ce dernier fût érigée à Beyrouth et même que l'auteur eût écrit le distique sur la statue de Julien et non sur sa personne. L'auditoire de droit ou son atrium auraient été cependant des endroits aussi aptes à recevoir les statues de juristes illustres qu'une place publique ou que la basilique judiciaire.

1. *Vie de Sévère*, § 14; Nau, t. IV, p. 557; Kugener, p. 47. *Infrà*, Chap. IV, Sect. II, § II (Leontius).

2. *Anth. palat.*, c. xvi, nº 38 [Appendix Planudea], éd. Didot, t. II, p. 534. Cf. Hase, p. 83.

3. *Anth. palat.*, c. xvi, nº 32ᴬ [Appendix Planudea], éd. Didot, t. II. p. 608. — Cf. *Infrà*, Chap. IV, Sect. III.

CHAPITRE III

LES ÉTUDIANTS DE L'ÉCOLE DE DROIT

CHAPITRE III

LES ÉTUDIANTS DE L'ÉCOLE DE DROIT

La renommée de l'École de Droit de Beyrouth, déjà rendue manifeste par les témoignages directs dont l'état a été dressé au Chapitre Ier, est attestée en outre par un fait historique aussi probant.

En aucun temps, la population scolaire de l'École de Droit ne se trouva limitée aux élèves originaires de la ville et de la province de Syrie-Phénicie, ni aux élèves des provinces voisines et de l'arrière-pays. Toujours elle se recruta parmi des jeunes gens nés dans les provinces diverses qui constituèrent un jour l'Empire d'Orient, en Asie, en Afrique, en Europe même.

Ces jeunes gens accomplissaient bien dans leurs provinces d'origine les études préparatoires correspondant aux études secondaires d'aujourd'hui, quoique, souvent aussi, ils émigrassent déjà en d'autres villes célèbres; mais l'éclat de l'École de Beyrouth était tel que, durant toute son histoire connue, du IIIe au VIe siècle, ces jeunes gens désertaient en grand nombre les Écoles supérieures de leurs pays d'origine ou celles des pays où ils avaient suivi les cours secondaires, pour se rendre en Syrie. C'est ce point que nous mettrons d'abord en lumière (Section I). Nous aurons ensuite, en utilisant les sources contenues dans le Chapitre Ier, à relever les noms connus des élèves qui fréquentèrent l'École et, en même temps, à indiquer leurs patries (Section II). Nous esquisserons en troisième lieu le tableau de la Vie des étudiants en droit à Beyrouth (Section III). La pénurie des documents empêche malheureusement de faire ce tableau aussi précis et aussi attrayant que notre curiosité l'eût souhaité. Nous terminerons par quelques remarques sur l'âge des étudiants (Section IV).

Quant aux études mêmes, c'est-à-dire aux cours que les élèves devaient suivre ou aux exercices privés auxquels ils devaient s'adonner, la place logique nous en a paru être plutôt dans le Chapitre V, consacré à l'Enseignement.

SECTION I

LES ÉTUDES SECONDAIRES PRÉPARATOIRES
A L'ÉTUDE DU DROIT

D'après la *Vie de Sévère* par Zacharie le Scholastique[1], la préparation à l'étude du droit[2] consistait, au ve siècle encore comme à la belle époque romaine, dans l'étude des sciences encyclopédiques, la grammaire (γραμματική) et la rhétorique (ῥητορική), aussi bien grecques que latines (ῥωμαῖος). L'étude concomitante des deux langues était nécessaire à celui qui désirait se vouer aux études juridiques, car les sources du droit romain classique, base de l'enseignement, étaient en très grande partie rédigées en latin et les constitutions impériales, la source de droit toujours vive au Bas-Empire, s'exprimaient, elles aussi, en grand nombre, en langue latine.

Les futurs étudiants en droit de Beyrouth faisaient leurs études secondaires, soit dans leurs familles, avec un précepteur, comme Grégoire le Thaumaturge[3] et peut-être Jean et Arcadius[4], soit dans les écoles publiques.

Parmi ces écoles, celles qui ont fourni des élèves à l'École de Droit sont les suivantes : Alexandrie sur laquelle il y aura lieu d'insister, Antioche[5], — dont Libanius constate

---

1. *Vie de Sévère*, § 2; Nau, t. IV, p. 346; Kugener, p. 11.
2. Cf. P. de Francisci, *Vita e studii a Berito* (citée), p. 5, 7, étude conçue directement d'après le texte syriaque de la *Vie de Sévère*.
3. *Suprà*, p. 26.
4. *Suprà*, p. 43.
5. *Suprà*, p. 35; *Infrà*, p. 88, 89. Cf. A. Harrent, *Les Écoles d'Antioche*,

avec humeur que « chaque printemps les enfants des séna-
teurs ou des anciens sénateurs » naviguent vers Beyrouth[1],
— Césarée de Palestine[2], Gaza[3], certainement aussi
Beyrouth même[4].

Le centre oriental le plus fameux pour les études secondaires était, au ve siècle, Alexandrie, d'après les données
mêmes de la *Vie de Sévère*, et cette ville conservait sa
réputation au temps de Justinien[5].

Zacharie le Scholastique atteste que, de tous les points
de l'Orient, les jeunes gens se rendaient dans la grande
cité égyptienne. Il rappelle que son héros Sévère, originaire de Sozopolis en Pisidie, fut, après la mort de son
père qui avait été membre de la βουλή de la ville, envoyé
avec ses deux frères pour y apprendre la grammaire et la
rhétorique, en grec et en latin[6]. Zacharie lui-même, originaire de Gaza, n'était pas resté aux écoles de sa ville

---

Paris, 1898 (ouvrage qui, s'étendant longuement sur les généralités, n'apprend rien de plus que la correspondance de Libanius).

1. *Suprà*, p. 39.

2. Pierre, de Césarée de Palestine, après avoir étudié dans sa ville natale
les sciences encyclopédiques, c'est-à-dire la grammaire et la rhétorique, se
proposait de commencer à Beyrouth l'étude des lois, lorsqu'il apprit les
vertus de Sévère, devenu moine à la laure de Maïouma; « méprisant Béryte
et les lois », il vint trouver Sévère, et le pria de l'agréer comme son disciple
(*Vie de Sévère par Zacharie le Scholastique*, § 27; Nau, t. V, p. 87-88; Kugener, p. 98; et d'après cette source, *Vie de Sévère par Jean, supérieur dv
monastère de Beith-Aphtonia*, dans *P. O.*, t. II, p. 230-231).

3. Voy. *Infrà*, p. 95, 96. — Sur les Écoles de Gaza, consulter K. Seitz, *Die
Schule von Gaza* (Diss. Heidelberg, 1892). L'auteur constate (p. 3 et 5) que
les élèves de cette école se destinaient pour la plupart à la carrière juridique.

4. Socrate (*Hist. eccles.*, l. II, c. 46, dans Migne, *P. G.*, t. LXVII, col.
363) rapporte qu'Apollinaristis le père enseigna d'abord la grammaire à
Beyrouth avant de venir l'enseigner à Laodicée de Syrie.

5. Agathias, *Hist.*, II, 15 (Migne, *P. G.*, t. LXXXVIII, col. 1361-1362),
parlant d'Alexandrie au moment du tremblement de terre qui détruisit
Beyrouth (*Suprà*, p. 56), écrit qu'il y faisait alors les études préparatoires
au droit : ἐτύγχανον γὰρ αὐτοῦ διατρίϐων παιδείας ἕνεκα τῆς πρὸ τῶν νόμων
(commorebar enim ibi tum temporis eius disciplinae causa, quae studium
iuris praecedit).

6. *Vie de Sévère*, § 2; Nau, t. IV, p. 346; Kugener, p. 11.

natale et était parti pour Alexandrie [1], où il devait rencontrer Sévère et quelques autres condisciples : Paralius (ou Pralius) d'Aphrodisie en Carie [2], Thomas de Gaza [3], Zénodote de Mytilène, ville de Lesbos [4], Démétrius de Sulmone (?) [5], Ménas [6].

Le succès des écoles secondaires d'Alexandrie venait probablement de ce que, dans cette antique capitale, la jeunesse trouvait plus de facilités qu'à Beyrouth même pour s'exercer pratiquement à la culture des deux langues fondamentales.

Au terme de leurs études préparatoires, les jeunes gens qui se destinaient aux études juridiques auraient pu rester à Alexandrie, où existait une École de Droit. Mais cette École de Droit ne jouissait pas d'une réputation égale à celle de l'École de Beyrouth. Aussi la *Vie de Sévère* nous apprend-elle que bon nombre d'entre eux, après avoir fait à Alexandrie leur grammaire, leur rhétorique et leur philosophie, passaient ensuite à Beyrouth pour y commencer leur droit, l'étude des νόμοι [7].

----

1. *Ibid.*, §§ 2-3; t. IV, p. 347; Kugener, p. 11.
2. *Ibid.*, § 4; Nau, t. IV, p. 348-349; Kugener, p. 14-15.
3. *Ibid.*, § 7: Nau, t. IV, p. 543; Kugener, p. 23-24.
4. *Ibid.*, §§ 7-8; Nau, t. IV, p. 543-544; Kugener, p. 24, 25-26.
5. *Ibid.*, § 8; Nau, t. IV, p. 544; Kugener, p. 26.
6. *Ibid.*, §§ 3, 8; Nau, t. IV, p. 347, 348, 544; Kugener, p. 12, 13, 25. — Cf. P. de Francisci, p. 5-6.
7. *Ibid*, § 14; Nau, t. IV, p. 556; Kugener, p. 46.

SECTION II

LES NOMS ET LES PATRIES CONNUS
DES ÉTUDIANTS EN DROIT[1]

I. — En empruntant aux sources les renseignements qu'elles fournissent sur la patrie des élèves connus, nous découvrons seulement comme Beyrouthins certains : au IIIe siècle, Pamphile[2], au IVe siècle, Anatole dit *Azutrio*[3], au Ve siècle, un autre Anatole[4], le fils du professeur Leontius et lui-même futur professeur, qui a dû certainement naître à Beyrouth. Quant à Leontius[5], il a pu naître aussi à Beyrouth, si l'auteur de la famille, le professeur Eudoxius[6], son père, y était déjà établi avant son mariage. — La liste s'allongerait au IVe siècle des trois noms de Celsinus, Iulianus et Priscianus[7], au Ve siècle du nom de Constantin[8], si l'on était sûr que ces quatre enfants de Beyrouth aient suivi les cours dans leur ville natale.

Tous les autres élèves dont le lieu d'origine est mentionné par les textes étaient étrangers à la Syrie.

---

1. Hase, p. 106-108 et Schemmel, *Phil. Woch.*, 1923, col. 240, ont songé avant nous à dresser les limites de l'expansion intellectuelle de l'École de Beyrouth. — Voir le tableau récapitulatif, p. 114-115.

2. *Suprà*, p. 28.

3. *Suprà*, p. 31 et *Infrà*, p. 85.

4. *Infrà*, Chap. IV, Sect. III.

5. *Infrà*, p. 141 et suiv.

6. *Infrà*, p. 140.

7. *Infrà*, p. 90-91.

8. *Infrà*, p. 93.

II. — Au IIIe siècle, Grégoire le Thaumaturge voulait se transporter de sa patrie, la Cappadoce, à Beyrouth pour y étudier les lois[1]. Vers la fin du IIIe siècle, Apphien et Aedesius y venaient de Paga, en Lycie[2]. Aux confins des IIIe et IVe siècles, la constitution citée de Dioclétien et Maximien montre l'École fréquentée par Séverin et d'autres *scholastici* d'Arabie[3].

III. — Dans la seconde moitié du IVe siècle, la correspondance de Libanius[4] est une mine assez riche de renseignements, fournissant à la fois les noms de certains étudiants, des indications sur la carrière parcourue par d'anciens étudiants de Beyrouth, et des détails en trop petit nombre malheureusement sur la vie même des étudiants. Réservant ces détails pour les pages postérieures, nous relèverons ici, dans la correspondance du sophiste d'Antioche, les noms et les patries des étudiants en droit et nous retracerons, en nous aidant du travail complet d'Otto Seeck, les destinées de ceux qui sont arrivés aux honneurs. Pour plus de commodité et parce que la date où les personnages nommés par Libanius ont fait leurs études de droit à Beyrouth n'est pas toujours déterminable, l'ordre suivi sera l'ordre alphabétique.

Anatole, de Beyrouth[5], dit *Azutrio*, se forma à l'École de Droit de sa ville natale[6], passa ensuite par la Cour impériale de Rome[7]; quoique païen, il eut une magnifique carrière : consulaire de Syrie, vicaire d'Asie en 339, vicarius Thraciarum ou Proconsul de Constantinople en 354; praefectus urbi de la vieille Rome en 354/355, charge qu'il a résignée en mars 355 pour se retirer à Séleucie. Dans

1. *Suprà*, p. 26.
2. *Suprà*, p. 29.
3. *Suprà*, p. 29.
4. La bibliographie est donnée plus haut, p. 35, n. 5.
5. Biogr. dans Seeck, p. 59-66.
6. Eunap. *Vita Proaeresii*; ci-dessus, p. 31.
7. *Ibid.*

l'hiver 355, il se rend à la cour en Italie. Suivant Seeck, c'est en hiver 356/357 seulement, et non en 346, qu'il devint préfet d'Illyrie[1]; il resta en fonctions jusqu'à sa mort arrivée en 360.

Un Anonyme, de Grèce, a reçu de Libanius la mission de porter une lettre adressée à Scylacius[2] (octobre 363), au moment où il allait en Phénicie pour acquérir la science des lois.

Apringius, de Constantinople[3], en se rendant à Beyrouth, était recommandé par Libanius à trois personnages auxquels il était chargé de remettre des lettres (mars-avril 364) : à Marius, consularis Phoenices[4], à Megethius[5] (ancien avocat à Antioche en 361 et 363, établi à Beyrouth en 364)[6], au professeur Domninus[7]. Cet afflux de recommandations s'expliquait, car Apringius n'était pas un étudiant ordinaire. C'était un homme mûr; il avait épousé la sœur de Fraternus, Phénicien, sénateur de Constantinople; à l'exemple de son père, il avait déjà exercé au barreau d'Antioche. En 364, il interrompt sa carrière d'avocat pour commencer ses études de droit. Il a donc besoin d'être tout particulièrement soutenu, d'achever ses études dans le minimum de temps et de payer pour elles le moins possible. Libanius expose son cas dans la lettre à Domninus, qui va devenir son professeur et l'exorde de cette lettre, plein de flatterie, ne peut qu'influencer favorablement le maître. La lettre tout entière est d'ailleurs un excellent spécimen de la manière de Libanius :

---

1. Anatole aurait été préfet d'Illyrie de 346 à 349 d'après Borghesi-Cuq, *Les Préfets du Prétoire* (Œuvres complètes, t. X, Paris, 1897, in-4°), p. 437-439.

2. Liban. ep. 1062 W (= add. 318 S).

3. Biogr. dans Seeck, p. 80.

4. Liban. ep. 1116 W (= add. 57 S). — Cf. Schemmel, *loc. cit.*, p. 448; Huvelin, *loc. cit.*; Hitzig, p. 74, n. 244.

5. Liban. ep. 1123 W (= add. 90 S). — Cf. Hitzig, p. 74, n. 244.

6. Biogr. dans Seeck, p. 211.

7. Liban. ep. 1124 W (= add. 58 S).

« *A Domninus*. — Voici que tu as persuadé aux hommes mûrs de faire ce que font les jeunes gens. Apringius, notre ami, après plusieurs épreuves devant le tribunal, est venu pour étudier les lois, puisque c'est de toi que l'on peut recevoir cette science. Il ne me paraît pas pouvoir autrement se livrer à ce commerce [le barreau]; contre ceux qui essayeront de se moquer de lui, il aura Socrate pour allié, qui, dans sa vieillesse, fréquentait chez le maître de musique. Mais toi, abrège autant que possible les leçons, de façon à ce qu'il puisse plus longtemps se servir de la science qu'il aura reçue. Je te ferais une prière au sujet du salaire, — te disant que c'est un homme bon, mais pauvre, et qui, s'il n'est pas capable de donner beaucoup, sait se souvenir des bienfaits, — si je ne savais depuis longtemps que c'est la loi que tu t'imposes en faveur même des lois ».

Dans la lettre où Apringius est recommandé à Megethius, notons cette remarque générale que « tous les bons avocats vont à Beyrouth ».

Artemon, d'Antioche, chargé de remettre une lettre de Libanius au même professeur Domninus[1] (été 356), est étudiant en droit.

Flavianus, de Bithynie, étudiant, doit transmettre une lettre à Anatole, consulaire de Phénicie[2] (été 361).

Gaianus, de Tyr, a été l'un des étudiants qui réussirent le mieux dans la carrière judiciaire. La correspondance de Libanius fournit les éléments de sa biographie[3]. D'origine phénicienne, né à Tyr, païen, il avait étudié en Phénicie, très vraisemblablement à Beyrouth[4]. Après avoir été avocat, il devint assesseur d'un fonctionnaire en résidence à Antioche; en 362, il fut nommé consularis Phoenices. Dans la lettre adressée à Gaianus lui-même[5] (362-

---

1. Liban. ep. 447 W (= VI, 39 S, 533 F).
2. Liban. ep. 556 W (= app. 27 S, 641 F).
3. Biogr. dans Seeck, p. 160-161. — Cf. Hitzig, p. 61-62, 66.
4. Liban. ep. 709 W (= app. 186 S, 799 F).
5. Liban. ep. 709 W (= app. 186 S, 799 F).

363), Libanius lui déclare qu'il doit sa nomination au « charme magique » qu'il exerça comme assesseur et non à lui, Libanius, dont l'influence était grande cependant auprès de l'Empereur Julien. En 363, il transmet le poste à Marius, mais continue à résider en Phénicie ; il vivait encore en 388.

Hermogène, d'Antioche[1], fils aîné d'Olympius le rhéteur d'Antioche, étudiait le droit à Beyrouth en 363, comme le révèle l'une des lettres adressées à Gaianus[2] (été 363).

Cette lettre donne incidemment le nom d'Hermogène à l'occasion d'une curieuse aventure arrivée à son frère cadet Théodote, encore étudiant en éloquence (à Antioche). Théodote avait reçu un blâme de son père de qui il avait perdu un livre. Pris de peur, il s'était enfui à Beyrouth auprès de son frère aîné. Libanius craint que le jeune homme ne se laisse tenter par les attraits de la ville. Il demande donc à Gaianus, — l'ancien président de Phénicie — de lui renvoyer le fugitif. Libanius se porte garant qu'Olympius pardonnera et ne se montrera pas « un juge » pour lui. Hermogène devint en 365 assesseur de Domninus, gouverneur (d'une province inconnue)[3].

Hilarinus, Grec de l'Eubée, est signalé dans une lettre à Anatole[4] (été 361) comme partant pour Beyrouth, τὴν τῶν νόμων μητέρα. Il est, en même temps, recommandé au professeur Domnio (Domninus)[5] (été 361).

Paeoninus (ou Paeonius) qui doit remettre au professeur Domnio (Domninus) une lettre de Libanius[6] (hiver 359/360), acquiert la science du droit, dit la lettre : il est, par conséquent, à cette date l'élève de Domninus. Il

---

1. Biogr. dans Seeck, p. 174.
2. Liban. ep. 1435 W (= add. 262 S).
3. La biographie de ce Domninus, distinct du professeur homonyme, se trouve dans Seeck (Domninus II), p. 124.
4. Liban. ep. 566 W (= app. 38 S, 652 F).
5. Liban. ep. 567 W (= app. 39 S, 653 F). — Cf. Hitzig, p. 74, n. 244.
6. Liban. ep. 117 W (= II, 21 S, 117 F).

avait été auparavant l'élève de Libanius. Il était, en 393,
professeur d'éloquence à Tabia en Galatie[1].

Palladius, de Pamphylie[2], reçoit de Libanius, au
moment où il a achevé son droit à Beyrouth, deux lettres
(été 365) destinées, l'une à Hilarius, consularis Pam-
phyliae[3], l'autre à Cléarque, vicarius Asiae[4]. La première
annonce le retour de Palladius dans sa patrie et le signale
comme « fort en droit » — c'est pourquoinous devinerions
déjà qu'il avait travaillé à Beyrouth. La seconde lettre ne
laisse aucun doute à cet égard. Libanius y déclare expressément que Palladius a fait ses études dans la « très belle
ville de Phénicie », Φοινίχης ἡ καλλίστη πόλις, qu'il ne
nomme pas et qui est Beyrouth. Libanius y confirme en
outre la haute valeur juridique de l'intéressé : « Ce jeune
homme, écrit-il, fut tellement distingué dans le troupeau
des jeunes gens qu'il a obtenu les éloges des meilleurs
parmi les vieillards, desquels me sont venues des lettres
à son sujet ».

Peregrinus était l'un des trois fils de Hierius, Cilicien de
Tarse[5], qui étaient entrés à l'École de Libanius en 358.
Libanius écrit à Hierius[6] (été 365) au sujet de Peregrinus,
étudiant en droit à Beyrouth, en l'avertissant que « le
maître excellent » « qui lui explique les lois » est pauvre
et pour cette raison va lui demander un assez gros salaire.
Qu'Hierius ne se montre pas récalcitrant ; le profit que le
jeune homme retirera de ses études vaut bien un sacri-
fice d'argent : tel est le conseil que lui donne Libanius.

Silvanus est indiqué dans une lettre au professeur
Domnio (Domninus)[7] (automne 359), comme ayant été

<hr>

1. Biogr. dans Seeck, p. 227.
2. Biogr. dans Seeck, p. 229.
3. Liban. ep. 1546 W (= add. 415 S).
4. Liban. ep. 1547 W (= add. 416 S).
5. La biographie d'Hierius est dans Seeck, p. 175-176.
6. Liban. ep. 1555 W (= add. 426 S). — Cf. Hitzig, p. 74, n. 244. — Voy.
la traduction in extenso de cette lettre plus loin, Chap. IV, Sect. VI.
7. Liban. ep. 85 W (= I, 74 S, 87 F).

l'élève de ce maître et étant alors inscrit avocat, sans doute à Antioche.

Théodore est mentionné dans une lettre à Anatole [1] (été 358). Dans cette lettre, Libanius relate d'abord qu'Anatole s'est occupé de Sabinus, proconsulaire de Syrie. Il lui remémore, ensuite, le nom d'un ancien étudiant, Théodore, dont Anatole s'était sans doute occupé aussi. Il lui rappelle que Théodore, né de bons parents d'Arabie, se montra meilleur qu'eux (encore), qu'étant venu « vers ta ville » (Béryte), « il s'adonna à l'acquisition des lois, se plaisant plus au travail que d'autres à la danse; étant revenu [à Antioche, sans doute] plein de science juridique, sans avoir perdu le fruit de notre éloquence sous l'influence des lois, il offre un double port à ceux qui se réfugient près de lui, la lecture des lois (νόμων τε ἀναγνώσει) et la force de l'éloquence ». Il ne tient pas à l'argent et plaide brillamment. L'expression employée « la lecture des lois » (ἀνάγνωσις = *recitatio*) nous fait croire que Théodore enseignait le droit à Antioche. Il avait étudié l'éloquence à Antioche sous Libanius et avait soutenu un procès pour son ancien maître. Aussi Libanius porte-t-il sur lui un jugement favorable, sans réfléchir qu'il se contredira quelques années plus tard [2] en flétrissant les funestes effets du cumul des études juridiques avec les études de rhétorique. Exerçant encore la profession d'avocat en 364 et 365, Théodore devint vraisemblablement consularis Bithyniae [3].

Nous ajouterons à cette liste trois noms simplement possibles d'anciens étudiants :

Celsinus, de Beyrouth [4], assesseur, puis gouverneur de plusieurs provinces, vivant encore en 388, n'aurait-il pas étudié le droit dans sa ville natale?

---

1. Liban. ep. 342 W (= IV, 29 S, 339 F).
2. Liban. or. LXII, c. 23. — *Suprà*, p. 38.
3. Biogr. dans Seeck, p. 308.
4. Biogr. dans Seeck, p. 104.

Iulianus, de Beyrouth[1], le beau-père de Celsinus, qui a revêtu plusieurs charges et vit encore en 390, n'aurait-il pas fait de même?

Priscianus, de Beyrouth [2] (fils de Marcianus, père de Polybius), qui approchait de la vieillesse en 359 et mourut après 364, qui se forma comme orateur à Antioche en compagnie de Libanius, son camarade, qui devint avocat, puis consularis ou praesidialis, n'aurait-il pas suivi les cours de droit à Beyrouth?

A la fin du iv⁰ siècle, il n'y a pas lieu de compter parmi les étudiants un certain Archélidès, car Archélidès est « l'un de ces saints de l'église monophysite égyptienne qui n'ont même pas eu besoin d'exister pour devenir très célèbres »[3]. Parmi les variantes des nombreuses rédactions syriaques, arabes, coptes, éthiopiennes de sa légende[4], on en trouve qui font étudier « Arkilidôs » (originaire de Constantinople) à Beyrouth, au temps de Gratien et Valentinien, tandis que d'autres rédactions parlent d'Alexandrie ou d'Athènes. Ce personnage devient moine; il opère des prodiges; il refuse de voir sa mère; mais elle meurt en même temps que lui et tous deux sont enterrés au couvent de Mar Mennas (Mariotide).

IV. — Dans le premier tiers du v⁰ siècle, le célèbre Pierre l'Ibérien[5] (409? — 485?) et Théodore le Scholastique se lièrent en faisant leurs études juridiques à Beyrouth[6].

---

1. *Ibid.*, p. 193 (Iulianus XVIII).

2. *Ibid.*, p. 244 (Priscianus I).

3. F. Nau, *Archélidès* dans *R. O. C.*, t. XVI, 1911, p. 449 (à qui nous empruntons ce résumé).

4. A. J. Wensinck a publié les textes arabe, éthiopien et syriaque à Leyde en 1911; une relation syriaque a été traduite en anglais (*ibid.*).

5. La vie en syriaque de Pierre l'Ibérien est publiée avec traduction allemande par R. Raabe, *Petrus der Iberer*, Leipzig, 1895.

6. Raabe, *op. cit.*, p. 79.

Au cours du même siècle, Arcadius et Jean arrivent de Constantinople à Beyrouth[1].

A la fin du ve siècle l'interlocuteur de Zacharie (de Mytilène ou le Scholastique) dans le Dialogue *De Opificio mundi* est sans doute un Égyptien[2].

Pour la fin du ve siècle encore, c'est la *Vie de Sévère* par le même Zacharie le Scholastique[3] qui, comme il a été annoncé, nous procure l'information la plus ample sur la composition de la population scolaire de Beyrouth et sur la vie des étudiants.

Après avoir suivi les cours secondaires à Alexandrie, Sévère de Sozopolis et Zacharie de Gaza, déjà nommés, se transportèrent donc, suivant l'usage, en Phénicie[4] ; le premier à l'automne de 486 ou 487[5], le second, un an plus tard, à l'automne de 487 ou 488.

En retraçant la *Vie de Sévère*, Zacharie le Scholastique donne, en assez grand nombre, les noms et les origines, soit d'anciens étudiants en droit de Beyrouth, soit de leurs condisciples à tous deux. Il indique aussi le plus souvent leur religion, ou chrétienne, ou païenne. Il signale parfois le degré d'avancement de leurs études. Le relevé ci-dessous tiendra compte de ces éléments divers et précieux[6].

Les noms des anciens étudiants de Beyrouth, c'est-à-dire des hommes qui avaient achevé leur droit avant 487-488, sont ceux-ci : Athanase, frère de Paralios ou

---

1. *Suprà*, p. 43.

2. *Suprà*, p. 50.

3. Les références bibliographiques sont données, *Suprà*, p. 46, n. 2.

4. *Vie de Sévère*, § 14 ; Nau, t. IV, p. 556 ; Kugener, p. 46.

5. La date de 487 est proposée par Ed. Schwartz, *Johannes Rufus*, p. 23-25 (cité *Infrà*, p. 93, n. 5) et acceptée par Peters, *loc. cit.*, p. 60. Kugener (*R. O. C.*, t. V, 1900, p. 205-206) avait fixé l'arrivée de Sévère à Beyrouth, un an plus tôt, fin 486 ; il était suivi par Brooks, *The sixth book of the select letters of Severus, Patriarch of Antioch*, vol. II, Part. I, p. VI.

6. Cf. P. de Francisci *Vita e studii a Berito* (citée), p. 7-8, dont le relevé diffère du nôtre, établi sur les traductions de Nau et Kugener.

Pralios, d'Aphrodisias en Carie, qui renonça au barreau pour se faire moine au couvent d'Ἔνατον à Alexandrie [1]; Jean de Palestine, surnommé Εὐδρανής (l'actif) (?) (ou Adrien), qui s'était consacré à Dieu dans le Temple de Saint-Jude de Beyrouth [2]; Jean, surnommé Rufus (Iohannes Rufus), surnommé aussi Lazare, prêtre à Antioche et ensuite moine à Césarée de Palestine [3], ainsi que Théodore dit le Juste, d'Ascalon [4]. Le plus célèbre de ces anciens étudiants est Jean Rufus [5] : arabe du sud de la Palestine, sans doute d'Ascalon (patrie de Théodore le Juste), appelé tantôt Jean de Bcith-Rufin, tantôt Jean d'Antioche, il devint évêque de Maïouma en 488 et écrivit les *Plérophories* dont mention a déjà été faite [6].

Constantin, de Beyrouth, avocat dans cette ville, s'était vraisemblablement formé à l'École de sa ville natale [7]. Sévère, prêtre de l'Église de Tripoli, qui avait préféré la grâce divine à la carrière du barreau, aurait peut-être, lui aussi, étudié jadis à Beyrouth [8].

Parmi les condisciples de Sévère et de Zacharie, qui professaient le Christianisme, nous-mettrons en tête ceux que Zacharie indique comme étudiants à Beyrouth depuis quatre ans : Anastase d'Édesse [9], Philippe de Patara ou

---

1. *Vie de Sévère*, § 4; Nau, t. IV, p. 348; Kugener, p. 14.

2. *Ibid.*, § 18; Nau, t. IV, p. 565; Kugener, p. 63-64.

3. *Ibid.*, § 24; Nau, t. V, p. 81; Kugener, p. 86-87.

4. *Ibid.*, § 24 ; Nau, t. V, p. 81 ; Kugener, p. 86-87.

5. Cf. Ed. Schwartz, *Johannes Rufus, ein monophysitischer Schrift-steller* dans les *Sitzungsberichte der Heidelberger Akademie, Phil. — Hist. Kl.*, 1912, n. 16.

6. Détails biographiques donnés par F. Nau, *Les Plérophories*, etc., dans *P. O.*, t. VIII, p. 6. — Cf. ci-dessus, p. 51.

7. *Ibid.*, § 18; Nau, t. IV, p. 563; cf. p. 567; Kugener, p. 59-60; cf. p. 68.

8. *Ibid.*, § 21; Nau, t. V, p. 77-78; Kugener, p. 81.

9. *Ibid.*, § 17; Nau, t. IV, p. 561; cf. t. V, p. 79-80, 87; Kugener, p. 55; cf. p. 83-85, 96. — Voir aussi le récit de son songe dans les *Plérophories* de Jean Rufus, c. LXXI, dans *P. O.*, t. VIII, p. 126.

Pétra, ville de Lycie [1], et Anatole d'Alexandrie [2]. Ceux-là avaient donc commencé leurs études vers 484. Anatole et Philippe quittèrent ensuite le monde, déclare Zacharie, dont le témoignage est confirmé par les *Plérophories* de Jean Rufus. L'évêque de Maïouma signale, en effet, comme étant sortis de Beyrouth pour renoncer au monde : son frère Evagrius, Zacharie (le Scholastique) (de Maïouma), Anatole (d'Alexandrie) et Philippe (de Patara) [3]. Avec le nom d'Evagrius, il donne un autre nom nouveau d'étudiant : le scholastique Zacharie, « celui de Maïouma » [4], qui ne doit pas être confondu avec le personnage homonyme originaire de Gaza, l'auteur de la *Vie de Sévère*, l'évêque de Mytilène.

Les autres condisciples chrétiens de Sévère et de Zacharie, des mêmes années d'école qu'eux, sont les suivants : Evagrius, de Samosate, ancien élève d'Antioche [5] ; Elisée, originaire de la Lycie [6] ; Isidore et Athanase, deux frères, d'Alexandrie [7] ; Ménas, de Césarée en Cappadoce, qui reçut plus tard l'habit monastique dans l'Église Saint-Jude [8] ; Lucius, de Gaza, un futur moine aussi [9].

Deux étudiants chrétiens sont mentionnés comme étant arrivés à Beyrouth après Zacharie, c'est-à-dire après 487 ou 488 : Zénodore, de Gaza, qui devint avocat à Constantinople et mourut peu de temps avant que Zacharie

---

1. *Ibid.*, § 17 ; Nau, t. IV, p. 561 ; cf. t. V, p. 82 ; Kugener, p. 55-56 ; cf. p. 88.

2. *Ibid.*, § 17 ; Nau, t. IV, p. 561 ; cf. t. V, p. 77, 82 ; Kugener, p. 56 ; cf. p. 80, 87.

3. *Plérophories*, c. LXII, dans *P. O.*, t. VIII, p. 125.

4. Sur sa vision, *Plérophories*, c. LXXIII dans *P. O.*, t. VIII, p. 128.

5. *Vie de Sévère*, § 17 ; Nau, t. IV, p. 561 ; cf. p. 563 ; cf. t. V, p. 74, 75, 76, 78, 79, 81, 82, 83-84, 85, 86 ; Kugener, p. 54-55 ; cf. p. 59, 80, 85-86, 87, 92-93, 95.

6. *Ibid.*, § 17 ; Nau, t. IV, p. 561 ; cf. t. V, p. 77, 81 ; Kugener, p. 55 ; cf. p. 80, 85.

7. *Ibid.*, § 18 ; Nau, t. IV, p. 563 ; Kugener, p. 59.

8. *Ibid.*, § 18 ; Nau, t. IV, p. 565 ; cf. t. V, p. 97 ; Kugener, p. 64 ; cf. p. 114.

9. *Ibid.*, § 25 ; Nau, t. V, p. 82 ; Kugener, p. 88.

n'écrivît la *Vie de Sévère*[1]; Étienne de Palestine[2], devenu prêtre ensuite.

Les condisciples païens (ou plutôt manichéens) de Sévère et Zacharie qui figurent dans la *Vie de Sévère*, sont beaucoup moins nombreux. Ils forment le groupe de ces étudiants en droit qui se firent un grand renom dans la magie : Georges de Thessalonique en Illyricum[3]; Chrysaorius (ou Chrysarius) de Tralles, ville d'Asie[4]; Asclépiodote (ou Sclifodotus) d'Héliopolis[5], et un Arménien inconnu[6], auxquels il faut joindre Leontius[7] (ou Leontès), μάγιστρος[8] à l'époque où tous cinq furent dénoncés comme magiciens à l'évêque Jean, et qui devait ensuite se convertir.

V. — Au début du vi[e] siècle, la correspondance de Procope de Gaza renferme, avons-nous dit[9], quelques noms d'étudiants en droit de Beyrouth[10]. Le moment est venu d'en tirer profit.

Plusieurs lettres adressées à Orion font allusion aux études que ce jeune homme poursuit à Beyrouth. Procope lui écrit une première lettre (*ep.* 41), au moment où Orion, qui avait été son élève à Gaza, entreprend l'étude du droit[11].

---

1. *Ibid.*, § 17; Nau, t. IV, p. 561-562; cf. t. V, p. 77, 83; Kugener, p. 55; cf. p. 80, 90.

2. *Ibid.*, § 17; Nau, t. IV, p. 562; cf. t. V, p. 86; Kugener, p. 56; cf. p. 95.

3. *Ibid.*, § 18; Nau, t. IV, p. 562; cf. p. 566; Kugener, p. 57; cf. p. 66.

4. *Ibid.*, § 18; Nau, t. IV, p. 562; cf. p. 566, 567, 568-571; Kugener, p. 57; cf. p. 66, 71, 72, 73-74.

5. *Ibid.*, § 18; Nau, t. IV, p. 562; cf. p. 566; Kugener, p. 57; cf. p. 66.

6. *Ibid.*, § 18; Nau, t. IV, p. 562; Kugener, p. 57.

7. *Ibid.*, § 18; Nau, t. IV, p. 566; cf. p. 567, 570 : Kugener, p. 66; cf. p. 67, 68, 73.

8. Sur le sens de ce mot, voir *Infrà*, p. 100-101.

9. *Suprà*, p. 52.

10. Seitz, *op. cit.*, p. 13, cite en premier lieu comme étudiant en droit Epiphanius (ep. 142, p. 589-590 Hercher); en réalité le contexte ne précise pas la nature de ses études.

11. Procop. ep. 41, p. 546-547 Hercher.

Procope, après avoir loué sa vertu, s'exprime ainsi :
« … fais-moi le plaisir de cultiver cette vertu, en montrant
le même zèle et les mêmes dispositions pour les lois
(περὶ τοὺς νόμους) que tu avais auprès de moi pour l'éloquence. ». Il l'avertit un peu plus tard dans une autre
lettre d'avoir une bonne conduite et de se garder des
voluptés (ep. 117)[1], avertissement qui n'était pas inutile
dans la ville de débauche qu'était alors Beyrouth. Procope,
enfin, recommande à Diodore Orion, son élève et parent,
(ep. 64) qui avait étudié le droit à Beyrouth (ep. 117,
153). La dernière lettre (ep. 153)[2] nous fait connaître en
effet qu'Orion avait quitté Beyrouth pour naviguer dans un
voyage au long cours jusqu'à Constantinople où, probablement, il se fixa[3].

Une seule lettre (ep. 151)[4] est envoyée par Procope à
deux de ses anciens élèves aussi, Zosime et Macaire, qui, à
l'exemple d'Orion, se consacrent à l'étude du droit (à Beyrouth, sans aucun doute). Procope s'y réjouit de les
savoir toujours vertueux et zélés au travail et leur écrit :
« Le très savant Babylas s'est empressé de me raconter ce
que je souhaitais entendre, mais ce que je savais avant
qu'il eût parlé, car il était évident — d'après la tempérance et les vertus dont vous aviez orné votre goût pour
l'éloquence quand vous fréquentiez mon école — que,
en partant d'ici pour étudier les lois (πρὸς νόμων χάριν
ἀπαίροντες), vous resteriez encore les mêmes et que vous
seriez plus ardents encore pour courir vers le mieux ».
Macaire et Zosime, parents de Silanus, suivirent la carrière administrative de celui-ci[5].

---

1. Procop. ep. 117, p. 579.
2. Procop. ep. 153, p. 593-594.
3. La lettre 130, p. 585 (à Orion) parle de ses fiançailles; la lettre 145,
p. 590-591 (au même) est sans intérêt pour nous, de même que la lettre 64
(à Diodore) qui se borne à prononcer le nom d'Orion. — Sur Orion étudiant
en droit, cf. Seitz, op. cit., p. 14, qui n'ajoute rien aux textes de Procope.
4. Procop. ep. 151, p. 593.
5. Seitz, op. cit., p. 14.

Au vi[e] siècle, Agathias, faisant allusion aux derniers
moments de l'existence de l'École, déplore la perte d'un
grand nombre de jeunes étudiants en droit romain, étrangers et de noble extraction (πολλοὶ νέοι ἐπήλυδες εὐπατρίδαι)[1].
Et le Pseudo-Antonin [2], qui commémore le triste événement, ne manque pas de parler des *peregrini* victimes de
la catastrophe, lesquels désignent, comme le pensait judicieusement Hase [3], les étudiants venus de tous les points
du monde méditerranéen pour y étudier le droit.

VI. — Il serait intéressant de savoir de quels milieux
sociaux provenaient ces étudiants. Libanius, dans son
discours « Contre les détracteurs de son enseignement »[4],
a laissé à cet égard une indication qu'on voudrait pouvoir vérifier. Il y déclare, on l'a vu, qu'une véritable
révolution s'était produite de son temps, au détriment
de la rhétorique, dans le recrutement de l'École de Droit
de Beyrouth. Alors qu'auparavant, les études juridiques
étaient l'apanage des jeunes gens issus de familles d'artisans et qui avaient besoin de se créer des moyens d'existence, ces études, à l'époque où il parlait (367-374),
étaient entreprises également par des fils de grandes
maisons, d'un sang illustre, ayant de la fortune et dont
les ancêtres avaient exercé les fonctions municipales. Et
Libanius, dans son discours « Contre le Sénat »[5] (après
388) réitérait ses attaques en dénonçant les enfants des
sénateurs ou des anciens sénateurs qui partent chaque
printemps vers Beyrouth. Libanius n'avait pas tout à fait
raison en ce qui regarde le passé, car certains étudiants
en droit appartenaient déjà à des familles illustres : tels
Apphien et Aedesius[6] (fin iiie siècle). Il exagère sans

---

1. *Suprà*, p. 56-57.
2. *Suprà*, p. 57-58.
3. Hase, p. 58, 107.
4. Liban. or. LXII, c. 21-23. — *Suprà*, p. 37-38.
5. *Suprà*, p. 39.
6. *Suprà*, p. 28-29.

doute un peu, en bon rhéteur. Mais, pour son époque, ses lettres mêmes montrent qu'il ne se trompe pas : plusieurs des élèves qu'il patronne sortent de familles illustres ou au moins aisées : Apringius[1] est le beau-frère d'un sénateur de Constantinople et le fils d'un avocat; Hermogène[2], le fils d'un rhéteur d'Antioche; Peregrinus[3], le fils d'un propriétaire terrien.

Après Libanius, les enfants de familles nobles ou distinguées continuent à fréquenter l'École de Droit : Arcadius et Jean[4], les fils d'un sénateur très riche de Constantinople ; Sévère[5], fils d'un riche sénateur et petit-fils d'un évêque de Sozopolis; Leontius et Anatole[6], son fils, forment avec leur père et grand-père Eudoxius une dynastie universitaire. Enfin, Agathias[7] prenait soin de noter que lors de sa destruction, l'École était fréquentée par un « grand nombre » de jeunes étrangers « de noble extraction ». La science du droit l'avait emporté décidément sur l'éloquence.

---

1. *Suprà*, p. 86.
2. *Suprà*, p. 86.
3. *Suprà*, p. 89 et Chap. IV, Sect. VI.
4. *Suprà*, p. 43.
5. *Suprà*, p. 82 et *Infrà*, p. 105.
6. *Suprà*, p. 84.
7. *Suprà*, p. 56-57, 97.

SECTION III

LA VIE DES ÉTUDIANTS

I. — La *Vie de Sévère* par Zacharie le Scholastique prouve que les étudiants en droit de Beyrouth portaient deux des sobriquets ou surnoms (*cognomina*) dont la Const. *Omnem* a révélé les formes [1] : *Dupondii*, en première année (Const. *Omnem*, § 2), *Edictales* (ἠδικτάλιοι) en deuxième année (Const. *Omnem*, § 3). Il y a toute raison de croire qu'ils portaient également les sobriquets de *Papinianistae* en troisième année (Const. *Omnem*, § 4), de Λύται ou *Lytae* en quatrième année (Const. *Omnem*, § 5), de *Prolytae* en cinquième année (Const. *Omnem*, § 5), quoiqu'aucun texte n'en révèle l'usage à Beyrouth.

II. — Les étudiants en droit de Beyrouth formaient déjà, comme les étudiants de l'ancien régime ou comme ceux d'aujourd'hui, des associations. L'existence d'un groupement corporatif scolaire a été récemment mise en lumière par M. Tamassia [2], qui découvre une véritable organisation de la vie des étudiants dans le qualificatif de *socii* (saint Augustin parlait de la *societas studiorum*) que Justinien (Const. *Omnem*, § 9) applique aux étudiants de première année, aux *Dupondii*, contre lesquels il prohibe les

---

1. Sur ces sobriquets et pour les références, voy. *Infrà,* Chap. V.

2. Nino Tamassia, *Una glossa storica alla costituzione* « Omnem rei p. », dans les comptes rendus de la R. Accademia nazionale dei Lincei, vol. XXXI, p. 19-24 (18 février 1922).

ludi ou brimades [1]. Pour l'auteur italien, les « deux as » qui ont communiqué leur nom au sobriquet de ces mêmes étudiants, *Dupondii*, auraient été la cotisation d'entrée dans l'association, qu'on impose aux nouveaux venus ; mais à ce sujet, il y a des réserves à faire, car le sobriquet peut s'expliquer indépendamment de tout versement d'une cotisation [2]. M. Tamassia paraît, au contraire, avoir pleinement raison quand il suggère que la fête donnée à l'occasion du passage des étudiants en troisième année sous le vocable de *Papinianistae* aurait été célébrée par l'association. Enfin il pense que le refus collectif de payer le salaire aux maîtres, signalé par saint Augustin, ou l'abandon collectif d'un maître pour un autre sont deux faits qui supposent un lien corporatif entre les conspirateurs. Peut-être en retrouverait-on la trace dans l'allusion que fait Justinien aux *ludi* et *alia crimina* dirigés même contre les professeurs (*in ipsos professores*).

L'idée de M. Tamassia reçoit naturellement son application à l'École de Beyrouth, puisque la Const. *Omnem* qu'elle éclaire visait expressément aussi bien l'École de Syrie que celles des capitales. Mais son idée trouve aussi une confirmation particulière à l'École de Beyrouth dans un passage de la *Vie de Sévère* par Zacharie le Scholastique dont l'intérêt lui a échappé.

Racontant alors la lutte que les étudiants en droit les plus pieux menaient contre leurs camarades païens adonnés à la magie, Zacharie cite parmi les plus compromis un certain Leontius « à cette époque μάγιστρος » [3]. Le mot qui rend le latin *magister* est tout aussi vague que son prototype : M. Nau le traduit par « préfet », sans s'expliquer sur le sens qu'il attache à ce terme brillant. Il nous semble que μάγιστρος est le titre officiel du chef des *socii*. Leontius est le « Président de l'Association des Étudiants ».

---

1. Sur le sujet, *Infrà*, p. 106-108.
2. *Infrà*, Chap. V.
3. *Vie de Sévère*, § 18; Nau, t. IV, p. 566; Kugener, p. 66.

En effet, un peu plus loin, Zacharie écrit à propos de l'affaire : « Toute la ville était en émoi de ce que beaucoup étudiaient les livres de magie au lieu de s'appliquer aux lois, et de ce que Leontios, dont il a été fait mention, leur faisait du tort par son paganisme ». Pour quelle raison Leontius, le μάγιστρος de cette époque, aurait-il porté préjudice aux étudiants s'il n'avait pas occupé parmi eux une place insigne ? La phrase de Zacharie se comprend de soi si le μάγιστρος était le Président de l'Association des Étudiants.

Ainsi il existait à Beyrouth une *societas studiorum*; nous préciserons en ajoutant : une Association « générale » des Étudiants, car, à côté de celle-là, il existait des groupements spéciaux.

Le même Zacharie, notre précieux informateur, rapporte, en effet, que Sévère et lui-même avaient pour compagnon dans leurs visites de chaque soir à l'Anastasie, entre plusieurs autres, Evagrius de Samosate, le plus pieux de tous, qui « était le président de cette sainte association »[1]. Il faut donc en conclure que certains étudiants avaient formé entre eux une association particulière, indépendante de l'autre ou en antagonisme avec elle, ayant son but spécial, les pratiques religieuses, et son président qui ne paraît pas s'être appelé μάγιστρος.

III. — Comme tous les grands ports de jadis ou d'aujourd'hui, Beyrouth était une ville pleine de tentations pour la jeunesse[2]. Le relâchement extrême des mœurs dans la Syrie ancienne[3] la rendait encore plus dangereuse aux jeunes gens. Et cependant, il y eut à Beyrouth de tout temps des étudiants en droit très sérieux, très travail-

---

1. *Ibid.*, § 17; Nau, t. IV, p. 562; Kugener, p. 56.
2. Lammens, p. 13, 15. *Infrà*, p. 109.
3. Th. Mommsen, *Hist. romaine*, t. XI, trad. Cagnat et Toutain, Paris, 1889, p. 23-24.

leurs et même très pieux. N'est-il pas naturel de les considérer en première ligne ?

Au IIIe siècle, Apphien et Aedesius sont loués par Eusèbe [1] pour leur bonne conduite qui paraît à l'historien des Martyrs de la Palestine digne d'être signalée. « Chose étrange à dire, écrit Eusèbe, que, dans une ville pareille, il (Apphien) ait dominé toutes les passions de la jeunesse, que ses mœurs n'aient pas été corrompues ni par la vigueur de son corps ni par la camaraderie des jeunes gens, qu'il ait suivi la voie de la tempérance, se comportant avec décence, gravité et piété selon la doctrine du Christianisme, modérant sa propre conduite ».

Au IVe siècle, au dire de Libanius, Théodore [2] se plaisait plus au travail que d'autres à la danse, aussi est-il revenu plein de science juridique; Palladius [3] fut un élève extrêmement distingué, loué par les meilleurs parmi les vieillards.

Au Ve siècle, Zacharie le Scholastique, qui — ne l'oublions pas — compose sa *Vie de Sévère* pour défendre le patriarche d'Antioche contre ses ennemis, rappelle avec insistance l'édifiante conduite de Sévère, de lui-même et de leurs amis lors de leur séjour à Beyrouth depuis les années 487-488. Déjà à Alexandrie, durant leurs humanités, plusieurs de ces élèves avaient mené une vie exemplaire. Le merveilleux Sévère, rapporte Zacharie, s'y distinguait par sa finesse d'esprit comme par son amour de la science. Son esprit ne s'occupait que de cela, et nullement de ce qui séduit d'ordinaire la jeunesse. Il se consacrait tout entier à l'étude, s'éloignant dans son zèle pour elle de tout spectacle blâmable [4].

A Beyrouth, Sévère montre les mêmes dispositions. D'abord il n'inflige pas à Zacharie les brimades accou-

---

1. *Suprà*, p. 29.
2. *Suprà*, p. 90.
3. *Suprà*, p. 89.
4. *Vie de Sévère*, § 2; Nau, t. IV, p. 347; Kugener, p. 12.

tumées[1]; loin de là, il le salue, le premier, tout joyeux ;
il s'est donc rangé déjà du côté des étudiants sérieux.
Mais il n'est pas encore un étudiant parfait; Zacharie
l'emporte sur lui en dévotion, car c'est sur les conseils de
Zacharie que Sévère promet de fuir les spectacles honteux, les courses de chevaux et le théâtre et les endroits
où l'on voit des bêtes opposées à de pauvres malheureux,
de garder son corps en état de pureté, d'offrir chaque
jour à Dieu, après l'étude des lois, les prières du soir
dans les saintes églises[2]. Zacharie obtient même de son
ami qu'ils emploient tous deux leurs moments de liberté,
les samedis après-midi et les dimanches, à lire les écrits
des docteurs de l'Église. Et ils étaient les seuls à faire
ces lectures profitables[3].

Par contre, ils avaient des compagnons dans les visites
qu'ils rendaient chaque soir à l'Église de l'Anastasie :
Evagrius de Samosate, revenu des spectacles honteux,
Élisée de Lycie, Anastase d'Édesse, Philippe de Patara
(ou Pétra), Anatole d'Alexandrie, Zénodore de Gaza,
Étienne de Palestine[4]. Evagrius était le président de cette
sainte association, car il était le plus zélé de tous et il
devint le modèle de Sévère[5].

La foi active de Zacharie, d'Evagrius, d'Isidore et d'Athanase, les deux frères d'Alexandrie, les pousse à dénoncer
leurs condisciples qui se livrent à la magie[6]. Toute
l'affaire tient une grande place dans le récit; elle n'a pas
à être résumée ici, malgré son intérêt. La conduite de
cette affaire est aux mains de Sévère qui dirige les opérations sans s'y mêler. Cela ne l'empêche pas de continuer
à travailler énergiquement. Une fois baptisé et malgré ses
jeûnes, Sévère étudie et approfondit sans relâche le droit

---

1. *Infrà*, p. 107.
2. *Ibid.*, § 15 ; Nau, t. IV, p. 559 ; Kugener, p. 51.
3. *Ibid.*, § 16 ; Nau, t. IV, p. 560 ; Kugener, p. 53-54.
4. *Ibid.*, § 17 ; Nau, t. IV, p. 561-562 ; Kugener, p. 54-56.
5. *Ibid.*, § 17 ; Nau, t. IV, p. 562 ; Kugener, p. 56-57.
6. *Ibid.*, § 18 ; Nau, t. IV, p. 563-564 ; Kugener, p. 59.

pendant les jours de cours. Aussi en vint-il à posséder dans les lois le savoir d'un professeur [1]. Et les résultats de son travail personnel sur les constitutions impériales et sur les commentaires des jurisconsultes classiques, comme ses notes mnémotechniques, tout cela fut laissé, en guise d'ὑπομνήματα, à ceux qui viendraient après lui [2].

Les éloges que Zacharie décerne à son ami trouvent un écho dans la biographie qu'a tracée de Sévère Jean, supérieur du monastère de Beith-Aphtonia. Il n'est pas inutile, croyons-nous, de reproduire les deux passages de cette œuvre qui louent ses mérites et sa vertu : « Après que Sévère se fut bien assimilé cette science (la science profane, à Alexandrie), il fut envoyé à *Béryte* pour y étudier les lois romaines. Là, il fut envié de tous ses camarades pour son caractère grave et ferme et sa finesse d'esprit qui fit qu'il surpassa tout le monde en savoir » [3]. « Sévère avait de telles dispositions pour l'art oratoire, il s'adonna tant à l'éloquence de la rhétorique, et surpassa à ce point, par son application à l'étude des lois, tous ses jeunes camarades et même tous ceux qui furent auparavant des scholastiques (σχολαστικοί) célèbres, que tous le choisirent pour leur professeur de droit, celui qu'ils appellent ἀντικήνσωρ » [4]. Il y a dans le second passage un détail important : c'est que Sévère devint le professeur de droit, l'*antecessor*, de ses camarades [5]. Le fait s'explique non seulement parce qu'il était un esprit supérieur, un

1. *Ibid.*, § 22; Nau, t. V, p. 78; Kugener, p. 82-83. — M. Nau traduit : « de sorte que les professeurs en rendaient témoignage et lui donnaient de bonnes notes... », traduction qui nous paraît moins bonne que celle de M. Kugener suivie ici (cf. *Infrà*, n. 5).

2. *Ibid.*, § 25; Nau, t. V, p. 84; Kugener, p. 91. Cf. *Infrà*, Chap. V, Sect. III.

3. *Vie de Sévère par Jean, supérieur du Monastère de Beith-Aphtonia*, dans *P. O.*, t. II, p. 213.

4. *Ibid.*, *P. O.*, t. II, p. 215.

5. Le texte de Jean (de Beith-Aphtonia) concorde avec la traduction du passage correspondant de Zacharie telle que l'a donnée M. Kugener (ci-dessus, n. 1).

travailleur acharné, un créateur même, comme le prouve la composition de commentaires originaux sur les constitutions, mais encore parce qu'il fut pendant quelques années le doyen des étudiants, ayant consacré à ses études un temps bien plus long que les meilleurs étudiants qui ne leur donnaient, au maximum, que cinq années[1].

La courte biographie de Sévère conservée dans le ms. syriaque de Paris 335, fol. 36, nous livre, en effet, un renseignement qui ne se trouve ni dans les deux *Vies* syriaques, ni dans la *Vie* éthiopienne, à savoir qu'il demeura dans les écoles, c'est-à-dire à l'École de Droit de Beyrouth, jusqu'à l'âge de trente ans. Voici la traduction de la partie intéressante de cette courte note biographique : « *Au sujet du Patriarche Sévère*. Il est originaire de la ville de Sozopolis et son grand-père était évêque de Sozopolis. Dès sa jeunesse, il fut instruit dans les sciences et il alla dans les villes, et il apprit dans toutes les écoles (σχολάς) des philosophes jusqu'à l'âge de trente ans... »[2].

Telle s'écoulait à Beyrouth l'existence modèle d'un étudiant admirablement doué comme l'était Sévère. Par ailleurs nous savons que Sévère était riche, ayant-hérité de ses parents une fortune considérable et qu'il avait amené avec lui en Phénicie plusieurs serviteurs esclaves. Il n'eut que plus de mérites à ne pas porter les toges (χλανίδια) qu'il avait achetées pour sa profession d'avocat (δικανική) et à embrasser la vie monastique, après avoir chargé son ami Zacharie de renvoyer chez lui tous ses biens et ses serviteurs[3].

Son biographe Zacharie, chemin faisant, rend pareillement hommage aux qualités élevées d'anciens étudiants de

---

1. Sur ce temps maximum de cinq années, voy. *Infrà*, Chap. V.

2. Appendice aux *Plérophories*, trad. Nau (*P. O.*, t. VIII, p. 165, complément à *P. O.*, t. II, p. 317-318).

3. *Vie de Sévère par Zacharie*, § 26; Nau, t. V, p. 86 et suiv.; Kugener, p. 92 et suiv. *Vie de Sévère par Jean* (*de Beith-Aphtonia*), dans *P. O.*, t. II, p. 223, 229.

Beyrouth : de Jean, surnommé Rufus (Iohannes Rufus), surnommé aussi Lazare, de Théodore appelé le Juste qui, tous deux, avaient laissé dans cette ville une grande réputation de chasteté et de piété auprès de tout le monde[1].

Au vi[e] siècle, Procope de Gaza[2] vante la tempérance et les vertus de ses anciens élèves Zosime et Macaire, plus ardents encore que par le passé.

IV. — Il va de soi que les étudiants en droit de Beyrouth ne ressemblaient pas tous à ces jeunes gens d'élite ou n'avaient pas toujours une conduite exemplaire[3].

Les *ludi* (ou brimades) d'étudiants que prohibe la Const. *Omnem* (§ 9) ont été pratiqués à Beyrouth[4] : la *Vie de Sévère* en témoigne. Zacharie, en arrivant à Beyrouth un an après Sévère (automne de 487 ou 488), confesse qu'il redoutait les plaisanteries ou moqueries qui constituent ces brimades ; mais simple débutant (*Dupondius*) il se réjouit de se les voir épargner par Sévère, alors *Edictalis*.

Le texte lui-même est curieux à citer. M. Nau traduit :

---

1. *Ibid.*, § 24 ; Nau, t. V, p. 81-82 ; Kugener, p. 86-87.

2. Procop. ep. 151, p. 593 Hercher. — *Suprà*, p. 96.

3. Sur le mauvais esprit des étudiants, voy. Hase, p. 75-76. — Hase, p. 77, rappelle en outre que certains jeux furent défendus aux étudiants en droit par le 3e Concile de Constantinople (6e Concile général), de l'année 692, can. LXXI, et il les rapproche du Pennalisme des Universités germaniques. Mais nous avons de la peine à croire que les mauvaises mœurs grécques ('Ελληνικοῖς ἔθεσι) auxquelles le canon LXXI fait allusion visent spécialement, comme le prétend Hase, les mœurs des étudiants venus de Beyrouth. Il y avait des Grecs en dehors de la Syrie.

4. Voy. à ce sujet : Kugener, *Les brimades aux* ive *et* v[e] *siècles de notre ère*, dans *Rev. de l'Université de Bruxelles*, t. X, 1904-1905, p. 345 et suiv. ; P. de Francisci, p. 9 ; Peters, p. 63, n. 172 (références à des scènes analogues de pennalisme dans Libanius) ; Lammens, p. 15 ; Schemmel, *Phil. Woch.*, 1923, col. 238-239, croit qu'il s'agit de la *sagatio* en usage chez les soldats et consistant à faire sauter en l'air la victime dans un manteau déployé. Ce serait déjà la brimade classique de la *berne*, fameuse depuis la lettre de Voiture, ou de la *couverture*.

« *Sévère* partit donc une année avant moi, après quoi j'allai aussi à Beyrouth pour étudier les lois civiles. Je m'attendais à souffrir de la part de ceux qu'on appelle (Edictalii) ce que souffrent ceux qui viennent tout fraîchement dans cette ville pour l'étude des lois; ils ne souffrent en réalité rien de honteux, mais ceux-là ne songent qu'à se moquer de ceux qu'ils voient et prennent un pouvoir passager sur ceux dont ils se sont moqués et dont ils ont fait leur passe-temps. (Je craignais) surtout pour Sévère qui est maintenant dans le sacerdoce, car je pensais, comme il était encore jeune de corps, qu'il se serait lancé dans les habitudes des autres..... » [1].

M. Kugener traduit : « Sévère me précéda donc en Phénicie, mais d'une année seulement. Celle-ci écoulée, je me rendis à mon tour à *Béryte* pour étudier le *jus civile.* Je m'attendais à devoir souffrir de la part des étudiants appelés *edictales* (ἠδικτάλιοι) tout ce qu'endurent ceux qui arrivent nouvellement dans cette ville pour apprendre les lois. Ils n'endurent, en vérité, rien de honteux. On accable seulement de plaisanteries ceux que l'on voit, et on éprouve ainsi sur l'heure la possession de soi-même de ceux dont on se moque et dont on s'amuse. Je m'attendais surtout à avoir à souffrir de la part de *Sévère*, aujourd'hui cet homme sacré. Je pensais, en effet, qu'étant encore jeune, il imiterait la coutume des autres..... » [2].

A en croire Justinien (Const. *Omnem*, § 9), la malignité des étudiants se serait exercée, non seulement sur les débutants à l'École, mais aussi sur leurs camarades en général et même contre les professeurs; elle se serait exprimée non seulement en paroles, mais encore par des écrits (Const. *Omnem*, § 10) [3]. Zacharie ne souffle mot de ces détails.

---

1. *Vie de Sévère*, § 14; Nau, t. IV, p. 556-557.
2. Kugener, p. 46-47.
3. Sur l'organisation des brimades par les étudiants groupés en corps, on a vu plus haut, p. 100, les idées de M. Tamassia.

Les *ludi* ou brimades furent formellement interdits par la Const. *Omnem*, § 9 [1]. Justinien y qualifie ces pratiques de « jeux indignes et atroces, bien plus, serviles et produisant pour résultat l'injure ».

Il défend aux étudiants de la capitale comme de la splendide cité de Beyrouth d'exercer ces jeux et de perpétrer tous autres actes criminels, soit contre les professeurs mêmes, soit contre leurs condisciples et surtout contre ceux qui commencent leurs études de droit (les anciens *Dupondii*, devenus les *Iustiniani novi*). Il les prohibe, car, dit-il, le terme « jeu » est trop faible pour qualifier de pareils forfaits ; il faut que les étudiants en droit se fassent tout d'abord des esprits sérieux avant que de se faire des langues érudites. Dans le § 10 [2], Justinien accorde le droit de surveillance et le pouvoir de répression à Beyrouth, tant au clarissime gouverneur de la Phénicie maritime (siégeant à Tyr) qu'au béatissime évêque de la cité et aux professeurs de droit. L'Empereur recommande d'ailleurs de mesurer les châtiments (qui ne sont pas spécifiés) à la qualité des jeunes délinquants et à la nature de leurs écrits.

V. — Au demeurant, les *ludi* (brimades), dont Justinien fait des crimes, étaient, en somme, au dire de Za-

---

1. C. *Omnem*, § 9 : Illud vero satis necessarium constitutum cum summa interminatione edicimus, ut nemo audeat neque in hac splendidissima civitate neque in Berytiensium pulcherrimo oppido ex his, qui legitima peragunt studia, indignos et pessimos, immo magis serviles et quorum effectus iniuria est, ludos exercere et alia crimina vel in ipsos professores vel in socios suos et maxime in eos, qui rudes ad recitationem legum perveniunt, perpetrare. quis enim ludos appellet eos, ex quibus crimina oriuntur? hoc etenim fieri nullo patimur modo, sed optimo ordini in nostris temporibus et hanc partem tradimus et toto postero transmittimus saeculo, cum oportet prius animas [animos : Mommsen] et postea linguas fieri eruditos.

2. *Ibid.*, § 10 : Et haec omnia in hac quidem florentissima civitate vir excelsus praefectus huius almae urbis tam observare quam vindicare, prout delicti tam iuvenum quam scriptorum qualitas exegerit, curae habebit ; in Berytiensium autem civitate tam vir clarissimus praeses Poenicae maritimae quam beatissimus eiusdem civitatis episcopus et legum professores.

charie, des jeux assez anodins. Les mauvaises mœurs chez certains étudiants atteignaient à un autre degré de perversité où ils se laissaient entraîner par les tentations même que leur offrait Beyrouth. Libanius craignait déjà que Théodote, son élève en éloquence, tout jeune, par conséquent, qui s'est réfugié à Beyrouth auprès de son frère par peur de la colère paternelle, ne cède aux attraits de la ville[1]. Sévère dit à ce propos (ainsi qu'en témoigne Zacharie) : «... je vois souvent des jeunes gens captivés par les femmes publiques, et j'habite dans une ville qui est une source de plaisirs »[2]. Jean, supérieur du monastère de Beith-Aphtonia, s'inspire de l'apostrophe de Sévère quand il écrit à son sujet : « Chose étonnante, de l'antre de la débauche il avait fait une école de philosophie ! ... Aucune des voluptés, aucun des plaisirs de cette ville, ne purent, en effet, modifier son caractère ferme, ni lui ravir sa chasteté »[3]. Procope de Gaza conseille à Orion d'avoir une bonne conduite et de se garder des voluptés[4].

Zacharie mettait auparavant en opposition le projet qu'il avait formé avec Sévère d'accomplir les devoirs du soir dans les Églises et l'emploi que les autres (ou que d'autres) faisaient de leurs heures de liberté : jouer aux dés (κύβοι) (Kugener) ou donner beaucoup de temps aux courses (Nau), se vautrer dans l'ivresse, boire avec des prostituées et même s'avilir complètement[5]. Il cite aussi le cas d'un étudiant, Chrysaorius, l'un de ceux adonnés à la magie, qui vivait avec une concubine dont il avait des enfants[6].

Ces actes sont surpassés encore par les pratiques

---

1. Liban. ep. 1435 W (= add. 262 S). — *Suprà*, p. 88.

2. *Ibid.*, § 20 ; Nau, t. V, p. 74 ; Kugener, p. 77. M. Nau traduit : « car je vois très souvent des jeunes gens attachés aux impuretés et je demeure dans une ville qui impose les plaisirs ».

3. *Vie de Sévère par Jean de Beith-Aphtonia*, dans *P. O.*, t. II, p. 213.

4. Procop. ep. 117, p. 579 Hercher. — *Suprà*, p. 96.

5. *Vie de Sévère par Zacharie*, § 15 ; Nau, t. IV, p. 559 ; Kugener, p. 51-52.

6. *Ibid.*, § 19 ; Nau, t. IV, p. 570 ; Kugener, p. 74.

magiques auxquelles plusieurs étudiants se livraient.
C'étaient Georges de Thessalonique, Chrysaorius de
Tralles, Asclépiodote d'Héliopolis, un Arménien inconnu,
et d'autres encore. Ils possédaient des ouvrages de magie ;
ils se préparaient même à consommer le meurtre de nuit
d'un esclave éthiopien pour se concilier les faveurs du
démon, quand leur forfait projeté fut connu et détermina
un groupe d'étudiants chrétiens pleins de zèle à inter-
venir [1]. Ceux-ci dénoncèrent donc les trois jeunes gens
susnommés, Leontius et d'autres, à l'évêque Jean, comme
possesseurs de livres de magie [2]. L'histoire finit par la
destruction de ceux de ces livres qui avaient pu être saisis
et qui furent brûlés publiquement, devant l'Église de la
Sainte-Vierge et Mère de Dieu (Θεοτόκος) sur le Port, en
présence du *defensor* de la ville, des agents du δημόσιον et
des clercs. Celui qui les livrait aux flammes en lisait des
passages pour l'édification de la foule : « Comment
faut-il troubler les villes, soulever les peuples et armer
les pères contre leurs fils et leurs petits-fils? Par quels
moyens on rompra les unions légitimes et les cohabi-
tations (συνοίκησις). Comment on amènera par violence une
femme qui désire vivre dans la chasteté à l'amour illicite.
Comment on commettra l'adultère et le meurtre, ou
comment on cachera le vol. De quelle manière on forcera
les juges à rendre pour soi une sentence de victoire
(d'acquittement) ». Sur le vu de ces simples titres, on
comprend combien Zacharie avait raison de noter : « Toute
la ville était en émoi de ce que beaucoup étudiaient les
livres de magie au lieu de s'appliquer aux lois et de ce que
Leontios, dont il a été fait mention, leur faisait du tort par
son paganisme ».

Nous jugeons inutile de raconter l'affaire en détails [3].
Un seul incident en est à retenir parce qu'il montre

1. *Ibid.*, § 18; Nau, t. IV. p. 562-568; Kugener ; p. 57-60.
2. *Ibid.*, § 18; Nau, t. IV, p. 567; Kugener, p. 66.
3. Cf. Lammens, p. 17, 18.

jusqu'où s'étendaient les fréquentations de certains étudiants dépravés : Chrysaorius, dit le narrateur, souleva contre nous ceux que l'on appelle *Poroi* (?) (« mignons » ?) et que les étudiants en droit ont l'habitude de nommer ἑταῖροι? « compagnons » (?) (Kugener) ou « sicaires » (Nau), gens de mœurs infâmes, qui vivent avec arrogance, sont souvent meurtriers et ne ménagent pas l'épée[1].

Chrysaorius, déjà compromis dans cette affaire, ne tarda pas à se laisser entraîner par des sorciers dans une nouvelle aventure de nécromancie dont le développement serait hors de propos[2] et qui se termina par sa fuite honteuse. Pourtant, après son retour obtenu à prix d'or, il acheva ses études. Mais désireux de rentrer dans son pays, il eut alors sa troisième aventure qui finit d'une façon lamentable pour sa concubine et pour ses enfants. Embarqués par lui sur l'avis des magiciens et des astrologues, avec ses livres de magie, ses livres de droit et les objets d'argent que les sorciers avaient eu la gracieuseté de lui laisser, tout cela périt dans un naufrage, juste châtiment du commerce que Chrysaorius avait entretenu avec le diable. Chrysaorius, cependant, avait pris prudemment la voie de terre : il échappa au désastre[3].

Quant à Leontius, le président probable (μάγιστρος) de l'Association générale des Étudiants, lui aussi avait été obligé de fuir, mais, converti, il revint en ville. Ce Leontius était d'ailleurs un habile homme et plein de ressources : il suffit, pour s'en convaincre, de lire dans Zacharie[4] de quelle façon il se retourna après une consultation magique donnée à un grand personnage de Byblos sur le sexe de l'enfant qui devait naître de sa femme et alors que la nature avait déjoué les prévisions du juriste-devin.

---

1. *Ibid.*, § 18; Nau, t. IV, p. 567; Kugener, p. 68. Lammens, p. 18, dit que ces individus, sortis des bas-fonds de la population, étaient les portefaix, les débardeurs du port.

2. Cf. Lammens, p. 18-19.

3. *Ibid.*, § 19; Nau, t. IV, p. 568-571; Kugener, p. 70-75.

4. *Ibid*, § 17; Nau, t. IV, p. 566-567; Kugener, p. 67.—Cf. Lammens, p. 17-18.

SECTION IV

L'AGE DES ÉTUDIANTS

Dans l'Antiquité, les études que nous appelons aujourd'hui supérieures et dans lesquelles rentre l'étude du droit commençaient un peu plus tôt que de nos jours, à seize ans ; car, normalement, aux ive, v^e et vi^e siècles, les études juridiques duraient quatre ans et, en général, les jeunes gens les terminaient à l'âge de vingt ans [1].

Mais à toute règle il y a des exceptions. En ce qui concerne Beyrouth, les textes en montrent quelques-unes.

D'abord, certains n'entraient à l'École de Droit qu'à l'âge d'homme : tel Apringius, au ive siècle [2].

D'autres, Séverin et ses compatriotes, les *scholastici* d'Arabie, qui travaillent à Béryte, semblent avoir été particulièrement en retard sur l'âge commun, puisque Dioclétien et Maximien leur accordent des immunités jusqu'à vingt-cinq ans [3].

Pareillement, mais assez fréquemment, l'âge moyen de sortie devait, sans aucun doute, se trouver dépassé pour les élèves qui accomplissaient à l'École la 5e année d'études facultative [4]. Il est en effet difficile de croire que ces étudiants zélés aient pu achever le *quinquennium* avant vingt

---

1. Cf. pour le ive siècle, Sievers, *op. cit.*, p. 20 et n. 31, citant : Liban. ep. 605 W; Dig. 27, 2, 3, 5; Paul Aeg., 1, 4; Cod. Theod. 14, 9, 1.
2. *Suprà*, p. 86.
3. Cod. Iust. 10, 50 (49), 1.
4. *Infrà*, Chap. V.

ans ; il aurait fallu pour cela qu'ils eussent commencé leurs études à l'âge exceptionnel de quinze ans.

Mais le maximum du temps passé à l'École et, par conséquent. l'âge extrême de sortie a été atteint, nous l'avons signalé, par Sévère, le plus brillant des élèves de Beyrouth. lequel y resta jusqu'à trente ans [1], dans la situation particulière d'ἀντικήνσωρ. de « répétiteur » bénévole pour ses camarades.

Il ne nous a pas paru nécessaire de consacrer un développement spécial aux carrières ouvertes aux élèves qui avaient achevé leurs études. Il suffira de les rappeler en quelques mots [2].

Beaucoup, évidemment, suivaient les carrières judiciaires ou administratives ; beaucoup, aussi, entraient au barreau ; quelques-uns, plus rares, devenaient professeurs de droit ; enfin, ceux qui embrassèrent l'état ecclésiastique. les moines, les prêtres, les évêques, ne furent ni les moins nombreux, ni les moins célèbres, et l'École de Beyrouth, on l'a vu, compta même parmi ses anciens étudiants quelques martyrs. -

---

1. *Suprà*, p. 105.

2. La Const. *Omnem*, § 6, énumère quelques-unes des fonctions accessibles aux étudiants après qu'ils se seront pénétrés du Digeste : ... oratores maximi (*avocats*) et iustitiae satellites (*assesseurs*) ... et iudiciorum optimi tam athletae (*juges*) quam gubernatores in omni loco aevoque felices (*gouverneurs*).

TABLEAU DES LIEUX D'ORIGINE
des Étudiants de Beyrouth

Provinces	Villes	Noms des étudiants classés chronologiquement
ARABIE...........		Séverin et autres. Théodore.
ARMÉNIE.........		Anonyme. (cité par la *Vie de Sévère*, § 18).
ASIE..............	Tralles...........	Chrysaorius.
BITHYNIE........		Flavianus.
CAPPADOCE........	Césarée..........	Ménas.
CARIE...........	Aphrodisias.......	Athanase.
CILICIE...........	Tarse...........	Peregrinus.
ÉGYPTE...........		Anonyme? (Zacharie, *De Opificio mundi*). Anatole.
	Alexandrie........	Athanase. Isidore.
	Héliopolis........	Asclépiodote.
EUPHRATÉSIE. ...	Samosate.........	Evagrius.
EUROPE...........	Constantinople	Apringius. Arcadius. Jean.
GRÈCE.......		Anonyme. (Libanius, ep. 1062 W = add. 318 S).
	Eubée...........	Hilarinus.
IBÉRIE...........		Pierre.
ILLYRIE..........	Thessalonique.....	Georges.
LYCIE.	Paga.......	Apphien. Aedesius.
	Patara...........	Philippe. Elisée.

PROVINCES	VILLES	NOMS DES ÉTUDIANTS CLASSÉS CHRONOLOGIQUEMENT
OSROÈNE..........	Édesse	Anastase.
PALESTINE	Gaza..	Lucius. Zacharie. Zénodore. Orion? Zosime? Macaire?
	Maïouma	Zacharie. Jean. Jean Rufus?
	Ascalon	Théodore. Evagrius? Etienne.
PAMPHYLIE........		Palladius.
PHÉNICIE..	Beyrouth	Pamphile. Anatole (Azutrio). Priscianus? Celsinus? Iulianus? Constantin. Eudoxius? Leontius? Anatole (le professeur).
	Tyr....	Gaianus.
PISIDIE..........	Sozopolis....	Sévère.
SYRIE.	Antioche	Artemon. Hermogène. Paeoninus. Silvanus?

CHAPITRE IV

LES PROFESSEURS DE L'ÉCOLE DE DROIT

CHAPITRE IV

LES PROFESSEURS DE L'ÉCOLE DE DROIT

Peu de noms de professeurs de l'École de Droit de Beyrouth ont été conservés dans les sources[1]. En ce qui concerne la première période de son histoire, nous relèverons successivement les noms incertains proposés par les auteurs pour le IIIe siècle et les noms certains ou douteux connus ou proposés pour le IVe siècle (Section I).

Aux Ve et VIe siècles, les noms des professeurs deviennent un peu moins rares.

Les maîtres du Ve siècle sont ceux qui ont porté l'enseignement de Beyrouth à son point culminant et ont assuré la gloire de l'École. Ils forment un groupe illustré par le titre de Οἱ τῆς οἰκουμένης διδάσκαλοι. Malgré les lacunes des sources, il existe sur eux assez de documents pour que nous puissions en parler avec quelques détails (Section II).

Les professeurs contemporains de Justinien sont nommés plus fréquemment par les ouvrages de droit romain, quoiqu'ils aient certainement été inférieurs à leurs prédécesseurs (Section III).

Nous terminons en recherchant quel était le nombre des professeurs enseignant ensemble (Section IV), comment les professeurs étaient nommés (Section V), comment la vie matérielle leur était assurée (Section VI) et enfin de quels privilèges ou immunités ils jouissaient (Section VII).

---

1. Voir le tableau récapitulatif, après la Section III.

SECTION I

LES PROFESSEURS ANTÉRIEURS AU Vᵉ SIÈCLE

———

Sans fournir des preuves vraiment solides, les auteurs anciens ou modernes ont rattaché à l'École de Beyrouth quelques juristes dont nous allons rappeler les noms [1].

Nous avons signalé déjà [2] l'opinion des auteurs qui pensent que Gaius, Ulpien, Papinien, Scaevola, Marcien et Tryphoninus auraient professé le droit à Beyrouth aux IIᵉ et IIIᵉ siècles; mais leurs raisons sont loin d'entraîner la décision.

Suivant Mommsen, Gregorius, l'auteur du *Codex Gregorianus*, aurait été un professeur de l'École. Cette hypothèse a été discutée assez longuement ailleurs pour n'être pas reprise ici : il se peut que Gregorius ait enseigné à Beyrouth ; il se peut aussi qu'il ait rédigé son *corpus* en une autre qualité, comme conservateur du dépôt des lois [3]. Et le même doute plane sur la fonction exacte qu'occupaient son précurseur, Papirius Iustus [4], et son successeur

———

1. On ne peut considérer comme sérieuse l'hypothèse d'auteurs anciens que Jésus-Christ aurait enseigné à Beyrouth; Hase, p. 86, la rejetait déjà comme une fable.

2. *Suprà,* p. 19-20.

3. Voy. notre article de *Syria,* 1924, nᵒ 4.

4. Cf. le même article.

Hermogénien, l'auteur du *Codex Hermogenianus,* peut-être rédigé aussi à Beyrouth[1].

Durant le IVe siècle, pour la première fois, un nom de professeur est certain. Il s'agit d'un correspondant de Libanius qui, appelé à plusieurs reprises « Domnio » dans les adresses de ses lettres, se nommait sans doute plutôt « Domninus »[2]. Les lettres de Libanius apprennent peu de choses à son sujet. Il enseignait le droit en Phénicie, c'est-à-dire à Beyrouth, siège de la seule École de Droit de cette province, depuis l'été 356[3] au moins, et au temps où Modestus était *comes Orientis,* entre 357 et 361, plus précisément à l'automne 359[4] et dans l'hiver 359/360[5]. Libanius chercha à l'attirer comme professeur de droit auprès de lui, à l'École d'Antioche en 360[6], mais Domninus refusa, car des lettres de 361 et 364 lui sont encore adressées en Phénicie. Ces lettres sont celles où Libanius lui recommandait deux étudiants qui vont entreprendre l'étude des lois à Beyrouth : Hilarinus[7] (été 361) et Apringius[8] (mars-avril 364).

Dans la lettre citée plus haut (de 359), Libanius décerne à Domninus un certificat élogieux de mœurs et science. Quand, dit-il, Silvanus, ton ancien élève, inscrit au barreau, plaidera, il montrera sa science des lois comme il a déjà montré l'excellence de ses mœurs, « mœurs pour

---

1. Cf. le même article.

2. La biographie de Domninus, donnée par Seeck (art. *Domninos,* 1) dans Pauly-Wissowa, t. V, col. 1521, est aujourd'hui remplacée par celle que le même auteur lui a consacrée dans son ouvrage, *Die Briefe des Libanius,* etc. (ouvr. cité) dont nous nous inspirons. Dans ce dernier ouvrage, p. 123-124, Seeck a distingué deux Domninus : le nôtre, le professeur (Domninus I) et un avocat, puis gouverneur, puis sénateur de Constantinople (Domninus II).

3. Liban. ep. 447 W (= VI, 39 S, 533 F).

4. Liban. ep. 85 W (= I, 74 S, 87 F).

5. Liban. ep. 117 W (= II, 21 S, 117 F).

6. Liban. ep. 209 W (= III, 7 S, 208 F).

7. Liban. ep. 567 W (= app. 39 S, 653 F).

8. Liban. ep. 1124 W (= add. 58 S).

lesquelles tu es loué encore plus que pour la connaissance des lois »[1]. Pourtant Seeck a le tort de confondre ce maître du IVe siècle avec le Domninus sur lequel les Scolies des Basiliques ont conservé deux mentions; ce dernier nous paraît appartenir à la seconde moitié du Ve siècle, comme on ne tardera pas à le voir[2].

En 365 (été), enseignait à Beyrouth un professeur dont Libanius, dans sa lettre à Hierius[3] au sujet du fils de celui-ci, Peregrinus, ne nous apprend pas le nom, mais dont il dit seulement qu'il était un « maître excellent » et pauvre : comme, pour ce motif, il s'apprête à demander au père un assez gros salaire et comme, d'autre part, Domninus s'était fait une loi de n'en demander que de modérés[4], cet inconnu ne peut être Domninus lui-même. Ce sera pour nous « l'Anonyme de 365 ».

Les noms de Scylacius et de Sebastianus comme professeurs à l'École de Droit de Beyrouth ont été proposés par Seeck, au cours de son étude sur les lettres de Libanius.

Scylacius[5], païen, originaire de la Grèce, domicilié en Phénicie « peut-être » en qualité de professeur de droit à Beyrouth, résida ensuite à Antioche en 362-363 où il se lia avec Libanius. Il vivait encore en 364. L'argument présenté dubitativement par Seeck est tiré d'une lettre[6] où Libanius se réjouit qu'elle soit portée à un Grec (c'est Scylacius le destinataire) par un Grec qui va faire son droit en Phénicie pour rentrer ensuite en Grèce dans le dessein de soulager les affligés (octobre 363).

Sebastianus[7], destinataire d'une lettre de Libanius en

---

1. Liban. ep. 85 W (= I, 74 S, 87 F).
2. *Infrà*, p. 138.
3. Liban. ep. 1555 W (= add. 426 S); *Suprà*, p. 89.
4. *Suprà*, p. 87.
5. Biographie dans Seeck, p. 271 (Scylacius II).
6. Liban. ep. 1062 W (= add. 318 S); *Suprà*, p. 86.
7. Biographie dans Seeck, p. 272 (Sebastianus III).

388[1], fut « vraisemblablement » professeur de droit à Beyrouth, car la lettre à lui adressée se rattache à une autre envoyée en Phénicie et dans laquelle un étudiant lui est recommandé, tel est l'argument bien fragile de Seeck.

---

1. Liban. ep. 830 (= app. 299 S). L'étudiant recommandé là, Parnasius, est indiqué comme ayant le goût des « lettres » (il n'est pas question de « droit »).

SECTION II

L'APOGÉE DE L'ÉCOLE DE DROIT DE BEYROUTH :

Les τῆς οἰκουμένης διδάσκαλοι (vers 410-420, avant 500).

L'École de Beyrouth atteint son apogée avec l'activité des maîtres que les textes appellent : Οἱ τῆς οἰκουμένης διδάσκαλοι. C'est donc à connaître la personnalité de ces maîtres que nos efforts doivent d'abord s'attacher, l'examen de leurs travaux étant reporté plus loin[1].

Quelle période du vᵉ siècle couvre au juste l'ère de ces maîtres? Quels sont leurs noms? Peut-on établir pour eux une chronologie suffisamment sûre? Quel est le sens probable de la désignation très originale et très flatteuse donnée aux maîtres qui ont le plus honoré l'École de Beyrouth? Telles sont les principales questions dont la solution doit être cherchée dans des textes que notre curiosité souhaiterait moins clairsemés et moins obscurs.

§ I. — Quelle période du Vᵉ siècle couvre l'ère des τῆς οἰκουμένης διδάσκαλοι?

I. — L'ère la plus brillante de l'École de Droit de Beyrouth est, de l'avis de tous, marquée par l'existence d'une

---

1. *Infrà*, Chap. VI.

série de professeurs qui, suivant l'expression très juste de Heimbach[1], ont constitué une « école nouvelle ». Ces maîtres appartiennent incontestablement au vᵉ siècle. Ils sont assez fréquemment cités et loués par les jurisconsultes du vıᵉ siècle dont les témoignages figurent dans les Scolies des Basiliques : aux noms de Cyrille (l'ancien), Domninus, Démosthène, Eudoxius, Patricius, indiqués dans cet ordre par Heimbach et d'autres, il convient d'ajouter ceux de Leontius et d'Amblichus et peut-être d'autres encore[2].

Thalélée, l'un de leurs successeurs probables à Beyrouth, est celui qui se réfère avec le plus de complaisance aux membres de l'école nouvelle. Il les désigne en bloc sous les noms flatteurs de : οἱ ἐπιφανεῖς διδάσκαλοι[3], οἱ ἐπιφανέστατοι διδάσκαλοι[4], οἱ περιφανέστατοι διδάσκαλοι[5], οἱ τῆς οἰκουμένης διδάσκαλοι[6] ou sous les noms plus simples de : οἱ παλαιοί[7], οἱ παλαιότεροι[8]. En même temps, Thalélée, Théodore, Stéphane (ou Etienne) décernent à chacun de ces maîtres en particulier des épithètes diverses[9] dont la plus fréquente est celle de ὁ ἥρως, « feu (un tel) », si bien que les modernes ont pris l'habitude de parler de l'école des ἥρωες, usage tout à fait inconnu des Byzantins et qui doit être proscrit.

Parmi ces titres généraux de l'école et également parmi les titres particuliers, certains expriment l'admira-

---

1. G.-E. Heimbach, *Prolegomena Basilicorum,* § 1 (*Basilicorum libri LX,* t. VI, p. 8-11). Toutes les citations se rapportent, comme d'usage, à cette édition des Basiliques et à ses deux suppléments, l'un (= Suppl.) dû à Zachariæ von Lingenthal, l'autre à Ferrini et Mercati.

2. Les renseignements parvenus sur eux sont réunis plus loin, p. 130 et suiv.

3. Scol. Ταύτην, I, 649.

4. Scol. Οἱ μὲν, I, 402; Scol. Ταύτην, I, 649.

5. Scol. 4, Suppl., p. 154.

6. Scol. Ταύτην, I, 649; Scol. Θεοδώρου, I, 698, qui, à partir du mot Σημείωσαι, vient de Thalélée.

7. Scol. Θαλελαίου, II, 63; V, 873.

8. Scol. Θαλελαίου, II, 454.

9. Les références se trouvent plus loin, à propos de chacun des maîtres (§ II).

tion que témoignent à leurs prédécesseurs des hommes qui se sentent inférieurs à eux. D'autres marquent simplement qu'un long intervalle de temps séparait les juristes du vɪᵉ siècle de leurs anciens.

Il est un de ces titres qui est moins banal et qui, seul, est vraiment significatif par sa précision : c'est le titre de οἱ τῆς οἰκουμένης διδάσκαλοι. Cette formule, où le mot γῆς est sous-entendu comme toujours dans l'expression ἡ οἰκουμένη « la terre habitée, l'univers », aura besoin d'être élucidée par une étude un peu détaillée, et l'on verra si l'on doit donner à τῆς οἰκουμένης ce sens large ou un sens plus réduit.

Provisoirement la traduction française proposée sera l'École des « Maîtres œcuméniques » ou l'École des « Docteurs universels », expressions bien préférables à celle de « l'École des Maîtres autodidactes » créée par Mortreuil [1]. C'est ce titre qui, par sa particularité même, mérite de donner son vrai nom au groupe des professeurs en exercice à la belle époque de l'histoire de l'École de Beyrouth.

II. — « Nous n'avons, dit P. Krueger, que deux points de repère pour déterminer l'époque où ils ont vécu ; on sait qu'ils sont antérieurs à une constitution d'Anastase de l'année 500, et qu'Eudoxe était le grand-père d'Anatole, l'un des commissaires chargés par Justinien de la confection du Digeste » [2].

Les auteurs assignent, en effet, unanimement pour date à l'éclosion de l'école nouvelle la fin du vᵉ siècle. Ils se fondent sur le renseignement fourni par Thalélée [3] que les τῆς οἰκουμένης διδάσκαλοι ignoraient « naturellement » (εἰκότως) la constitution d'Anastase de l'an 500 qui reconnaissait la validité des transactions faites sur la *servilis vel*

---

1. L. Laborde, *Les Écoles de Droit dans l'Empire d'Orient*, thèse de doctorat de Bordeaux, 1912, p. 48.

2. Krueger, p. 361 (tr. franç., p. 426-427).

3. Thal. [*ad* Cod. Iust. 2, 4, 10] *in* Scol. Θεοδώρου, I, 698.

adscripticia condicio[1]. Toutefois, une partie de la doctrine, suivant l'opinion de Mortreuil, tire de l'ignorance de cette loi la conséquence que l'organisation de l'école nouvelle aurait précédé de quelques années seulement l'avènement d'Anastase à l'Empire (491). Une autre partie se borne à la proclamer antérieure à 500. M. Laborde, le dernier auteur qui ait reparlé de la question, déclare à bon droit que tout ce que l'on peut déduire du passage, c'est que l'école était antérieure à la constitution d'Anastase, c'est-à-dire à l'année 500, sans que rien permette d'affirmer qu'elle ait été antérieure à l'avènement d'Anastase, c'est-à-dire à l'année 491. C'est là, en effet, la seule indication qu'on puisse légitimement tirer de la scolie. Pourtant le même auteur écrit en dernière analyse : « Il est donc démontré que l'école des τῆς οἰκουμένης διδάσκαλοι fonctionna avant 500; elle paraît donc avoir été fondée par Anastase ou par son prédécesseur Zénon »[2]. Quel argument autorise cette allusion à Zénon, on l'ignore.

L'opinion qui, sans autre base que le texte de Thalélée, place l'ère de ces maîtres éminents à la fin du v⁰ siècle, sous Zénon (474-491) ou au début du règne d'Anastase (entre 491 et 500), pèche manifestement par insuffisance. Un raisonnement très simple suffit à la renverser.

Nous avons compté plus haut sept professeurs faisant partie du groupe; encore ce nombre est-il probablement inférieur à la réalité, puisqu'il est déterminé uniquement d'après des sources très incomplètes, surtout d'après les Scolies des Basiliques et que ces scolies sont de simples extraits fragmentaires des ouvrages juridiques du vi⁰ siècle. Même s'il était exact que l'École de Beyrouth possédait, avant Justinien déjà, quatre professeurs de droit enseignant ensemble, les sept professeurs connus

---

1. Cod. Iust. 11, 4, 43.
2. Laborde, *op. cit.*, p. 49-50.

représenteraient deux ou trois générations[1]. Faire tenir
ces deux ou trois générations dans le court laps de temps
qui s'écoule entre 474 et 500, dans un espace de vingt-six
années au maximum, — car rien n'indique que l'École
avait cessé juste avant la promulgation de la constitution de
l'an 500, — oblige à supposer nécessairement que chacun
d'eux a enseigné bien peu de temps et certainement moins
que la durée normale de la carrière d'un professeur. Cela
est, *à priori*, contraire à la vraisemblance.

Si, d'autre part, comme il est plus probable, c'était
seulement deux ou trois professeurs qui enseignaient ensemble[2], les sept noms connus se répartiraient sur une
période encore plus longue et la concentration entre 474
et 500 serait, *à fortiori*, inadmissible.

L'on arrive au même résultat d'invraisemblance par un
autre raisonnement. Les juristes du VIe siècle montrent
que la plupart de ces maîtres ont commenté les constitutions impériales, en particulier celles du Code Théodosien. Faut-il croire que les jurisconsultes de Beyrouth
auraient attendu l'avènement d'Anastase ou, au plus tôt,
l'avènement de Zénon, pour se livrer à l'étude du Code
promulgué par Théodose et Valentinien en 438? Et si l'on
objecte que d'autres jurisconsultes avaient déjà commenté le Code Théodosien avant les « maîtres universels »
dans la période de 438 à 474, comment expliquer qu'aucun témoignage ne soit parvenu de leur activité? Pourquoi cette lacune de trente-six ans dans nos sources et
précisément dans la période la plus proche de la promulgation du Code Théodosien, alors que l'expérience prouve
que les Codes nouveaux font l'objet de commentaires,
surtout aussitôt après leur publication?

----

1. Je dis deux ou trois générations, parce qu'il serait extraordinaire
qu'ils se divisent juste en deux groupes ayant enseigné chacun un temps
égal.

2. Voy. la discussion sur le nombre des maîtres, *Infrà*, Sect. IV.

III. — En vérité, si les auteurs avaient prêté plus d'attention à la question de chronologie, ils auraient pu depuis longtemps fixer, rien qu'à l'aide des textes juridiques courants, non seulement avec une quasi-certitude le *terminus ad quem,* mais aussi par hypothèse un *terminus a quo* remontant bien plus haut dans le passé. Voici comment.

Justinien, dans la Const. *Tanta-*Δέδωκεν, § 9 (16 décembre 533), la troisième préface du Digeste, cite le nom d'Anatole, collaborateur de son Digeste et proclame qu'Anatole, le représentant de la troisième génération de jurisconsultes de Beyrouth, est le digne héritier du talent de son père Leontius et de son grand-père Eudoxius. Leontius et Eudoxius sont précisément deux des membres de l'École des τῆς οἰκουμένης διδάσκαλοι. La parenté qui les unit permet déjà de retrouver d'une façon sûre deux des générations de professeurs dont nous signalions un peu plus haut l'existence vraisemblable. La génération de Leontius occuperait un laps de temps de vingt ans avant 500, car, depuis longtemps, il était possible de trouver dans les sources la preuve que la carrière de Leontius avait été interrompue[1]; elle aurait rempli les années 480 à 500 au plus tard. Son père Eudoxius appartenant à la génération précédente et de trente ans plus vieille, — c'est la durée toujours admise d'une génération humaine, — la génération d'Eudoxius aurait rempli les années 450 à 480 au plus tard.

Mais la même Préface du Digeste apprend encore que Patricius était antérieur à Eudoxius; il aurait donc débuté, par exemple, vingt ou trente ans plus tôt que 450, soit vers 420 ou 430. Et enfin, puisque le fondateur de l'École n'est pas lui, mais Cyrille, on le verra, Cyrille aurait débuté dix ou vingt ans encore avant Patricius, soit au plus tôt vers 400-410 et au plus tard vers 420. Ces calculs,

---

1. Voir *Infrà,* p. 141-154, la biographie de Leontius.

tout grossiers qu'ils eussent été, auraient amené aux résultats suivants : .

Ce qu'on appelle « le corps de doctrine » nouveau
n'aurait nullement été « fondé » par Anastase où Zénon,
mais l'École des τῆς οἰκουμένης διδάσκαλοι aurait commencé
quelque soixante-dix ans plus tôt que l'avènement d'Anastase, sous Honorius et Théodose (408-424), et aurait donc
fonctionné beaucoup plus longtemps qu'on ne le dit d'ordinaire; l'École se serait étendue, non point seulement
sous un ou deux règnes, mais sous les sept règnes d'Honorius et Théodose, de Théodose et Valentinien, de Valentinien et Marcien, de Marcien seul, de Léon, de Zénon
et d'Anastase. Une telle conclusion aurait eu l'avantage
de combler la lacune indiquée précédemment, l'intervalle laissé par l'opinion courante entre la promulgation
du Code Théodosien et son commentaire par les professeurs de Phénicie[1].

§ II. — Les Professeurs du groupe
des τῆς οἰκουμένης διδάσκαλοι.

Une étude moins superficielle de la question doit commencer par rassembler sur chacun des professeurs de
l'École tous les renseignements profitables qu'offrent les
sources juridiques ou historiques, renseignements d'autant plus précieux qu'ils sont très restreints. De ces sources, on extraira une liste des maîtres dont la chronologie
devra être fixée avec soin, car la chronologie permet
seule de proposer une solution, même flottante encore,
aux divers problèmes obscurs que l'existence de l'École
soulève.

Les professeurs dont l'enseignement et les œuvres
ont, durant le Vᵉ siècle, porté au plus haut degré le
renom de l'École de Beyrouth, sont connus par les Scolies

---

1. P. Krueger, *op. cit.*, p. 361 (tr. franç., p. 427) a bien signalé ce point
de repère fourni par la généalogie d'Anatole, mais il n'en fait aucun usage.

des Basiliques surtout et par quelques autres textes. Les noms provenant de ces sources se réduisent à sept que nous énumérerons dans l'ordre, hypothétique pour les uns, sûr pour les autres, de leur succession chronologique : Cyrille (l'ancien), Patricius, Domninus, Démosthène, Eudoxius, Amblichus, Leontius [1].

A la suite des pages qui vont leur être consacrées, nous examinerons la question de savoir s'il n'y aurait pas lieu de comprendre parmi les maîtres de Beyrouth deux juristes vivant à la même époque : Euxène et Sabinus; et un professeur un peu plus récent : l'Anonyme des Scolies du Sinaï.

Cyrille.

Cyrille passe, de l'avis général, pour le doyen de l'école nouvelle, on pourrait dire avec plus de précision qu'il en est le fondateur.

L'opinion commune dérive sans doute de ce que Thalélée le qualifie du titre de ὁ ἥρως καὶ ὁ κοινὸς τῆς οἰκουμένης διδάσκαλος Κύριλλος [2] (magnus et communis orbis terrarum magister Cyrillus). Le second élément de son titre est caractéristique : il prouve lumineusement que Thalélée, en appelant Cyrille du nom même qui appartient à toute l'école, en fait le fondateur de l'École des « maîtres œcuméniques ».

Stéphane (ou Étienne) se contente de l'appeler ὁ ἥρως [3].

---

1. Heimbach, t. VI, p. 8 et suiv., copié par Laborde, *op. cit.*, p. 53 et suiv., ne parle que des cinq premiers; P. Kruger, *op. cit.*, p. 361 (trad. franç., p. 427), ne connaît aussi que les mêmes noms (au texte); pourtant il cite à la n. 2 (trad. franç., n. 3) Leontius; M. Édouard Cuq, *Man.*, p. 37, cite les mêmes six noms; F. Schemmel. *loc. cit.*, p. 448, se trompe en y comprenant « Anatolius » (sur lui, *Infrà*, Sect. III). — L'auteur de la monographie consacrée à l'École de Droit de Beyrouth, Jacques Hase, n'ayant pas eu connaissance des Scolies des Basiliques, mentionne seulement (p. 80-81) Leontius, Eudoxius et Patricius.

2. Scol. Ταύτην, I, 646.

3. Scol. Δύναται, I, 583; Scol. Δόλου, III, 474; Scol. 54, Suppl., p. 211.

Cyrille a commenté, au témoignage de Stéphane, les *Libri ad Edictum* d'Ulpien[1] et les *Responsa* de Papinien[2]; il a écrit l' Ὑπόμνημα τῶν δεφινίτων, le « Traité des définitions », dont Patricius, cité par Thalélée[3], vante le profond mérite.

Mais les sources postérieures ne renferment aucun indice qu'il aurait commenté les constitutions. De tous les maîtres de l'école nouvelle, il est le seul dans ce cas[4]. Faut-il attribuer cette carence à une lacune des sources byzantines, si pauvres, du reste, en renseignements sur Cyrille? Faut-il penser que Cyrille s'est épargné, pour une raison inconnue, le travail du commentaire des constitutions auquel les professeurs s'adonnaient en supplément sous forme de répétitions particulières aux étudiants[5]?

Aucun point de repère ne permet de localiser dans le temps l'époque de l'activité de Cyrille. L'éloge de Cyrille par Patricius ne prouve nullement que les deux hommes n'ont pas été contemporains durant une partie de leurs carrières. Comme Cyrille semble pourtant avoir été plus âgé que Patricius et comme celui-ci enseignait déjà en 424[6], Cyrille aurait commencé d'enseigner vers 400 ou 410.

PATRICIUS.

I. — Patricius est le grand maître, le roi de l'École. Il est le professeur que les jurisconsultes du vi[e] siècle, Tha-

---

1. Scol. Δύναται, I, 583 (Dig. 2, 14, 12, *Ulpianus libro quarto ad Edictum*); Scol. 54, Suppl., p. 211 (Dig. 15, 1, 9, 7, *Ulpianus libro vicesimo nono ad Edictum*).

2. Scol. Δόλου, III, 474 (Dig. 23, 4, 26, 4, *Papinianus libro quarto responsorum*).

3. Scol. Ταύτην, I, 646.

4. Sur Amblichus et Leontius, il existe trop peu de textes pour qu'on puisse les comprendre dans cette formule.

5. *Infrà,* Chap. V, Sect. II, § II.

6. *Infrà,* p. 135.

lélée surtout, nomment avec prédilection. Il est honoré de l'épithète de ὁ ἥρως, fréquemment par Thalélée[1], plusieurs fois par Théodore[2], une fois par Stéphane[3]. Thalélée l'appelle aussi ὁ μακαρίτης[4] et ὁ τῆς περιφανοῦς μνήμης[5]; Théodore le déclare ὁ μόνος διδάσκαλος[6], ὁ κοινὸς διδάσκαλος[7].

Le Chap. LXXIV du livre XXIII, tit. III des Basiliques[8] est formé d'une traduction large de la const. 26 (Cod. Iust. 4, 32); le Chap. LXXIV commence par rappeler l'interprétation que ὁ ἥρως Πατρίκιος donnait de la célèbre constitution de 424 organisant la prescription trentenaire des actions personnelles. Dans une scolie à ce chapitre[9], sur lequel nous reviendrons plus loin, Thalélée nomme Patricius sans qualificatif.

Ces citations relativement nombreuses et ces éloges répétés prouveraient déjà en quelle estime Patricius était encore tenu au VIᵉ siècle; il était le « communis vir doctus », épithète qu'il est seul à partager avec Cyrille. D'une façon plus positive, citations et éloges prouveraient qu'il avait été le maître le plus fécond du groupe.

---

1. Scol. Τοῦτο, I, 405; Scol. Ταύτην, I, 646, 649; Scol. Καὶ τοῦτο, I, 692; Scol. Μὴ νόμιζε, II. 146; Scol. Ἐνταῦθα, II, 369 (référence omise par Heimbach); Scol. Θαλελαίου, II, 454; Scol. Τὸ κατὰ πόδας, II, 652; Scol. Ὁ ἥρως II, 657; Scol. Θαλελαίου, III, 22; Scol. Τὸ κατὰ πόδας, III, 23; Scol. Θαλελαίου, IV, 35; Scol. Καλοκύρου, IV, 157; Scol. Τὸ κατὰ πόδας, V, 251-252; Scol. Πολλάκις, V, 873; Scol. 12, Suppl., p. 156. Les références de Heimbach aux Scolies I, 810, II, 366, sont faites inexactement.

2. Scol. Ἑρμηνεία. Ταύτην, I. 403; Scol. Θεοδώρου, I, 704, 722 (références omises par Heimbach); Scol. Θεοδ., III, 782; Scol. Θεοδώρου, IV, 789.

3. Scol. Ἐρώτησις, II, 542.

4. Scol. Θαλελαίου, IV, 502.

5. Scol. Ὁ μὲν, I, 695.

6. Scol. Θεοδώρου, IV, 585 : les manuscrits portent ὁ μόνος; Reitz-Heimbach restituent ὁ ἐμός; Zachariæ, ὁ κοινός. Pour ὁ ἐμός, Heimbach renvoie à ce qu'il a dit de Domninus, qui reçoit le même titre de Théodore, au même endroit (Cf. *Infrà*, p. 138, n. 6).

7. Scol. Θεοδώρου, I, 722.

8. Heimbach, II, 730.

9. Scol. Ἀλλ᾽ ἐπὶ, II, 731.

La troisième Préface du Digeste, la Const. *Tanta-Δέδωκεν*, § 9[1], annonçait déjà en 533, dans les termes les plus nets, la persistance de sa réputation, puisque, de tous les maîtres beyrouthins du v° siècle, c'est lui seul encore qui y est cité en même temps qu'Eudoxius et Leontius. Mais, tandis que ces derniers s'y trouvent pour une raison d'opportunité, à mieux dire, pour une raison purement généalogique, comme ayant été l'un le grand-père, l'autre le père d'Anatole (l'un des commissaires du Digeste), Patricius, lui, y est loué réellement à titre personnel et pour ses mérites propres, comme une tête éminente de l'École. Il y est appelé τὸν τῆς εὐκλεοῦς μνήμης, κυαιστώριον καὶ ἀντικήνσορα.

Le temps où vécut Patricius peut être déterminé. On a vu plus haut d'après Thalélée[2] qu'il loue Cyrille, et pourquoi il semble plus jeune que lui, car une citation de l'un par l'autre ne serait pas probante. On va le constater de suite. D'après une seconde référence de Thalélée[3], Patricius cite aussi Démosthène. Les auteurs ont tiré de là qu'il était postérieur à Démosthène[4]. Ils ont même pris l'habitude de le nommer après Domninus, Démosthène et Eudoxius et voici pourquoi. Une scolie de Thalélée[5] reproduit une interprétation d'Eudoxius « et des autres maîtres plus anciens » qu'il déclare absurde, lui préférant l'opinion de Patricius. D'autre part, une scolie de Théodore[6] cite d'abord une opinion de Domninus, Démosthène et Eudoxius, οἱ πανάριστοι, et en second lieu une opinion opposée de Patricius qu'ont adoptée les rédacteurs du Code Justinien. L'ordre de l'exposé dans les deux scolies a fait croire aux auteurs que Patricius avait vécu après les trois

---

1. Le passage où Patricius est mentionné fait l'objet d'un examen critique. *Infrà*, p. 142 et suiv.
2. Scol. Ταύτην, I, 646.
3. Scol. Τοῦτο, I, 405.
4. Alibrandi, *Opere giuridiche*, t. I, p. 450.
5. Scol. Θαλελαίου, II, 454.
6. Scol. Ἑρμηνεία. Ταύτην, I, 403.

professeurs désignés en première ligne. Il n'en est rien. La Const. *Tanta-Δέδωκεν*, § 9, témoigne formellement du contraire en proclamant Patricius antérieur à Eudoxius et, à plus forte raison, à Leontius, son fils [1]. Le fait que Patricius cite Démosthène tient simplement à ce que les deux professeurs ont passé une partie de leur vie côte à côte.

Ainsi et en résumé, Patricius prend place entre Cyrille en avant, et le groupe Domninus-Démosthène-Eudoxius en arrière.

On peut découvrir dans la carrière de Patricius deux dates précises qui, dans la suite, nous serviront de points de repère. — D'une part, Patricius écrivait déjà en l'année 424 [2], car le Chap. LXXIV (liv. XXIII, tit. III des Basiliques) cité plus haut [3], visant la loi d'Honorius et Théodose (424) [4] sur la prescription de trente ans, commence ainsi : « La constitution qui veut que les actions personnelles se prescrivent par trente ans ayant été rendue, feu Patricius inventa la méthode suivante, etc... ». — D'autre part, Patricius a commenté le Code Théodosien promulgué en 438 [5]. Il semble d'ailleurs s'être voué particulièrement à l'étude des constitutions [6].

II. — Le P. Jalabert a publié en 1906 [7] une inscription grecque fragmentaire qui se rapporte probablement au professeur Patricius :

---

1. Peu importe que cette déclaration ne figure pas dans la version pure de la Const. *Tanta*, § 9 ; cf. *Infrà*, p. 144.

2. En ce sens, Alibrandi, *op. cit.*, t. I, p. 450.

3. *Suprà*, p. 133.

4. Cod. Iust. 7, 39, 9 = Cod. Theod. 4, 14, 1.

5. *Infrà*, Chap. VI, Sect. II.

6. *Infrà*, Chap. VI, Sect. II.

7. P. L. Jalabert, *Inscriptions grecques et latines de Syrie*, dans *Mélanges de la Faculté orientale* (de l'Université Saint-Joseph, Beyrouth), t. I, 1906, p. 170-171, n° 36. — Nous ignorons où se trouve actuellement l'inscription qui n'est pas déposée au Musée de Beyrouth (communication du lieutenant R. du Mesnil du Buisson).

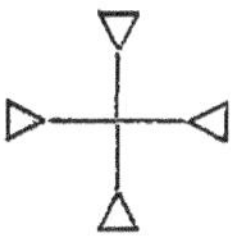

. . . . . α Πατρίκιος στη—
. . . . . . ας ἐκ βασιλῆος. .
. . . . . . ρης θεσμῶν ἐπα. .
. . . . . . μ' ηὔρατο τοῦτο. .
. . . . . . Αὐσονίων σεβα[στο. .
. . . . . . στορος εὖχος

L'inscription, d'une belle gravure d'époque chrétienne, est tracée sur un bloc de calcaire compact bien poli (0m,35 × 0m,45). « La pierre provient des excavations pratiquées sur l'emplacement de l'ancienne église Saint-Georges des Grecs orthodoxes et des Maronites, qui avait succédé à une église byzantine », et qui était située non loin de l'actuelle Cathédrale Saint-Georges (des Maronites)[1]. Elle porte au sommet une belle croix latine pattée. « Un blanc, après la première ligne, donne à croire que cette ligne était complète de ce côté ». Il manque donc peu de lettres, aux autres lignes, à la droite de la pierre; les lignes sont surtout incomplètes à gauche ; nous ajouterons que la croix se trouvant sans doute au milieu, la moitié gauche manquerait à peu près totalement.

Il semble à l'éditeur que l'inscription était métrique : elle se composerait de trois hexamètres, dont les finales seraient respectivement[2] :

ἐκ βασιλῆος
ηὔρατο τοῦτο
]στορος εὖχος,

chacun des hexamètres couvrant deux lignes.

1. *Suprà*, p. 72.
2. Observation du P. Mouterde, que nous remercions de nous avoir communiqué ses idées personnelles sur l'inscription.

L'éditeur remarque aussi avec raison que le texte est
trop mutilé pour qu'on puisse en tenter une reconstitution.
Cependant, nous préciserons que les mots parfaitement
lisibles des ll. 3 et 5, θεσμῶν et Αὐσονίων, laissent apercevoir
nettement quelle était la position sociale du défunt. L'expression θεσμῶν Αὐσονίων désigne « les lois de l'Ausonie »
ou « les lois romaines »; elle se rapproche des termes
employés par saint Grégoire de Nazianze dans le vers où
il désigne Beyrouth par la périphrase : νόμων ἕδος Αὐσονιήων[1]. La présence de cette expression dans l'inscription
de Beyrouth montre que le défunt était un homme versé
dans la connaissance des lois romaines, très vraisemblablement un professeur de droit : c'est pourquoi l'inscription est peut-être un fragment de l'épitaphe de Patricius[2]
le professeur.

Le mot εὖχος « gloire » (l. 6) vient, semble-t-il, à l'appui de cette hypothèse, en désignant un homme illustre,
comme l'était incontestablement Patricius. Malheureusement, du génitif gouverné par εὖχος, il ne reste que la
finale .....]στορος pour le complément de laquelle le choix
est permis entre [ἴ]στορος « connaisseur » et [κτί]στορος
« fondateur ». Le premier qualificatif se rapportant, par
hypothèse, à la connaissance des « lois romaines » qu'aurait possédée le défunt conviendrait parfaitement à Patricius. Le second qualificatif marquerait que le héros
mérite la gloire, parce qu'il a fondé une école où l'on
enseignait les « lois romaines » ou a donné un lustre nouveau à la science des « lois romaines »; ces éloges non
plus ne seraient en rien déplacés à l'égard de Patricius,
qui fut le plus éminent des « maîtres œcuméniques »,
ceux dont l'activité scientifique apporta à Beyrouth plus
de renommée encore.

Les mots ἐκ βασιλῆος (l. 2), enfin, en éveillant l'idée

---

1. *Carmina*, II, ii, 5, vers 227; *Suprà*, p. 35, n. 1.
2. A moins que πατρίκιος ne doive se prendre au sens de « patrice ».

d'une intervention de l'Empereur (dans l'érection du monument? dans la nomination de professeur?), font ressortir que le personnage, dont la pierre porte l'épitaphe, était un homme considérable, qualité appartenant également à Patricius.

Pour tous ces motifs, l'inscription pourrait donc être un fragment de l'épitaphe de Patricius. Suivant l'hypothèse proposée plus haut[1], elle aurait été placée dans la Cathédrale d'Eustathe ou dans ses annexes, si, comme nous le pensons, l'église byzantine dans les fondations de laquelle elle a été découverte était réellement cette Cathédrale.

DOMNINUS [2].

Les professeurs du groupe auquel allusion a déjà été faite, Domninus, Démosthène et Eudoxius, seront examinés dans l'ordre des noms que fournit Théodore [3]. Théodore leur décerne à tous trois l'épithète de οἱ πανάριστοι. Peut-être respectait-il dans son énumération la succession chronologique des trois maîtres, ou peut-être a-t-il voulu indiquer qu'ils étaient contemporains. En tout cas, le temps où exerça Domninus est établi grâce aux indications moins vagues qui concernent Eudoxius [4].

Domninus seul est mentionné encore par Théodore [5] qui l'appelle à la fois ὁ πολυμαθὴς, ὁ ἐμὸς διδάσκαλος [6].

---

1. *Suprà*, p. 73.

2. Joers, art. *Domninos*, 6, dans Pauly-Wissowa, t. V, col. 1526. Il ne se confond pas avec l'homonyme du IVᵉ siècle (p. 122).

3. Scol. Ἑρμηνεία. Ταύτην, I, 403. — Domninus n'est pas d'un âge inférieur à Démosthène, déclare Alibrandi, *op. cit.*, t. I, p. 450-451.

4. *Infrà*, p. 140.

5. Scol. Θεοδώρου, IV, 585.

6. Il ne faudrait pas inférer de ce titre que Domninus a été proprement le maître de Théodore par la parole : il a été son maître seulement par les livres, dit \Heimbach, *Prolegom.*, *Bas.*, t. VI, p. 10, car un intervalle de cent ans au moins sépare les deux hommes. Nous présentons plus loin une hypothèse expliquant le titre d'une autre façon : il proviendrait d'un emprunt de Théodore à Leontius, dont Domninus aurait été le professeur; *Infrà*, p. 153.

Il n'a pas été Préfet du Prétoire, comme l'admettaient
Cujas, et, d'après lui, des auteurs modernes[1]. La constitution de Zénon[2] où Cujas lisait Δομνήνω porte en réalité
pour adresse Δομηνίκω[3], sans aucune titulature.

Domninus a, lui aussi, étudié les constitutions[4].

DÉMOSTHÈNE [5].

Démosthène, que Théodore[6] cite comme l'un des
πανάριστοι entre Domninus et Eudoxius, est vraisemblablement l'un des maîtres de la même période ancienne
que celle à laquelle exerçait Eudoxius.

Une conclusion concordante ressort de la qualification
que lui donne Thalélée[7], τὸν τῆς εὐκλεοῦς μνήμης. Cette
expression, selon Heimbach[8], indique qu'il était mort
bien longtemps avant le vıᵉ siècle; elle est appliquée
pareillement à Patricius[9] dont l'enseignement a précédé
celui d'Eudoxius et finissait à l'époque de Démosthène.

En effet, une opinion de Démosthène est acceptée par
Patricius, au témoignage de Thalélée[10]. Pour Joers[11],
Démosthène était contemporain de Patricius ou un peu
vieux plus que lui et appartiendrait à la deuxième moitié
du vᵉ siècle. Nous avons dit déjà que le fait ne prouvait

---

1. Références dans Laborde, *op. cit.*, p. 55.
2. Zénon (s. d.), Cod. Iust. 10, 3, 7.
3. En ce sens, l'édition du Code de P. Kruger après celle de Contius.
M. Édouard Cuq dans Borghesi, *Œuvres complètes*, t. X, p. 359, fortifie
l'argument en écrivant à propos du préfet Dioscorus et de l'inscription de
Mylasa : « Zachariæ a établi que ce préfet n'est autre que Dioscorus. L'édit
est en effet postérieur à 465, antérieur à 518. Or, dans cette période, il n'y a
qu'un préfet d'Orient dont le nom commence par un Δ : c'est Dioscorus ».
4. *Infrà*, Chap. VI, Sect. II.
5. Joers, art. *Demosthenes*, 12, dans Pauly-Wissowa, t. V, col. 190.
6. Scol. Ἑρμηνεία. Ταύτην, I, 403.
7. Scol. Καὶ τοῦτο, I, 692.
8. Heimbach, *Prolegom.*, t. VI, p. 10.
9. *Suprà*, p. 134.
10. Scol. Τοῦτο, I, 405 (le chiffre 865 dans Joers est faux).
11. Joers, *loc. cit.*

pas nécessairement l'antériorité de Démosthène, mais seulement que les débuts de la carrière de Démosthène coïncidaient avec la fin de la carrière de Patricius.

Ce maître[1] a travaillé sur les constitutions[2].

EUDOXIUS[3].

Eudoxius est nommé ὁ ἥρως par Thalélée[4] et aussi à plusieurs reprises par Théodore[5]. Il est non seulement l'un des trois jurisconsultes auquel ce dernier[6] confère le titre de οἱ πανάριστοι, mais encore il est rangé par Théodore[7] dans les παλαιότεροι διδάσκαλοι[8]. Il appartiendrait, d'après cette indication, à la génération venant immédiatement avant la dernière génération des « maîtres œcuméniques ». La troisième Préface du Digeste[9] le confirme en déclarant qu'il était le père de Leontius, l'un des membres de la période terminale.

Alibrandi[10] attribue à Eudoxius les Scolies du Sinaï : nous critiquerons son idée ultérieurement[11].

Eudoxius a travaillé certainement sur les constitutions et sur le *lib. 9 de officio proconsulis* d'Ulpien[12].

---

1. Démosthène, préfet du Prétoire d'Orient sous Justin (521-523?) (Borghesi, t. X, p. 389) et sous Justinien (529-530) (*ibid.*, p. 398) est un homonyme du jurisconsulte et non lui-même (Mortreuil, *Hist. du droit byz.*, t. I, p. 263).

2. *Infrà*, Chap. VI, Sect. II.

3. Kuebler, art. *Eudoxios*, 4, dans Pauly-Wissowa, t. VI, col. 927-928.

4. Scol. Καὶ τοῦτο, I, 692; Scol. Ἥρωος, II, 488-489.

5. Scol. Θεοδώρου, I, 696, 704; II, 454; Scol. Τοῦ αὐτοῦ, IV, 593.

6. Scol. Θεοδώρου, II, 454 (référence à Dig. 48, 19, 8, 7: *Ulp. libro nono de off. procons.*).

7. Scol. Ἑρμηνεία. Ταύτην, I, 403.

8. Sur ce qualificatif, *Infrà*, p. 159-160.

9. *Const. Tanta-Δέδωκεν*, § 9. — Pour d'anciennes difficultés sur cette paternité, cf. *Infrà*, p. 146-147.

10. Alibrandi, *op. cit.*, t. I, p. 481.

11. *Infrà*, Chap. VI, Sect. II.

12. Voy. n. 6 et *Infrà*, Chap. VI, Sect. II.

AMBLICHUS.

Amblichus n'est visé qu'une seule fois dans les Scolies des Basiliques, avec l'épithète de ὁ ἥρως que lui décerne Stéphane[1]. Cette référence unique, comme la recherche de son style dans le passage rapporté, témoignent de la basse époque à laquelle on est autorisé à le faire descendre. Amblichus a sans doute écrit sur les *Libri ad Edictum* d'Ulpien[2].

Il était probablement un collègue de Leontius qui suit.

LEONTIUS.

Leontius est le mieux connu de tous les professeurs du groupe[3].

I. — La Const. *Tanta*-Δέδωκεν, § 9[4], en signalant son grand mérite, fournit sur lui l'indication précise qu'il était le fils d'Eudoxius et le père d'Anatole, le commissaire du Digeste. Cette loi de Justinien formant la troisième Préface du Digeste, *De confirmatione Digestorum* (16 décembre 533), promulguée à la fois en grec et en latin et appelée de son premier mot ou la Const. Δέδωκεν, ou la Const. *Tanta,* cite, en effet, parmi les commissaires chargés de rédiger le Digeste, Anatole, professeur de Beyrouth, fils de Leontius et petit-fils d'Eudoxius, tous deux fameux par leur haute science. Le passage relatif à Anatole est ainsi conçu dans la Const. Δέδωκεν, § 9 :

---

1. Scol. Στεφάνου, II, 601 (Dig. 12, 1, 9, 9; *Ulp. lib. 26 ad Edictum*).

2. Ci-dessus, n. 1 et *Infrà*, Chap. VI, Sect. II.

3. Voy. notre article : *La Carrière de Leontius, professeur de droit à Beyrouth, préfet du prétoire sous Anastase*, dans les *Comptes-rendus de l'Académie des Inscriptions et Belles-Lettres*, 1921, p. 77-84.

4. Le passage du texte relatif à Leontius et à Eudoxius est clair. Mais il existe dans la Const. Δέδωκεν et dans une addition à la Const. *Tanta* (F²S) un second passage qui éveille la suspicion. Il est discuté plus loin, p. 142 et suiv.

καὶ ΑΝΑΤΟΛΙΟΥ τε τοῦ μεγαλοπρεπεστάτου μαγίστρου,
ὃς δὴ καὶ αὐτὸς παρὰ Βηρυτίοις τὰ ἐκ νόμων παιδεύει
[κα]λῶς, ἀνὴρ ἐκ τριγονίας σεμνῆς τ[ῆ]ς παρὰ Φοίνιξιν τῶν
νόμων διδασ[καλίας καταβ]αίνων (ἀναφέρει γοῦν [ε]ἰς Λεόντιόν
τε καὶ Εὐδόξιον, ἄνδρας [ἐ]πὶ νόμοις μετὰ Πατρίκιον τὸν τῆς
εὐκλεοῦς μνήμης, κυαιστώριον καὶ ἀντικήνσορα [καὶ Λεόντιον
τὸν πανεύφημον ἀπὸ ὑπάρχων ὑπάτων καὶ πατρίκιον τὸν αὐτοῦ
παῖδα] ¹ [δικαί]ως τεθαυμασμέν[ους]).

La traduction de Mommsen serrée de plus près donne :

> « et ANATOLIO viro illustri magistro, qui et ipse
> apud Berytios leges [Mommsen : iuris prudentiam]
> optime profitetur, vir ex venerabili iuris doctorum
> apud Phoenices tertia generatione descendens (nam
> refertur ad Leontium et Eudoxium qui viri in legibus
> [Mommsen : iuris prudentia] post Patricium inclutae
> recordationis [Mommsen : clarae memoriae] quaes-
> torium et antecessorem [et Leontium virum glorio-
> sissimum ex praefecto praetorii [et] ex consule patri-
> cium filium eius]² celebrantur) ».

Dans la Constitution *Tanta,* § 9, le même passage est,
selon la version pure (F) de la Florentine, réduit aux
termes suivants :

> sed et ANATOLIUM virum illustrem magistrum, qui
> et ipse apud Berytienses iuris interpres constitutus
> ad hoc opus allectus est, vir ab antiqua stirpe pro-
> cedens, cum et pater eius Leontius et avus Eudoxius
> optimam sui memoriam in legibus reliquerunt.

Le correcteur de la Florentine (F²), suivi par la Vul-
gate (S), a interpolé entre *Eudoxius* et *optimam* la phrase :

> (Eudoxius) qui post Patricium inclutae recordatio-

---

1. Le sens des crochets droits [　　　　] mis par nous ici s'apercevra
bientôt.

2. Le sens des crochets droits [　　　] mis aux deux bouts de cette phrase
est donné plus bas.

nis quaestorium et antecessorem [et Leontium virum gloriosissimum praefectorium (-orem F²S) et consularem atque patricium filium eius] (optimam — reliquerunt).

Il n'est pas douteux que la leçon de F ne soit la bonne. Le texte grec et, d'après lui, le texte de F²S sont inadmissibles en ce qui concerne les détails sur Leontius. Prises à la lettre, ces versions arrivent à cette absurdité : Leontius était le fils de Patricius. Le texte grec, parlant de la descendance d'Anatole et de la triple génération des professeurs de Beyrouth dont il est le dernier membre, a cependant présenté Anatole comme descendant de Leontius et d'Eudoxius ; la version pure de la constitution *Tanta* précise en le donnant comme le fils de Leontius et le petit-fils d'Eudoxius. Donc, Leontius est bien le fils d'Eudoxius, non de Patricius.

L'absurdité même du passage montre qu'il faut voir une glose dans les phrases insérées en grec et en latin respectivement dans la troisième Préface : καὶ Λεόντιον τὸν πανεύφημον ἀπὸ ὑπάρχων ὑπάτων καὶ πατρίκιον τὸν αὐτοῦ παῖδα ; « et Leontium virum gloriosissimum praefecto*rium* et consularem atque patricium filium eius ». C'est pourquoi elles ont été limitées par des crochets droits [   ] dans notre transcription. Les derniers mots de la glose τὸν αὐτοῦ παῖδα, « filium eius », permettent de découvrir l'attache exacte de cette glose : elle se soudait au nom d'Eudoxius, dont Leontius était le fils.

De la version grecque ainsi débarrassée d'un membre de phrase parasite, il reste un texte qui se tient : (ἀναφέρει γοῦν [ε]ἰς Λεόντιόν τε καὶ Εὐδόξιον, ἄνδρας [ἐ]πὶ νόμοις μετὰ Πατρίκιον τὸν τῆς εὐκλεοῦς μνήμης, κυαιστώριον καὶ ἀντικήνσορα [*ici la glose*] [δικαί]ως τεθαυμασμέν[ους] et que nous traduisons : « (nam refertur ad Leontium et Eudoxium, qui viri in legibus post Patricium inclutae recordationis quaestorium et antecessorem [*ici la glose*] celebrantur) ».

Mais la version grecque ainsi reconstituée ne concorde pas encore absolument avec la version latine de F, puisque celle-ci ne prononce aucunement le nom de Patricius. Faut-il donc penser que la Const. Δέδωκεν l'omettait également, ou, en d'autres termes, que les mots μετὰ Πατρίκιον τὸν τῆς εὐκλεοῦς μνήμης, κυαιστώριον καὶ ἀντικήνσορα (post Patricium inclutae recordationis quaestorium et antecessorem) sont, eux aussi, une interpolation?

Le caractère parasitaire que, dans la Const. Δέδωκεν, présente le passage sur Leontius n'entraîne nullement à voir dans la phrase sur Patricius une addition également. Celle-ci se présente, à la différence de l'autre, avec toutes les garanties d'authenticité. Grammaticalement, elle est à sa place. Logiquement, elle se conçoit comme appelée par le souvenir de cette ancienne et florissante École de Beyrouth que le nom d'Anatole suggère. Enfin et surtout elle est indispensable pour donner un sens complet, et même un sens, au contexte auquel elle appartient. Sans elle, en effet (une fois supprimée la glose sur Leontius), le passage se réduirait à ceci : ἀναφέρει γοῦν [ε]ἰς Λέοντιον καὶ Εὐδόξιον, ἄνδρας [ἐ]πὶ νόμοις [δικαί]ως τεθαυμασμέν[ους] (nam refertur ad Leontium et Eudoxium, qui viri in legibus celebrantur). La phrase deviendrait insignifiante en ce qu'elle ne ferait que préciser la phrase principale sans marquer le temps où ces hommes ont brillé dans la culture du droit.

Par conséquent, la version pure de la Const. Δέδωκεν était la leçon donnée par la Florentine, moins la glose sur Leontius; elle contenait bien la phrase sur Patricius.

La différence qui existe entre la version ainsi rétablie de la Const. Δέδωκεν et la version correspondante de la Const. *Tanta,* toute surprenante qu'elle soit, s'explique. D'une manière générale, la Const. *Tanta* n'est pas une traduction de la Const. Δέδωκεν[1]; elle en est une interpré-

---

1. M. Girard, à la p. 227, n. 1 de l'article cité plus bas, p. 145, n. 2, dit « traduction médiocre ».

tation libre. La confrontation des deux versions du morceau du § 9 relatif à Anatole, en particulier, fait ressortir ce caractère. Entre les deux, c'est certainement le texte grec qui est l'original ou, si l'on veut plus de précision, qui est le texte représentant en première ligne la pensée du Conseil de l'Empereur[1], puisque, bien plus complet en général, il donne au cours de son développement des détails précis qui manquent dans le texte latin[2]. Pour le § 9, c'est lui encore, à notre avis, qui fait foi.

On peut découvrir maintenant la provenance de l'addition de F²S. Elle dérive de la Const. Δέδωκεν interpolée :

F²S	Const. Δέδωκεν
<qui> post Patricium	μετὰ Πατρίκιον
inclutae recordationis	τὸν τῆς εὐκλεοῦς μνήμης,
quaestorium et antecessorem	κυαιστώριον καὶ ἀντικήνσορα
et Leontium	καὶ Λεόντιον
virum gloriosissimum	τὸν πανεύφημον
praefectorium et	ἀπὸ ὑπάρχων
consularem atque	ὑπάτων καὶ
patricium filium eius	πατρίκιον τὸν αὐτοῦ παῖδα.

Le rédacteur ne s'est pas aperçu, d'abord, que l'interpolation sur Leontius n'était pas à la bonne place. Mais en plus il ne s'est pas aperçu que sa traduction ne cadrait en aucune manière avec la version originale de F. En effet, l'interpolation sur Leontius une fois enlevée, son texte devient : « qui post Patricium inclutae recordationis quaesto-

---

1. Je précise pour justifier la non inexactitude du terme d'original employé par Joers, vᵒ *Digesta*, dans Pauly-Wissowa, t. V, 1, col. 488, terme qui déplaît à M. Girard, à la p. 227, n. 1 de ses *Mélanges*, cités plus bas, n. 2.

2. Cf. P.-F. Girard, *La Date de l'Édit de Julien*, dans *N. R. H.*, t. XXXIV, 1910, p. 5-40 = *Mélanges de Droit romain*, t. I, Paris, 1912, p. 214-248. Le § 18 de la C. Δέδωκεν contient l'indication précise qu'Hadrien se trouvait « dans la vieille Rome » pour promulguer l'Édit perpétuel; la C. *Tanta* ne note pas ce détail capital. — Dans le même sens, Fr. Ebrard, *Das zeitliche Rangverhaeltnis der Konstitutionen De confirmatione Digestorum* « Tanta » *und* « Δέδωκεν » dans *Z. S. S.*, t. XL, 1919, p. 113-135.

rium et antecessorem » (*sic*). La phrase a pour sujets certains « Leontius » et « Eudoxius » de F. Elle se relie bien dans la pensée de son auteur au verbe « reliquerunt » de F, son *qui*, le seul mot qu'il ajoute à son modèle, le prouve. Mais, si l'on réintégrait le passage entier dans F, on obtiendrait une reconstitution stupide, car, *qui* devenant le sujet de « reliquerunt », ce seraient les mots « cum et pater eius Leontius et avus Eudoxius » de la Const. *Tanta* qui demeureraient en suspens. Le passage de F^2S tout entier est donc un passage démembré, inarticulé, dont la bizarrerie résulte de son caractère propre, jurant avec le caractère ordinaire de la Const. *Tanta* : le passage est la traduction littérale de la Const. Δέδωκεν dans la mesure où elle vise à la fois Patricius dans son texte premier et Leontius dans son interpolation.

Les renseignements à tirer du § 9 de la troisième Préface du Digeste, dans l'une ou l'autre version, ont leur prix.

1° Les deux versions font connaître deux noms de professeurs : Eudoxius et Leontius ; elles nous apprennent, en donnant la généalogie d'Anatole, qu'Eudoxius était le père de Leontius, lequel, à son tour, était le père d'Anatole ;

2° La version originale de la Const. Δέδωκεν, imitée par F^2S, mentionne un troisième nom de professeur, Patricius, et apporte cette précision inestimable, au point de vue chronologique, que Patricius avait brillé avant Eudoxius et Leontius ;

3° La glose grecque sur Leontius, traduite par F^2S, révèle enfin que Leontius porta les titres de *vir gloriosissimus*, d'*ex praefecto praetorio*, de *consularis* et de *patricius*. La seconde Préface du Code qui les énonce est la source de cette glose.

La critique du texte sera achevée après une remarque faite pour mémoire. On a écrit autrefois que Leontius était le fils de Patricius[1]. Cette croyance provenait

____

1. Encore en ce sens, chose extraordinaire, P. Krueger[2], p. 361, n. 2 (trad. franç., p. 426, note 3). — Hase, p. 117, se trompant sur l'interpré-

uniquement de ce qu'on rapportait les mots τὸν αὐτοῦ παῖδα (*filium eius*) du second passage de la Const. *Tanta* (F²S) -Δέδωκεν, § 9, au professeur nommé dans la phrase précédente, Patricius. La reconnaissance d'une glose dans le passage qui contient ces mots et la découverte qu'elle occupe dans le § 9 une mauvaise place, dissiperont l'erreur. L'édition de Mommsen consultée par les auteurs récents leur eût évité cette erreur, en particulier à M. Paul Krueger, le propre continuateur de Mommsen, et il faut renoncer à faire de Leontius le fils de Patricius tout autant qu'à imaginer l'existence de deux Leontius, l'un, fils d'Eudoxius et l'autre, fils de Patricius [1]. Un seul Leontius a été professeur à Beyrouth et il était le fils d'Eudoxius [2]. Le document dont nous allons maintenant invoquer l'autorité ôte à tout jamais le doute.

II. — Un témoignage d'une valeur infinie a été apporté depuis peu sur l'enseignement de Leontius à Beyrouth et à la date précise de 487 ou 488 : il émane du texte hagiographique syriaque : *la Vie de Sévère par Zacharie le Scholastique* [3].

Zacharie relate qu'il est arrivé à Beyrouth (dans l'automne de 487 ou 488), un an après Sévère. Débutant à l'École comme *Dupondius* et redoutant les brimades (*ludi*) des *Edictales*, il se félicite d'avoir rencontré en son condisciple et ami, Sévère, un protecteur, et il raconte ainsi son entrée à l'École :

« Le premier jour que j'entrai au cours de *Léontius*, fils d'*Eudoxius*, qui enseignait alors les lois et était en grande réputation près de tous ceux qui s'occupaient du droit, je

---

tation du § 9, croyait à l'existence d'un Leontius, préfet et consulaire, et d'un Patricius, tous deux fils de Patricius, tous deux parents et ancêtres des célèbres professeurs Anatole, Leontius et Eudoxius, disait-il.

1. En ce sens, Hase, p. 117, et encore H. Peters, *op. cit.*, p. 68-70.

2. En notre sens, P. de Francisci, *Vita e studi a Berito* (cité), p. 11.

3. Voy. la bibliographie, *Suprà*, p. 46, n. 2.

trouvai l'admirable *Sévère* qui était chez lui avec d'autres pour y entendre l'enseignement des lois. Puis, tandis que je le croyais devenu mon ennemi, je vis qu'il avait toujours de l'amitié pour moi, car il me salua le premier, plein de joie et d'allégresse, et j'éprouvai la bonté divine à ce prodige remarquable. Puis, nous qui, à ce moment, étions (dupondii), quand nous eûmes terminé notre cours, nous dûmes nous lever et partir, pendant que ceux de son temps restaient encore pour leur compte... ». Telle est la traduction de F. Nau [1].

La traduction de Kugener diffère peu de la précédente : « J'entrai le premier jour dans l'École (σχολή) de *Léontios*, fils d'Eudoxios, qui enseignait alors le droit (νόμοι) et qui jouissait d'une grande réputation auprès de tous ceux qui s'intéressaient aux lois. Je trouvai l'admirable *Sévère*, assis avec beaucoup d'autres auprès de ce maître pour écouter les leçons sur les lois. Alors que je croyais qu'il serait un ennemi pour moi, je vis qu'il était favorablement disposé à mon égard. Il me salua en effet le premier, en souriant et en se réjouissant. Aussi remerciai-je Dieu pour ce prodige remarquable. Lorsque nous, qui étions à cette époque les *dupondii*, nous nous fûmes retirés, ayant terminé notre exercice (πρᾶξις), tandis que ceux qui étaient de l'année de Sévère restaient encore pour leur compte... » [2].

Le document est précieux à plus d'un titre : d'abord en ce qu'il renferme deux des noms des τῆς οἰκουμένης διδάσκαλοι, Eudoxius et Leontius, le père et le fils, les ascendants d'Anatole ; ensuite en ce qu'il dissipe définitivement les doutes qui avaient pu exister sur le nom du père de Leontius ; enfin et surtout en ce qu'il montre Leontius en fonctions à la date de 487 ou 488. De plus, Leontius, en 487 ou 488, jouissait déjà d'une grande réputation dans l'École. Cela prouve qu'il n'en était pas à ses débuts.

---

1. *Vie de Sévère*, § 14 ; Nau, t. IV, p. 557.
2. Kugener, p. 47-48.

Cela confirme notre hypothèse que Leontius exerçait dans la période comprise entre 480 et 500.

III. — Leontius, après 488, est à nouveau connu par un autre texte non juridique.

Iohannes Lydus [1] écrit à son sujet :

> ὡς Ἀναντασίου τοῦ βασιλέως κινηθέντος κατὰ Ἀπίωνος, ἀνδρὸς ἐξοχωτάτου καὶ κοινωνήσαντος αὐτῷ τῆς βασιλείας, ὅτε Κωάδης ὁ Πέρσης ἐφλέγμαινε, Λεοντίου τὴν ἐπαρχότητα διέποντος, ἀνδρὸς νομικωτάτου...... (Cum Anastasius imperator commotus esset in Apionem virum splendidissimum et qui imperium cum eo communicaverat quo tempore Coades Persa furebat, Leontio, viro legum peritissimo, praefecturam praetorii tente.....).

Leontius fut donc Préfet du Prétoire d'Orient sous Anastase (491-518). Borghesi [2] ne signale pas que le Préfet est le même personnage que le professeur de Beyrouth. Mais aucun doute n'existe sur ce point : le qualificatif qui lui est donné par Lydus, ἀνὴρ νομικώτατος, *vir legum peritissimus*, le démontre déjà. De plus, la Const. *Tanta-Δέδωκεν*, § 9, examinée antérieurement et les deux Préfaces du Code signalées plus loin déclarent qu'il a été Préfet du Prétoire, ἀπὸ ὑπάρχων, *ex praefecto praetorio*.

En quelle année Leontius occupa-t-il la Préfecture? Borghesi ne l'a pas déterminée. Le traité de Jean Lydus semble mettre sur la voie grâce à la concordance des temps qu'il présente. Leontius, dit l'auteur, était Préfet, lorsque l'Empereur Anastase s'était ému contre Apion, « homme très brillant et qui avait partagé l'Empire avec lui au temps où le Perse Coade ravageait l'Empire. »

---

1. Lydus, *De magistr.*, III, 17, p. 210-211 (éd. Dindorf).
2. Borghesi, *Œuvres complètes*, t. X, 1897, p. 371, nᵒ CI.

L'association d'Apion à l'Empire et les ravages du
Perse Coade sont des faits connus. Tillemont [1] décrit, sous
le consulat de Dexicrates et Volusianus (503), la guerre
d'Anastase contre Cabade que « quelques-uns appellent
Coade » [2], ce sont là des transcriptions grecques du nom
perse, Qavādh. Il raconte, d'après Procope [3] et Theophanes [4], que l'Empereur, après la prise d'Amida par les
Perses, avait investi de la direction des opérations ses
quatre généraux « et un intendant qui avait soin de la
dépense, nommé Appion, originaire d'Égypte, homme
d'exécution, qui avait la dignité de Patrice, et qu'Anastase pour lui donner plus d'autorité dans son Intendance,
déclarait, dit Procope, avoir associé à l'Empire ». Il conti-
nüe en narrant la défaite des généraux d'Anastase [5] et comment les Perses ravagèrent toute la Mésopotamie [6] et les
Sarrazins, leurs auxiliaires, la Palestine et l'Arabie [7]. L'année suivante, sous le consulat de Cethegus (504), Anastase
chargea Celer de reprendre l'offensive qui réussit; il
avait rappelé à Constantinople Apion à qui il avait
enlevé l'Intendance de l'armée, achève Tillemont [8].

Les faits historiques auxquels Lydus fait allusion se
placent donc bien exactement en 503. Lydus, dont Tillemont a ignoré l'œuvre découverte plus tard que lui,
s'accorde parfaitement avec Procope et Theophanes : il
ajoute seulement un détail précieux : c'est que, quand la
campagne contre Qavādh fut conduite par les généraux
et Apion, le Préfet d'Orient se nommait Leontius. Ainsi
l'ancien professeur de Beyrouth aurait occupé la Préfecture d'Orient en 503. Il serait postérieur à Marinus (entre

---

1. Tillemont, *Histoire des Empereurs*, t. VI, Paris, 1728, p. 563.
2. *Ibid.*, p. 557.
3. Procop., *De bello pers.*, I, 8 (t. I, p. 39-40, éd. Niebuhr).
4. *Theophan. Chronogr.*, t. I, p. 225-227 (éd. Classens).
5. Tillemont, *op. cit.*, p. 564-565.
6. *Ibid.*, p. 565.
7. *Ibid.*, p. 566..
8. *Ibid.*, p. 567.

499 et 502)[1] et à Constantinus qui tenait la charge en 502[2]. Il aurait, d'autre part, précédé le même Constantinus mentionné à nouveau en 505.

Malgré l'autorité de Lydus, dont la carrière se déroula pendant plus de quarante ans à la Chancellerie de la Préfecture du Prétoire, la date de 503 ne doit être proposée que sous réserve. Il n'existe pas en effet d'exemple du retour en fonctions d'un ancien préfet après un intervalle aussi court que celui qui sépare les années 502 et 505[3]. En d'autres termes, il est probable que Constantinus aura tenu la charge de 502 (au moins) à 505 sans discontinuer; il n'y aurait donc pas place pour Leontius entre ces dates extrêmes. Plus vraisemblablement, l'événement auquel Lydus associe la Préfecture de Leontius est, non pas l'expédition de 503, mais un événement postérieur à 505; cet événement serait la colère d'Anastase contre Apion, leur brouille, dont la date exacte demeure inconnue. Le passage de Lydus autorise, pensons-nous, cette interprétation. En définitive, c'est entre 505 et 518, date de la mort d'Anastase, que Leontius aurait occupé la Préfecture d'Orient, dans l'une des places laissées vides par : Eustathius (505-506)[4], Appio (?) (entre 506 et 510)[5], Zoticus (512)[6], et Sergius (517)[7].

Une seule constitution est adressée *Leontio pp.* M. Édouard Cuq, dans ses additions à Borghesi[8], écrit : « C'est à lui [Leontius] que fut adressée la constitution que Borghesi rapportait à Leo[9]. Elle est peut-être posté-

---

1. Borghesi, *op. cit.*, nº cvi.

2. Borghesi, *op. cit.*, nº cvii.

3. Cette remarque a été produite par M. Édouard Cuq, lors de la discussion qui a suivi notre communication à l'Institut, le 3 mars 1921.

4. Borghesi, *op. cit.*, t. X, p. 380, nº cviii.

5. *Ibid.*, p. 381, nº cix.

6. *Ibid.*, p. 382-383, nº cx.

7. *Ibid.*, p. 383-384, nº cxi.

8. *Ibid.*, t. X, p. 371.

9. Cod. Iust. VII, 39, 56. [Leo, disait plus haut M. Cuq, n'existe pas :

rieure à l'an 500, car la constitution précédente est adressée à Thomas, qui fut, en cette année, préfet d'Illyrie ».
M. Cuq signale en outre que le Recueil des Édits des
Préfets du Prétoire contient un Édit de Leontius : κϛ'. περὶ
γραμμάτων πίστεως. Λεοντίου [1].

IV. — La fin de la carrière administrative de Leontius
est connue et connue cette fois par deux textes juridiques
qui vont faire apparaître la considération immense dont
il jouissait à la Cour.

En 528, Leontius fut associé, comme commissaire, à la
préparation du premier Code de Justinien. La première
Préface à ce Code, *De novo Codice componendo* (13 février
528), reproduite en tête du second Code, le désigne ainsi :
« (elegimus)... LEONTIUM virum sublimissimum magistrum
militum ex praefecto praetorio consularem atque patricium ». Il était donc en 528 *magister militum*, maître
des milices : ce devait être le couronnement de sa carrière. Il était désigné aussi comme *ex praefecto praetorio*,
consularis et *patricius*.

En 529, le nom de Leontius reparaît dans la seconde
Préface du Code, *De Iustiniano Codice confirmando*
(7 avril 529), reproduite aussi en tête du second Code :
« ... et vir sublimissimus ex praefecto praetorio consularis
atque patricius LEONTIUS ». Il avait cessé d'être *magister
militum*.

Ces titres se retrouvent dans la troisième Préface du Digeste, la Const. *Tanta-Δέδωκεν*, § 9, on les a transcrits
plus haut; mais son nom n'y figure plus que pour mémoire, car en 533, c'était son fils Anatole qui était commissaire du Digeste. Leontius était donc mort entre 529 et
533. Son nom est omis *à fortiori* dans la troisième Préface
du Code, celle qui ordonne la confection du second Code,

Leoni est une correction des anciens éditeurs]. — (Note personnelle de
l'auteur).

1. *Cod. Bodl.* XXII. De literarum fide. Leontii. Cf. *Cod. Marc.* XVII.

De emendatione Codicis Iustiniani et secunda eius editione
(17 novembre 534) ou Const. *Cordi.*

V. — Leontius a été, aux termes de la troisième Préface
du Digeste, un maître illustre de Beyrouth ; Zacharie le
Scholastique atteste sa grande réputation auprès des
juristes. Pourtant le nom de Leontius n'apparaît qu'une
fois dans les Scolies des Basiliques[1], dont le passage
amène à penser qu'il a commenté Ulpien, *lib. 12 ad
Edictum*.

Le silence gardé à son sujet démontrerait-il que les
juristes du viᵉ siècle le tiennent en moindre estime que
son père parce que, de son temps, l'enseignement de
Beyrouth, tout en demeurant le premier dans le monde,
avait passé par son zénith ? Ou bien, puisqu'on en est
réduit aux hypothèses, le défaut de mention de son nom
ne viendrait-il pas d'une autre cause ? Certaines scolies,
celles de Théodore, par exemple, seraient des emprunts à
des scolies de Leontius. Cette dernière hypothèse expliquerait la discrétion de ces extraits sur lui-même et
encore un point embarrassant, le titre ὁ ἐμὸς διδάσκαλος
appliqué à Domninus dans un passage de Théodore[2], dont
Domninus n'a pu être le maître[3]. Si la scolie venait vraiment de Leontius, c'est de Leontius que Domninus aurait
été le maître.

VI. — Leontius avait quitté Beyrouth et le professorat
entre 488 et le début du viᵉ siècle où il exerça la Préfecture du Prétoire. Son départ dut avoir lieu quelques années
avant 505-518, car il serait invraisemblable qu'il eût été
nommé Préfet du Prétoire d'Orient, élevé à la plus haute
charge judiciaire de l'État, sans avoir parcouru, aupara-

---

1. *Bas. Suppl.*, p. 227, scol. 173 (Dig. 15, 1, 42 : *Ulp. lib. 12 ad edictum*).

2. *Scol.* Θεοδώρου, IV, 585.

3. *Suprà*, p. 138, n. 6.

vant, une carrière administrative ignorée de nous. Son départ se placerait alors entre 488 et 500 à peu près. Cette date coïncide précisément avec la date de la loi d'Anastase que les τῆς οἰκουμένης διδάσκαλοι n'ont « naturellement » pas connue[1]. Peut-être Leontius est-il le dernier représentant de l'École; peut-être cette École prit-elle fin avec son départ pour la capitale.

Si les sept professeurs, dont la biographie vient d'être retracée, peuvent, sans aucune difficulté, être rangés parmi les maîtres beyrouthins, on doit se demander s'il faut placer à côté d'eux deux juristes du v⁰ siècle : Euxène et Sabinus, et un troisième, qui appartenait peut-être seulement au vi⁰ commençant, l'Anonyme des Scolies du Sinaï.

EUXÈNE.

Euxène (Auxonius ou Euxôn), avons-nous vu plus haut[2], était le frère de l'évêque de Beyrouth, Eustathe; il est mentionné comme ayant été, au printemps (mai ou juin) de 460, mêlé aux controverses religieuses que souleva Timothée Élure, lors de son passage par Beyrouth. D'après le Pseudo-Zacharie et son imitateur, Michel le Syrien, Euxène était « interprète des lois » ou « interprétait les lois ». Que signifie au juste cette expression ?

Le traducteur de Michel le Syrien, l'abbé J.-B. Chabot[3], ne met pas en doute qu'Euxène fût un professeur de droit. L'identité des deux titres nous paraît, à nous aussi, incontestable si l'on observe que l'un des professeurs de droit de Beyrouth, Anatole, est désigné officiellement par Justinien (Const. *Tanta*, § 9) comme « apud Berytienses *iuris interpres* constitutus ».

---

1. *Suprà*, p. 126.
2. *Suprà*, p. 68, n. 1-2, où sont données les références aux textes syriaques ici visés.
3. *Op. cit.*, t. II, p. 130, n. 11.

Il ne nous semble donc pas possible de voir en
Euxène un « juge », même si l'expression « legum interpretes » a désigné parfois au Bas-Empire les juges[1]. Ce
second sens serait, dans le cas d'Euxène, d'autant moins
acceptable qu'il est difficile de découvrir quelle justice
laïque aurait existé à Beyrouth en 460 en dehors du
tribunal du *defensor civitatis,* puisque cette ville n'a jamais été la résidence du *praeses* de la Syrie-Phénicie,
juge ordinaire de la province, lequel siégeait à Tyr[2].

SABINUS.

Les *Scholia sinaitica*[3], débris d'un cours de droit professé en grec avant Justinien, conservent en tête de certains passages le nom abrégé Σαβ = Σαβ(ῖνος), nom
d'un maître antérieur à l'Anonyme qui dicta ces scolies.
Il n'est pas sûr que les Scolies du Sinaï sortent de l'École
de Beyrouth; mais la plus grande vraisemblance porte à
les rattacher à l'enseignement de cette École. Sabinus
aurait donc été un professeur beyrouthin de la fin du
v⁰ siècle. Il aurait composé, non seulement les commentaires sur les *Libri ad Sabinum* d'Ulpien dont les Scolies
du Sinaï constituent des fragments, mais encore des commentaires sur les *Libri ad Edictum* d'Ulpien, auxquels
renvoie un passage de ces Scolies[4].

---

1. Telle est, du moins, la traduction que donne de « legum interpretes »
(dans Firmicus Maternus, *Matheseos libri*, 3, 4, 4) Max Conrat, *Zur
Kultur des roemischen Rechts in Westen des roemischen Reichs im
vierten und fuenften Jahrhundert nach Christi*, dans *Mel. Fitting*, t. I,
Paris, 1908, p. 296. Mais, dans le contexte, rien n'indique que la traduction « professeurs de droit » ne serait pas meilleure.

2. Notons l'insuffisance de la traduction par « legum interpretes » des
mots οἱ τῶν νόμων ὑφηγηταί se rapportant aux professeurs de Beyrouth
dans Agathias, II, 15 (Migne, *P. G.*, t. LXXXVIII, col. 1359-1360); la vraie
traduction est « legum praeceptores », qui est un titre courant.

3. Nous traiterons plus bas (Chap. VI, Sect. II, § II) des différents problèmes que suscitent l'origine des Scolies du Sinaï et leur composition.

4. *Schol. Sinait.*, fr. 13, § 35 (cf. *Infrà*, Chap. VI, Sect. II, § II).

L'Anonyme des *Scholia sinaitica*.

L'auteur des Scolies du Sinaï, dans leur forme actuelle, n'est pas Σαϐ(ῖνος); c'est un Anonyme qui, à la fin du ve ou au commencement du vi^e siècle, a professé en se servant du cours antérieur de Sabinus[1]. Dans ces scolies, les passages non précédés de l'abréviation Σαϐ. sont dus à l'Anonyme en personne. Nous garderons à son sujet notre position prudente : l'Anonyme n'a pu être, lui aussi, un maître de Beyrouth, l'un des derniers avant les contemporains de Justinien, que si, vraiment, les précieux vestiges de l'enseignement du droit en Orient découverts au Sinaï émanent de l'École de Beyrouth.

En l'absence du moindre renseignement sur Euxène et dans le doute sur le rattachement des deux autres personnages à l'École phénicienne, nous nous abstiendrons désormais de parler d'eux.

Avant de traiter plus à fond le problème de la succession chronologique des professeurs du ve siècle, une question se pose : l'École des τῆς οἰκουμένης διδάσκαλοι comprenait-elle réellement les sept maîtres dont les noms sont donnés par les Scolies des Basiliques? La liste rassemble en somme tous les maîtres de Beyrouth ayant enseigné au ve siècle d'après ces Scolies. Mais les sources ne disent pas pour chacun d'eux personnellement qu'il appartenait à ce groupe; d'autre part, Cyrille seul est honoré du titre de ὁ κοινὸς τῆς οἰκουμένης διδάσκαλος.

Pour soutenir, après d'autres auteurs, que tous y rentrent, un argument existe cependant. La scolie spécifiant que l'École des τῆς οἰκουμένης διδάσκαλοι avait cessé de fonctionner avant la loi d'Anastase de l'an 500 autorise la présomption que l'École s'était prolongée jusque là et, comme elle partait de Cyrille, on peut conclure qu'elle embras-

---

1. Voy. plus bas le Chap. VI, Sect. II, § II.

sait les jurisconsultes, ou au moins les plus connus, du
vᵉ siècle. Un second argument moins simple est celui-ci.
Cette École est incontestablement celle des maîtres les
plus éminents de Beyrouth. Nous nous croyons donc en
droit d'y faire rentrer tous les jurisconsultes à qui leurs
contemporains ou leurs successeurs paient un tribut
d'hommage particulier, sous une forme quelconque, mais
sous la seule réserve que l'hommage ait plus de précision
que ὁ ἥρως ou ὁ μακαρίτης « feu (un tel) ». Or, dans cet
ordre d'idées, tous les professeurs mentionnés avec leurs
titres reçoivent, sauf Amblichus, les louanges attendues :.
Cyrille est appelé ὁ κοινὸς τῆς οἰκουμένης διδάσκαλος; Patricius, ὁ κοινὸς διδάσκαλος, ὁ τῆς περιφανοῦς ou εὐκλεοῦς
μνήμης[1]; Domninus, ὁ πολυμαθής, ὁ πανάριστος; Démosthène et Eudoxius, οἱ πανάριστοι; Leontius, selon Zacharie
le Scholastique, jouit d'une réputation de célébrité
(κλεινὴ...ἡ δόξα Schwartz) et est qualifié ἀνὴρ νομικώτατος
par Jean Lydus. Faute de textes précis, l'argument nous
semble assez fort pour reconnaître, en eux tous, les
maîtres de l'Apogée de l'École célèbre de Beyrouth.

§ III. — Chronologie des phases successives de l'École.

Les documents recueillis sur les « maîtres œcuméniques » ne permettent pas de fixer la période d'activité de
chacun d'eux, sauf en ce qui regarde Euxène et Leontius.
Tout au plus est-on autorisé à chercher, d'après ces documents, s'il n'existerait pas des zones distinctes dans l'histoire générale de l'École.

I. — La question n'a guère préoccupé les auteurs.
Un seul, H. Peters[2], y répond en introduisant entre les
professeurs antérieurs au Digeste un classement tripar-

---

1. L'épitaphe de Beyrouth, qui sans doute se rapporte à lui, célèbre également sa louange (*Suprà*, p. 137).
2. H. Peters, *op. cit.*, p. 68-70.

tite, en trois générations : 1° Il regarde, comme formant la première, la génératiou qu'il appelle celle des ἥρωες, Cyrille, Domninus, Démostbène, Eudoxius et Patricius, auquel, dit-il, Huschke ajoute Amblichus; 2° Il estime qu'après la génération dite des ἥρωες vint la génération de Leontius, fils d'Eudoxius, et de Leontius, fils de Patricius, ce dernier cité par la Const. *Tanta*-Δέδωκεν, § 9, les deux seuls noms connus de cette génération; 3° Et enfin, pour lui, la deuxième génération après celle dite des ἥρωες, — soit la troisième, — serait la génération des commissaires du Digeste. En dehors des conséquences qu'il tire de son idée pour l'édification de la thèse soutenue dans son mémoire[1], la seule chose à noter, c'est qu'il a l'air de considérer la première génération comme représentant exclusivement l'école nouvelle, celle qu'il ne se serait sans doute pas refusé à nommer l'école des « maîtres œcuméniques ».

Le classement de Peters est, à notre avis, inadmissible pour plusieurs motifs : 1° Il se borne en somme à grouper en un ensemble les maîtres qui reçoivent des textes le titre de ὁ ἥρως. La base est des plus fragiles. Le titre ὁ ἥρως signifie seulement que le personnage revêtu de ce titre est mort depuis un certain temps. Si Leontius, fils d'Eudoxius, ne le porte pas, c'est uniquement parce que les Scolies des Basiliques ne prononcent son nom que dans une phrase où l'épithète n'eût guère été recevable : Λεόντιος ἠρώτ(ησε) (Leontius quaesivit). Quant à Leontius, fils de Patricius, il n'y a même pas lieu de se demander pourquoi il ne porte pas le titre, puisque ce

---

1. Le mémoire de Peters se propose de prouver qu'il a existé avant le Digeste, en Orient, au v° siècle, plus précisément à l'époque de Leontius, fils d'Eudoxius, un recueil ayant servi de modèle au Digeste, un « Prédigeste » comme l'a appelé Rotondi. Mais ce dernier a démontré combien l'existence de ce recueil est improbable (G. Rotondi, *Sul modo di formazione delle Pandette*, dans « Il Filangieri », t. XXXVIII, 1913, p. 653-669 = *Scritti giuridici*, t. I, p. 87-109), et nous nous rangeons entièrement à son avis.

Leontius n'a jamais existé[1]; 2° Peters prétend concentrer
dans une génération commune les cinq premiers jurisconsultes qu'il nomme, et même six avec Amblichus qui
s'appelle aussi ὁ ἥρως. L'auteur n'a pas réfléchi, d'une
part, à ceci que l'École de Beyrouth au vᵉ siècle possédait
deux ou trois chaires seulement[2], et donc, certainement,
que six ou même cinq maîtres n'auraient pas pu enseigner
ensemble. Il n'a pas vu, non plus, que la base qu'il donne
à son système le force à faire d'Eudoxius le contemporain de Patricius[3], alors que la Const. *Tanta-Δέδωκεν*, § 9
déclare formellement Patricius antérieur à Eudoxius.

II. — Le classement des professeurs de Beyrouth doit
être essayé sur une base plus solide que celle prise par
Peters.

Une scolie de Théodore permet d'entrevoir comment les
jurisconsultes grecs du vɪᵉ siècle comprenaient le développement de l'École des « maîtres œcuméniques ».

Théodore[4] parle là d'une opinion d'Eudoxius et des
παλαιότεροι διδάσκαλοι réformant l'opinion de Patricius.
Contre ses adversaires, il remet en honneur l'interprétation de Patricius. Il n'énonce malheureusement pas
les noms des παλαιότεροι autres qu'Eudoxius. Mais Théodore, citant ailleurs[5] Domninus et Démosthène avec
Eudoxius sous le titre commun de οἱ πανάριστοι, on peut en
induire que l'épithète antérieure se rapporte encore à
eux. Le langage de Théodore, en tout cas, prouve qu'il
reconnaissait formellement deux phases : la phase des
« plus anciens » qui s'opposerait à la phase des « plus
récents ». L'une se plaçant au temps d'Eudoxius, l'autre
se rapporte de soi à la génération d'un maître que

---

1. *Suprà*, p. 147.

2. *Infrà*, Sect. IV.

3. Les deux noms sont cités dans l'ordre Eudoxius-Patricius par Peters,
loc. cit., p. 64, comme ceux de juristes de la génération antérieure à 487.

4. Scol. Θεοδώρου, II, 454.

5. Scol. Ἑρμηνεία. Ταύτην, I, 408.

l'on sait pertinemment le fils d'Eudoxius, Leontius. Mais, en employant le comparatif παλαιότεροι, Théodore laisse présumer que le superlatif παλαιότατος se référerait à Patricius, plus vieux qu'Eudoxius, d'après la c. *Tanta*-Δέδωκεν, § 9. Une phase antérieure serait ainsi constituée.

Enfin, comme les avis des « plus vieux » juristes et celui de Patricius, le « très vieux » juriste, tournent autour du texte d'une constitution et comme Cyrille, à peu près certainement, n'a pas commenté les trois Codes, Cyrille serait seul en avant de tous, en avant-poste.

D'où, en dernière analyse, quatre divisions dans l'ère des « maîtres œcuméniques » :

    I. — Cyrille.
    II. — Patricius.
    III. — Domninus, Démosthène et Eudoxius.
    IV. — Amblichus et Leontius.

III. — Quelles dates assigner à chacune de ces quatre divisions?

Le point de départ tout naturel est fourni avec une approximation suffisante par les dates les mieux connues, celles des diverses étapes de la carrière professorale ou administrative de Leontius. C'est donc en remontant les périodes que nous tenterons de restituer la succession des quatre divisions :

1° Leontius, on en est certain, est mort entre 529 et 533. Comme il enseignait en 487 ou 488, il serait mort de quarante-deux à quarante-six ans après l'année où Zacharie devint son élève. S'il avait débuté en 487 même, à vingt ans, il serait né en 467 et serait mort à soixante-deux ou soixante-six ans. Mais il avait déjà une grande réputation en 487 ou 488, il n'en était donc pas à ses débuts; du moins pas à ses premiers débuts. Cependant, il n'avait pas dû débuter très longtemps avant cette date, ou il avait dû débuter fort jeune[1], car, trop avancer son entrée dans le cycle des « maîtres œcuméniques » serait reculer d'autant l'âge de sa mort. Mettons qu'il avait débuté vers 480 et, s'il avait vingt ans alors, qu'il serait né vers 460; ce qui le ferait mourir entre soixante-neuf et soixante-treize ans, âges qui ne sont point encore extraordinaires.

La génération d'Amblichus, contemporain de Leontius, et de Leontius lui-même serait, pour Théodore, la génération des παλαιοί. Elle s'étendrait partant entre 480 et la fin de l'École des « maîtres œcuméniques », au départ de Leontius pour Constantinople avant 500.

2° Eudoxius, le père de Leontius, doit, d'après la normale, être séparé de son fils par une distance de trente ans. Il aurait donc débuté vers 450. Zacharie le Scholastique ne précise pas qu'Eudoxius soit mort en 487 ou 488 : on pourrait présumer qu'il continua d'enseigner jusque vers 490, étant resté quarante ans en fonctions.

La génération d'Eudoxius à laquelle Domninus et Démosthène appartiennent vraisemblablement est, pour Théodore, la génération des παλαιότεροι. Elle se placerait entre 450 et 490.

3° Patricius, plus ancien qu'Eudoxius, a certainement connu Démosthène, il aurait ainsi prolongé ses leçons jusqu'après 450. S'il a fait une carrière de trente ans, il les aurait commencées vers 420, car la date de 424 dans sa carrière est acquise. Il se localiserait entre 420 et après 450. Observons que la période du second tiers du vᵉ siècle embrasse la promulgation du Code Théodosien (438), qu'il a été sans doute le premier à commenter avec les deux Codes Grégorien et Hermogénien.

4° Cyrille aurait, d'après nous, devancé Patricius et aurait achevé sa carrière vers 438, l'ayant commencée vers 400-410.

Les dates approximatives des quatre grandes divisions

---

1. Sur l'âge d'entrée des professeurs dans la carrière, voy. *Infrà*, p. 199.

de l'École remises dans leur ordre chronologique descendant donneraient le tableau suivant :

I. — Cyrille enseigna de 400-410 jusque vers 438.
II. — Patricius enseigna de 420 jusqu'après 450.
III. — Domninus
       Démosthène } enseignèrent de 450 à 490.
       Eudoxius
IV. — Amblichus { enseignèrent de 480 jus-
      Leontius {   qu'avant 500.

Dans le cours normal des choses, les générations se mélangent et les professeurs ne demeurent pas tous un temps égal en fonctions : le tableau n'a, par conséquent, d'autre prétention que de tracer un schéma toujours revisable.

La date extrême seule semble sûre : l'École a clos son existence avant 500.

Lors même qu'on contesterait la date de naissance de l'École des « maîtres œcuméniques » comme trop prématurée, il n'en resterait pas moins absolument incontestable que les deux opinions présentées par les auteurs sur l'époque de la fondation de l'École nouvelle sont fausses. L'une prétendait que la génération qui précéda celle de Leontius avait pu vivre à l'avènement de Zénon au plus tôt[1]. l'autre que l'École nouvelle aurait éclos seulement quelques années avant Anastase[2]. Toutes deux se trouvent aujourd'hui réfutées par la date certaine de la carrière de Leontius, 487-488, servant de base à la chronologie.

§ IV. — Le Succès des « maîtres œcuméniques » attesté par le § 25 de l'*Expositio totius mundi (Descriptio orbis terrae)*.

Pour démontrer que l'École des τῆς οἰκουμένης διδάσκαλοι exerça une réelle influence dans l'Empire, il est bon

---

1. *Suprà*, p. 127.
2. *Suprà*, p. 127.

d'invoquer, après les sources juridiques byzantines, le
témoignage d'un texte plus ancien : le § 25 de l'opuscule
géographique connu habituellement sous le nom d'*Expositio totius mundi* et intitulé, par son dernier éditeur, *Descriptio orbis terrae*[1]. Celui-ci, M. Th. Sinko, restitue le § 25
de la façon que voici[2] :

> post ipsam Berytus, civitas valde deliciosa et audi-
> toria legum habens, per quam omnia iudicia Roma-
> norum < stare videntur >. [inde enim viri docti
> in omnem orbem terrarum adsedent iudicibus et
> scientes leges custodiunt provincias, quibus mittuntur
> legum ordinationes][3].

Le géographe, dans sa description de la Syrie, après
avoir parlé de Tyr, passe à Beyrouth, cité à tous égards
délicieuse[4] et dont l'École de Droit est le soutien de
tous les tribunaux des Romains, c'est-à-dire dont l'École
de Droit semble la base de toute la justice dans l'Empire.
Il en signale, sous cette forme, l'importance prépondé-
rante. Dans sa seconde phrase, l'auteur fait allusion aux
viri docti qui sortent de l'École (*inde enim*) et se répan-
dent dans tout l'univers (*in omnem orbem terrarum*), c'est-
à-dire dans tout l'Empire, pour y devenir les assesseurs

---

1. Th. Sinko, *Die Descriptio orbis terrae, eine Handelsgeographie aus
dem 4. Jahrhundert*, dans *Archiv für lateinische Lexikographie*, t. XIII,
1904, p. 531-571, à compléter par E. Wœfflin, *Bemerkungen zu der Descriptio orbis* (*Ibid.*, p. 573-578). — Éditions antérieures : Jacques Godefroy
(Gothofredus), *Vctus orbis descriptio*, etc..., Genève, 1628 ; Angelo Mai,
Class. Auctores, t. III, p. 387 et suiv ; Charles Mueller, *Geographi graeci
minores*, Paris, 1861, t. II, p. 513-528, où sont reproduites les précieuses
notes de Godefroy ; Alex. Riese, *Geographi latini minores*, Heilbron,
1878, p. 104-126 ; Giacomo Lumbroso, *Expositio*, etc..., Rome, 1903.

2. Th. Sinko, *loc. cit.*, p. 549-550. — Aucun romaniste, à ma connaissance, n'a utilisé la restitution de l'éditeur, ni M. Laborde, ni M. P. Krueger
(dans sa 2e édition).

3. Les crochets droits sont ajoutés par nous ; leur signification sera
donnée plus loin, p. 165.

4. Cf. *Suprà*, p. 54.

des juges et, grâce à leur science des lois (*scientes leges*), sont appelés à surveiller les provinces, auxquelles sont envoyées les ordonnances impériales[1].

Les *viri docti* du texte doivent s'entendre des « savants » formés à titre d'élèves par l'École de Beyrouth. Leurs fonctions mises ici en relief sont uniquement celles d'assesseurs auprès des juges ordinaires. Ce que le géographe en dit ne peut nous surprendre. Au début du IIIe siècle, le jurisconsulte Paul[2] constatait déjà que les magistrats, connaissant des procès menés dans les formes de la procédure extraordinaire[3], faisaient appel au concours d'assesseurs choisis parmi les *iuris studiosi*. Le sens de cette expression est très étendu. Il s'applique non seulement aux étudiants en droit, mais plus fréquemment à tous ceux qui, ayant achevé leurs études, embrassent des carrières juridiques : avocats, assesseurs, notaires, professeurs, hommes de loi donnant des conseils aux particuliers pour la rédaction des contrats ou des testaments, c'est-à-dire tous les praticiens ou jurisconsultes dans leurs multiples tâches[4]. A la fin du IVe siècle, Libanius enregistrait la persistance du rôle des assesseurs[5]. Les juges, en parti-

---

1. Nous avons supposé ailleurs (*Syria*, 1924, n° 4) peut-être trop audacieusement que *scientes leges* désignaient une classe de juristes, les conservateurs du dépôt des lois qui, sans doute, exista à Beyrouth.

2. Dig. 1, 22, 1 (Paulus *libro singulari de officio adsessorum*) : Omne officium adsessoris, quo iuris studiosi partibus suis funguntur, in his fere causis constat : in cognitionibus postulationibus libellis edictis decretis epistulis.

3. Hitzig, *op. cit.*, p. 99-114, commente longuement les termes qui, au Dig. 1, 22, 1, désignent les applications diverses de la compétence des assesseurs. Sans entrer ici dans leur discussion, nous croyons qu'ils se rapportent tous à la procédure extraordinaire, même le terme *postulatio* (ἐντυχία) qui, selon nous, s'entend normalement dans cette procédure de toutes conclusions prises par l'avocat (ou la partie) à l'audience.

4. Hitzig, *op. cit.*, p. 76-78: pour la Gaule, C. Jullian, *Hist. de la Gaule*, t. IV, p. 420, n. 6; t. VI, p. 124, n. 5 *in fine*.

5. Libanius, orat. LI, κατὰ τῶν προσεδρευόντων τοῖς ἄρχουσι, c. 26, t. IV, p. 18 Fœrster (t. II, p. 198 Morel).

culier les gouverneurs des provinces, sont le plus souvent
des hommes politiques : ils ont besoin d'être assistés de
viri docti, de savants ès-lois, qui les conseillent et les
guident dans la partie technique de leur activité judiciaire.

Par le § 25 de l'*Expositio* est, en résumé, attestée l'excellence de l'enseignement de Beyrouth qui peuple tout
l'Empire de juristes distingués.

Mais à quelle phase de l'histoire de l'École de Droit se
rapporte le texte? Suivant l'opinion commune acceptée
par tous les éditeurs et annotateurs de l'*Expositio totius
mundi* depuis Godefroy, le premier éditeur du ms. A
(l'*Apographon Jureti*), l'*Expositio* a été rédigée vers 350.
Le double rôle considérable joué par l'École, — la stabi-
lité assurée à la justice des Romains, la formation de
savants juristes employés comme assesseurs des juges —,
reviendrait donc aux professeurs du milieu du ıv° siècle,
à Domninus et à ses collègues inconnus.

Nous pensons plutôt que, si le premier passage du § 25
appartient bien au milieu du ıv° siècle et met en évidence
l'éclat de l'École à cette date, le second passage, au contraire (*inde enim — legum ordinationes*), se réfère à une
phase postérieure, au v° siècle seulement, et pourrait
avoir été écrit sous l'influence des brillants succès dûs
aux « maîtres œcuméniques ».

En effet, ce second passage nous apparaît comme une
addition du ms. A, une véritable interpolation insérée
durant la seconde moitié du v° siècle (au plus tôt) dans
une œuvre du milieu du ıv° siècle. C'est ce qu'indiquent
les crochets droits [   ] ajoutés par nous à la restitution de
Sinko.

L'interpolation semble, d'ailleurs, pouvoir se démontrer par un argument direct.

L'*Expositio totius mundi* ou *Descriptio orbis terrae* existe
dans deux versions : l'une (A) fournie par le manuscrit
perdu de Juret (l'*Apographon Jureti*) publié par Godefroy,

l'autre (B) connue par le Cod. Cavensis édité par Mai et le Cod. Par. 7418 collationné par Mueller. L'étude critique de M. Th. Sinko établit, entre autres résultats, que la version B, tout en n'appartenant pas à l'Antiquité et provenant seulement du Moyen Age, a néanmoins une certaine valeur, parce qu'elle représente l'arrangement d'un manuscrit antique indépendant de A et parce qu'elle ne renferme pas les interpolations de A déterminées par ses recherches.

Les remarques générales du critique trouvent leur application — et une application nouvelle qu'il n'a pas aperçue — au passage en cause du § 25. Le § 25 se présente d'une façon toute différente dans les deux versions. D'une part, B contient au complet la phrase *post ipsam Berytus — Romanorum stare videntur* que A avait laissée inachevée, en omettant les mots *stare videntur*. Ces mots proviennent de B comme le montrent les crochets brisés. C'est la confirmation du fait que B suit la leçon d'un manuscrit indépendant. D'autre part, ajouterons-nous personnellement, B ne renferme pas le passage qui constitue dans A la seconde phrase, *inde enim — legum ordinationes*, celle qui a précisément pour sujet les *viri docti*. C'est là la preuve que cette seconde phrase est une interpolation de A [1].

Au reste, l'origine plus récente dans l'*Expositio totius mundi* de cette phrase ne diminue en rien la valeur du témoignage que l'opuscule géographique apporte comme appoint à la connaissance de l'activité des maîtres de Beyrouth.

---

1. L'interpolation peut se démontrer encore par des arguments de forme :
1° « *inde enim* », annonçant le développement d'une idée antérieure, rentre bien dans les termes de liaison familiers aux scoliastes ;
2° « *legum ordinationes* » rappelle l'expression *ordinatio legis* qui, d'après Dirksen, *Man. latinit. font. iur. civ. Roman.*, *h. v.*, se trouve une seule fois dans les sources : *Interpretatio* sur *Cod. Theod.*, III, 1, 6. L'*Interpretatio* visigothique du Code Théodosien date du ve siècle.

§ V. — Le Sens probable de la dénomination
Οἱ τῆς οἰκουμένης διδάσκαλοι.

I. — Le sens de οἱ τῆς οἰκουμένης διδάσκαλοι que je traduis par « les Maîtres œcuméniques » ou « universels » s'éclaire, semble-t-il, par le parallélisme qu'on découvre, dans la terminologie ecclésiastique des vᵉ et vıᵉ siècles, avec le Patriarche œcuménique[1].

Les adjectifs *universalis* ou οἰκουμενικός et le génitif correspondant *universae orbis terrae* sont accolés aux titres d'*Archiepiscopus* et de *Patriarcha* assez fréquemment pendant ces deux siècles. Sans entrer dans les détails, nous rappellerons que l'épithète *universalis* apparaît pour la première fois auprès du titre d'*Archiepiscopus* au brigandage d'Ephèse (449) où Olympius, évêque d'Evaza, désigne ainsi le président du pseudo-synode, Dioscore, *archiepiscopus* d'Alexandrie. Deux ans après, au Concile de Chalcédoine (451). Olympius rétractait d'ailleurs publiquement sa flatterie inconsidérée. Nous retiendrons aussi que l'épithète *œcuménique* s'est adjointe aux titres d'*Archiepiscopus* et de *Patriarcha* en faveur de plusieurs Papes, Léon Iᵉʳ (451), Hormisdas (517), Agapet (vers 535). Enfin nous la trouvons employée, plus souvent encore, à l'égard des évêques de Constantinople avec le titre de Patriarche, Jean II (518-520), Épiphane (520-535), Anthime (535-536) et Ménas (536-552), soit dans des lettres, soit dans des procès-verbaux de conciles, soit dans des lois ou des novelles de Justinien. Quel est le sens d'*œcuménique* dans ses applications aux hauts dignitaires de l'Église ?

---

1. La meilleure étude sur le sujet est celle du P. Siméon Vailhé, *Le Titre de Patriarche œcuménique avant saint Grégoire le Grand*, dans les *Échos d'Orient*, t. XI, 1908, p. 65-69. Je dois à l'aimable obligeance de Mgr Pierre Batiffol la suggestion de cette incursion dans un domaine où sa compétence est hors de pair.

Hinschius [1] pensait que le mot qui en constitue la racine, (γῆ) οἰκουμένη, « la terre habitée », pouvait lui faire attribuer deux sens différents : ou le sens général et canonique de « Chrétien » ou le sens politique de « Romain ». Voulant expliquer les protestations des Papes Pélage II et Grégoire Ier contre l'usage de l'épithète *œcuménique* par les évêques de Constantinople, Hinschius imaginait que les Papes avaient dû, de propos délibéré, ignorer le premier sens, le plus général, pour ne s'attacher qu'au second qui faisait apparaître plus directement l'usurpation, l'atteinte illégitime aux prérogatives du Pontife romain, une véritable concurrence déloyale, dirions-nous volontiers, ou, tout au moins, une menace de concurrence déloyale.

Aucun des deux sens prêtés à l'épithète *œcuménique* par Hinschius ne peut nous satisfaire. Le sens de « Chrétien » n'est confirmé par aucun texte. Le sens de « Romain » n'est pas plus exact, car ce sens ne pourrait s'accorder avec les exemples les plus anciens du mot qui le montrent, on l'a vu, employé pour Alexandrie et Constantinople comme pour Rome. Au reste, la base qu'Hinschius assignait aux protestations des Papes contre le port du titre œcuménique par les évêques de Constantinople est certainement insuffisante.

Le P. Siméon Vailhé, étudiant la lutte de saint Grégoire le Grand contre le titre de patriarche œcuménique [2], pris par Jean le Jeûneur, a tiré de la correspondance même du Pontife la preuve que, si saint Grégoire le Grand évoque bien l'usurpation d'un titre qu'il croit à tort avoir été attribué aux Papes par le Concile de Chalcédoine, il évoque encore d'autres motifs dont le principal

---

1. Hinschius, *Das Kirchenrecht*, t. I, Berlin, 1869, p. 548.

2. S. Vailhé, *Saint Grégoire le Grand et le titre de patriarche œcuménique*, dans *Échos d'Orient*, t. XI, 1908, p. 161-171. — H. Gelzer, *Der Streit ueber den Titel des oekumenischen Patriarchen*, dans *Jahrbuch f. prot. Theol.*, t. XIII (1887), p. 549-584.

revient fréquemment dans ses lettres : c'est l'injustice
commise par le patriarche byzantin contre ses confrères;
c'est, suivant les termes mêmes du P. Vailhé, la crainte
du Pape « que, une fois déclaré et reconnu œcuménique,
le patriarche de Constantinople ne fût porté à s'annexer
peu à peu les autres patriarcats d'Orient et à tenir les
autres évêques pour de simples subordonnés ». Jamais il
ne reproche à Jean le Jeûneur et à Cyriaque d'avoir mis en
doute ou en danger son autorité pontificale[1]. Il refuse
d'ailleurs pour lui-même le titre d' « universel »[2] ou de
« pape universel »[3].

Pour pénétrer le sens de l'épithète *œcuménique,* le
P. Siméon Vailhé, dans son premier article[4], a eu recours
à la seule méthode acceptable. Il a cherché et réussi,
pensons-nous, à déterminer le sens qui pourrait convenir
à tous les exemples du mot antérieurs à saint Grégoire le
Grand. Le terme veut dire *universel,* mais non pas au sens
le plus large que l'on puisse donner à cette expression,
sans quoi les Occidentaux auraient protesté contre son
emploi : « On ne pouvait, en effet, sans compromettre la
primauté de Rome, tolérer que le patriarche de Constantinople fût œcuménique dans ce sens; par ailleurs, du
moment que, vers la même époque, les Orientaux, même
à Constantinople, qualifiaient les Papes Hormisdas et
Agapit de patriarches ou archevêques œcuméniques, on
aurait eu deux patriarches universels à la fois ». Le mot
veut dire *universel* « à la condition que cette universalité
ne s'applique qu'à une portion déterminée de l'Église
entière. De la sorte, un patriarche œcuménique désignera
le chef incontesté d'une grande Église : de l'Église occidentale, s'il s'agit de Rome ; de l'Église égyptienne, s'il

1. *Ibid.,* p. 170.
2. S. Grégoire (1ᵉʳ juin 595) (Jaffé, *Reg.,* nᵒ 1357).
3. S. Grégoire (juillet 598) (*ibid.,* nᵒ 1518).
4. Cité ci-dessus, p. 167, n. 1.

s'agit d'Alexandrie; de l'Église byzantine, s'il s'agit de Constantinople ». Cette interprétation est tout à fait admissible. Mais il en est une autre que le P. Vailhé a aperçue sans la mettre suffisamment en relief et sur laquelle il nous faut insister.

Théodoret, évêque de Cyr, écrit, dans deux passages conçus en termes identiques[1], que Nestorius, par le suffrage de ceux qui fréquentaient le Palais et les sièges épiscopaux et de celui qui tenait alors le sceptre du monde (τῆς οἰκουμένης τὰ σκῆπτρα), obtint le gouvernement de l'Église catholique des orthodoxes et partant du monde entier (τὴν προεδρίαν...... τῆς οἰκουμένης ἁπάσης[2]). Théodoret entend par ces derniers mots que Nestorius, en devenant évêque de Constantinople, devint le premier évêque, non de l'univers catholique, mais de l'Orient. Ce sens est confirmé par l'acception que prend, chez Théodoret, le mot οἰκουμένη dans la périphrase du même passage « Celui qui tient le sceptre du monde », c'est-à-dire l'Empereur d'Orient.

Quant à l'adjectif οἰκουμενική, Théodoret l'emploie avec le même sens d'Oriental dans son Histoire ecclésiastique[3], en l'appliquant au synode de Constantinople de 381 où ne furent convoqués par Théodose, Empereur d'Orient, que les évêques de l'Orient.

---

1. *Libellus contra Nestorium* dans Migne, *P. G.*, t. LXXXIII, col. 1156 et Π*aereticarum fabularum compendium*, l. IV, n° 12 dans Migne, *P. G.*, t. LXXXIII, col. 433.

2. '... καὶ Νεστόριος, ψήφῳ τῶν περὶ τὰ βασίλεια καὶ τοὺς θρόνους, καὶ αὐτοῦ τῶν τηνικαῦτα τῆς οἰκουμένης τὰ σκῆπτρα διέποντος, τὴν κατὰ Κωνσταντινούπολιν τῶν ὀρθοδόξων καθολικῆς Ἐκκλησίας προεδρίαν πιστεύεται, οὐδὲν δὲ ἧττον καὶ τῆς οἰκουμένης ἁπάσης (Nestorius eorum qui in palatio sedibusque pontificalibus versabantur, et ipsius qui orbis terrarum sceptra tunc regebat, suffragio, catholicae orthodoxorum Constantinopolitanae Ecclesiae, orbisque adeo universi principatum adipiscitur). — Le P. Vailhé, en ne reproduisant que la seconde partie de la phrase, s'est privé de l'argument précieux qui se tire de la première partie.

3. Théodoret, *Eccl. Hist.*, l. V, c. 9 dans Migne, *P. G.*, t. LXXXII, col. 1216-1217 : ... καὶ τῷ πέρυσιν ἐν Κωνσταντινουπόλει παρὰ τῆς οἰκουμενικῆς ἐκτεθέντι συνόδου...... (et eum [sc. tomus] qui superiore anno Constantinopoli a synodo universali est editus).

Ainsi, les termes οἰκουμένη, οἰκουμενικός, se rapportent tous
deux à l'Empire d'Orient. L'épithète οἰκουμενικός a donc
deux sens : un sens étroit quand elle désigne une grande
Église (Rome, Alexandrie ou Constantinople), un sens
large quand elle désigne l'Empire d'Orient tout entier ;
mais jamais elle n'a le sens général qui couvrirait à la fois
l'Occident et l'Orient[1].

Dans les œuvres des Pères de l'Église, l'expression
ἡ οἰκουμένη a tantôt le sens général et commun « d'univers », tantôt un sens large encore, mais plus restreint,
dont la précision sera nécessaire.

Le sens d' « univers » se rencontre chez saint Grégoire
de Nazianze[2] et saint Jean Chrysostome[3].

Dans d'autres passages ἡ οἰκουμένη désigne, d'après le
contexte, non pas tout l'Empire romain ni toute la « terre
habitée », mais, comme dans Théodoret, une moitié de

---

1. Les expressions ἡ οἰκουμένη, οἰκουμενικός, avaient eu, au contraire, le
sens général, dans les inscriptions ou les papyrus qui émanaient des col-
lèges grecs d'artistes dionysiaques, d'athlètes ou d'artisans [P. Foucart,
art. *Dionysiaci artifices* du *Dict. des Antiq. grecques et romaines* de
Daremberg-Saglio-Pottier-Lafaye et surtout l'ouvrage de Fr. Poland,
Geschichte des Griechischen Vereinswesens, Leipzig, 1909, in-4⁰, p. 143,
148, 150, 151 (ἀπὸ τῆς οἰκουμένης), 125, 149, 170, 171 (οἰκουμενικός)]; dans
ces textes, elles s'étendaient au monde tout entier, à tout l'Empire, car
« l'*orbis terrarum* », « la terre » ou « l'univers », signifie, aux yeux des
historiens de l'Empire, la même chose que le peuple romain ou son Empire
[textes très nombreux de Polybe, Tite-Live et Florus (C. Jullian, *Histoire de la Gaule*, t. IV, p. 7-8); pour Auguste, l'autel de Narbonne
(C. I. L., t. XII, 4333) parle de l'*imperium orbis terrarum*, de *orbi terrarum rectorem* (Jullian, t. IV, p. 226, n. 4; 228, n. 1; cf. t. IV, p. 404,
n. 1, où le même savant évoque la compagnie dionysiaque d'artistes ambulants embrassant « toute la terre » et dont le dieu patron était l'Empereur « nouveau Bacchus »)] (Communication de M. Jules Lafaye, qui a droit
à nos remerciements).

2. Greg. Naz., *Carm. de vita sua*, vers 562-567 (Cf. P. Batiffol, *Le Siège
apostolique*, Paris, 1924, p. 135, n. 2).

3. Saint Jean Chrysostome, *Hom. in laudem eor.*, IV, 3, appelle
saint Pierre le pêcheur du monde, ἁλιεύσας τὴν οἰκουμένην (Migne, *P. G.*,
t. LVI, col. 123) (Cf. P. Batiffol, *op. cit.*, p. 313, n. 2).

l'Empire. Toutefois cette moitié se trouve être tantôt les *partes Occidentis*, tantôt les *partes Orientis*.

Pour l'Occident, l'interprétation de l'expression ne souffre aucun doute dans deux lettres de saint Basile, adressées l'une aux Occidentaux [1], l'autre aux Évêques d'Italie et de Gaule [2].

Pour l'Orient, la limitation de sens de l'expression n'est pas moins certaine, d'après une troisième lettre de saint Basile où il considère Antioche comme la tête des autres Églises de l'οἰκουμένη [3]. Le mot a ici le sens non pas d' « univers », mais seulement de la partie du monde que gouverne Valens, c'est-à-dire l'Orient [4]. Dans la même acception, l'Empire d'Orient, doit se prendre le terme οἰκουμένη quand saint Grégoire de Nazianze déclare que l'Empereur Valens a pour lui « les fonctionnaires de l'οἰκουμένη placée sous son gouvernement » [5].

II. — Il nous est maintenant plus facile de comprendre le titre que portent les professeurs de droit de Beyrouth au ve siècle. Leur titre grec, οἱ τῆς οἰκουμένης διδάσκαλοι, se précise par le sens même que possède l'οἰκουμένη, dans la langue de Théodoret et des Pères : « l'Empire d'Orient ». Les maîtres de Beyrouth, les « maîtres œcuméniques », sont les « Docteurs de l'Orient » ou de « l'Empire d'Orient ».

---

1. Saint Basile, *ep.* CCXLII, c. 1 (Migne, *P. G.*, t. XXXII, col. 900) : ὡς καὶ τῶν περάτων ἐφικέσθαι τῆς καθ' ἡμᾶς (corr. ὑμᾶς) οἰκουμένης (ut ad vestri etiam orbis terminos pervenerint). — La correction est commandée par la lettre CCXLIII (à la note suivante).

2. Saint Basile, *ep.* CCXLIII, c. 1 (Migne, *P. G.*, t. XXXII, col. 904) : καὶ αὐτῷ τῷ κρατοῦντι τῆς καθ' ὑμᾶς οἰκουμένης (ipsi quoque orbis vestri imperatori).

3. Saint Basile, *ep.* LXVI, c. 2 (Migne, *P. G.*, t. XXXII, col. 425) : Τί δ'ἂν γένοιτο ταῖς κατὰ τὴν οἰκουμένην Ἐκκλησίαις τῆς Ἀντιοχείας ἐπικαιριώτερον· (quid autem habeant orbis terrarum Ecclesiae, quod praeferendum sit Antiochae?)

4. P. Batiffol, *op. cit.*, p. 93.

5. Saint Grégoire de Nazianze, *orat.* XLIII, c. 31 (Migne, *P. G.*, t. XXXVI, col. 538) : οἱ πικροὶ τετράρχαι τῆς ὑπ' αὐτὸν οἰκουμένης (orbi illius, qui ipsius imperio et ditioni subiectus erat, tetrarchae).

Ce titre flatteur demeure cependant, il faut en convenir, assez obscur encore. Je crois que l'on peut en dissiper l'obscurité. L'idée exacte que représente cette dénomination me paraît être l'idée que ces maîtres l'avaient reçue parce qu'ils avaient des attaches officielles et étroites avec le pouvoir central de Constantinople. Du sens de « Docteurs de l'Orient » nous passerions ainsi au sens de « Docteurs impériaux », de « Docteurs de l'État » ou « du Gouvernement ».

Au reste, si l'équivalence paraissait forcée, un argument de texte contribuerait peut-être à la soutenir.

Au § 7 de sa Const. *Omnem* (533), la seconde préface du Digeste [1], Justinien ordonne que ses trois œuvres législatives, le Code, le Digeste et les Institutes, seront transmises aux étudiants (*eis* = *discipuli* du § 6) de trois villes seulement : les deux capitales (Rome et Constantinople) et Beyrouth, à l'exclusion de toutes autres où l'on enseigne le droit. Et la raison sur laquelle se fonde l'Empereur est exprimée en ces termes :

> quod iam a retro principibus constitutum est, et non in aliis locis quae a maioribus tale non meruerint privilegium.

Justinien constate donc que Beyrouth se trouvait déjà avant lui, dans le passé, et de par la volonté formelle (*constitutum est*) de certains de ses prédécesseurs (*a retro principibus, a maioribus*) occuper une place privilégiée (*privilegium*) parmi les Écoles de Droit de l'Empire. La faveur spéciale reconnue à Beyrouth par les Empereurs d'autrefois ressort du contexte même, du rapprochement avec Rome et Constantinople. Elle consistait en ce que l'École de Phénicie était, à côté de celles des deux capitales, la seule de province revêtue du caractère « officiel », caractère qui apparaît nettement dans le *privilegium studii* accordé aux deux premières par Théodose II et Valen-

---

1. Nous étudions à nouveau ce texte, *Infra*, p. 179-180.

tinien III en 425[1]. On comprend alors que les maîtres de
Beyrouth professant dans une Université « officielle »
aient été appelés les « Docteurs de l'Empire » ou les
« Docteurs de l'État ».

Enfin, un autre argument d'ordre philologique fait
ressortir également l'équivalence proposée entre le sens
de « maîtres œcuméniques » et « Docteurs de l'État ».
Cyrille (l'ancien) a reçu de Thalélée le titre de ὁ κοινὸς
τῆς οἰκουμένης διδάσκαλος[2]. L'adjectif κοινός, qui signifie
d'ordinaire « commun », se prend fréquemment aussi
dans le sens de « public », d'où l'on passe sans difficulté
au sens de « national, (chose ou homme) de l'État ». Cyrille
est donc le « professeur officiel de l'État ».

III. — Ce sens officiel qui convient très bien, soit à un
professeur isolé, soit à un groupe de professeurs, n'est.
il faut le reconnaître, ni le sens unique, ni le sens originaire de l'expression τῆς οἰκουμένης διδάσκαλος.

En réalité, le titre avait été créé avant le ve siècle et ne
l'avait pas été pour des professeurs de droit. La plus
ancienne mention, à notre connaissance, appartient à la
langue des Pères de l'Église et date du ive siècle. C'est
saint Jean Chrysostome qui, le premier, emploie cette
locution en qualifiant saint Pierre de τῆς οἰκουμένης διδάσκαλος[3]. Il entend par là que saint Pierre a été le « Doc-
teur universel », οἰκουμένη voulant dire ici « toute la
terre ».

Le même titre est appliqué dans le même sens à saint
Jean Chrysostome lui-même qui, pas plus que saint Pierre,
n'a jamais enseigné le droit. C'est Théodoret[4] qui, par

---

1. Cod. Theod. 14, 9, 3 = Cod. Iust. 11, 18 (19), un. — *Infrà*, p. 180.
2. Scol. Ταύτην, I, 646. — *Suprà*, p. 131.
3. *Hom. in Ioann.* LXXXVIII (LXXXVII), c. 1, § 19 (Migne. *P. G.*,
t. LIX, col. 480) : ἐκεῖνο ἂν εἴποιμι, ὅτι τοῦτον οὐ τοῦ θρόνου, ἀλλὰ τῆς
οἰκουμένης διδάσκαλον (respondebo, Petrum non throni huius, sed totius
orbis doctorem a Christo statutum fuisse).
4. *Eccl. hist.*, l. V, c. XXXII dans Migne, *P. G.*, t. LXXXII, col. 1261

deux fois, désigne le grand orateur chrétien du nom de
ὁ τῆς οἰκουμένης διδάσκαλος. De tous les auteurs qui ont parlé
de Chrysostome, Théodoret, remarquons-le, est le seul à
lui décerner cette épithète : ce n'était donc pas là un
titre officiel du célèbre évêque de Constantinople. Faut-il
supposer que Théodoret, évêque d'une région voisine de
la Syrie et écrivant son Histoire ecclésiastique après 429.
vers le temps où, selon-nous, l'épithète a commencé à
être portée par les maîtres de Beyrouth, a connu le titre
de ces maîtres et, sans prêter attention à son sens officiel,
n'en a retenu que le caractère laudatif et l'a estimé digne
du grand homme dont il parlait? Il suffit, croyons-nous,
de penser. plus simplement, que Théodoret a su découvrir
l'épithète donnée par saint Jean Chrysostome à saint Pierre
et la lui a donnée à lui-même à son tour. En tout cas, chez
Théodoret comme dans sa source, le sens de l'expression
est clair et, répétons-le, n'a rien d'officiel.

IV. — Il n'est pas sans intérêt de terminer ces développements en notant que le titre grec des maîtres œcuméniques qui, on l'a vu, a cessé d'être en usage à Beyrouth
avant l'an 500, retrouve son emploi longtemps après cette
date à Constantinople.

Une première mention en est faite par Zonaras (XV,
104) ¹ : dans l'École de philosophie et éloquence annexée
à la Bibliothèque de Constantinople, le directeur des douze
moines professeurs portait, d'après Zonaras, le titre de
οἰκουμενικὸς διδάσκαλος. Cette École, disparue avec l'incendie
de la Bibliothèque en 726, aurait duré cent quarante ans,
au dire de Codinus; elle aurait donc été fondée sous le
règne de Maurice, vers 587 ².

(le titre est au nominatif); l. V, c. XXXIV, *Ibid.*, col. 1264 : καὶ τελευτήσαντος
δὲ τοῦ μεγάλου διδασκάλου τῆς οἰκουμένης; cf. col. 1265 : τοῦ διδασκάλου τὰ
λείψανα.

1. Migne, *P. G.*, t. CXXXIV, col. 1324.
2. Laborde, *op. cit.*, p. 136-137, 138, n. 2, 142-143.

Une seconde mention du même titre réapparaît au Moyen Age sous la forme ὁ περιβόητος τῆς οἰκουμένης διδάσκαλος καὶ νομοθέτης, « l'illustre maître œcuménique et nomothète ». Cette épithète louangeuse est conférée au célèbre professeur Stéphane (ou Étienne), qui vécut sous Justinien, par la *Meditatio de nudis pactis* (IV, 3)[1], texte dont l'auteur inconnu appartenait au monde judiciaire de la capitale et que ses derniers éditeurs font dater du milieu du xie siècle.

§ VI. — La Loi « de metropoli Beryto » et le « Privilegium studii » de l'École de Droit de Beyrouth.

En dépit des lacunes de transmission, la législation de Théodose et Valentinien contenait, selon nous, deux constitutions, où l'occasion a pu s'offrir aux Empereurs de reconnaître chez les maîtres de Beyrouth les mérites qui leur ont valu le titre de τῆς οἰκουμένης διδάσκαλοι.

1° La première de ces deux lois est celle par laquelle Théodose et Valentinien accordent à la ville de Beyrouth le titre de métropole. De cette loi, qui ne porte pas de date, mais a été rendue de 448 à 450, un seul fragment a été inséré au

Cod. Iust. 11, 22 (21), *de metropoli Beryto*, un. :
Impp. Theodosius et Valentinianus AA. Hormisdae pp. [Propter multas iustasque causas] metropolitano nomine ac dignitate Berytum decernimus exornandam iam suis virtutibus coronatam. igitur haec quoque metropolitanam habeat dignitatem. Tyro nihil de iure suo derogatur. sit illa mater provinciae maiorum nostrorum beneficio, haec nostro, et utraque dignitate simili perfruatur.

---

1. Monnier et Platon, *N. R. H.*, t. XXXVII, 1913, p. 168.

En vérité, en son état actuel, le texte passe sous silence l'École de Droit de Beyrouth. Mais cela peut s'expliquer. Le texte, tel qu'il se présente au Code de Justinien, n'est que le dispositif de la constitution. Comme justification de la concession octroyée, le texte se borne à la courte phrase « propter multas iustasque causas ». L'on peut être sûr que cette phrase n'appartient pas à la version originale. Elle forme, d'une part, un considérant trop incolore à la concession d'une dignité aussi pompeuse que celle de métropole ; elle est, d'autre part, un motif trop vague qui ne cadre guère avec le style diffus et amphigourique de la Chancellerie du Bas-Empire. C'est une interpolation des commissaires du Code. Vraisemblablement dans la version originale le dispositif commençait par « propterea », à l'exemple d'autres constitutions. Et avant « propterea », figurait l'énumération complaisante de ces *multae iustaeque causae* dans des considérants que le Code s'est dispensé de reproduire pour une raison inconnue.

Parmi ces *causae*, n'est-il pas légitime de supposer que l'éclat de l'École de Droit de la *pulcherrima civitas* n'était pas oublié ? Des témoignages concordants prouvent que la célébrité de Beyrouth venait en grande partie de l'importance de son École ; c'était à elle que la cité avait dû, avant de recevoir la dignité métropolitaine, de porter la qualification de νόμων μήτηρ (*nutrix legum* dira Justinien). La version originale de la constitution, si elle a parlé, comme nous le pensons, de l'École de Droit, a pu renfermer une phrase admirative pour les professeurs, faire état de leur activité et les honorer d'éloges correspondant à leur titre de « maîtres œcuméniques ».

Ces considérations purement logiques, si l'on peut dire, trouveraient d'ailleurs un appui dans les faits. Nous connaissons exactement les circonstances dans lesquelles a été promulguée la loi de Théodose érigeant Beyrouth en métropole [1]. Le 20 octobre 451, le Concile de Chalcédoine eut à juger l'affaire qui divisait Photius, évêque de Tyr, et Eustathe, évêque de Beyrouth, au sujet de cette question même [2]. L'Église de Tyr avait été de tout temps la métropole de la 1re Phénicie.

« Eustathe de Beryte qui avoit, ce semble, dit Tillemont, fait bâtir une nouvelle eglise dans sa ville et une nouvelle maison episcopale obtint par le moyen de quelques personnes qui le favorisoient une loi de Theodose II et les expeditions necessaires des grands officiers pour eriger Beryte en metropole » [3].

Photius protesta contre la loi de l'Empereur. Le Concile lui donna raison au nom des canons. Cependant Marcien, successeur de Théodose II, ne fit aucune loi pour confirmer la promesse des évêques [4], et, dans la suite, Beyrouth est toujours demeurée métropole honoraire [5].

Tillemont semble établir une relation entre la construction par Eustathe d'une nouvelle église (l'Anastasie) et d'un nouvel évêché, d'une part, et l'érection de l'Église de Beyrouth en métropole, de l'autre. Les grands travaux accomplis sous ses auspices, ajouterons-nous, desquels évidemment l'évêque n'avait pas manqué

---

1. Le Nain de Tillemont, *Mémoires pour servir à l'histoire ecclésiastique*, etc..., t. XV, Paris, 1711, p. 672 et suiv. ; Hefele, trad. Leclercq, t. II, p. 713-715.

2. Labbe, *Concilia*, t. IV, col. 539 ; Mansi, t. VII, col. 85-98.

3. Tillemont, t. XV, p. 672, assigne à la loi une date postérieure au jugement d'Ibas (commencement de l'année 449), « parce qu'Eustathe y cède toujours à Photius le premier rang, soit à Beryte, soit à Tyr, et Photius se qualifiant Evesque de la metropole de Tyr, Eustathe se contente d'appeler Beryte la *belle ville* ».

4. Tillemont, t. XV, p. 674-675.

5. Tillemont, t. XV, p. 676. — Tillemont qualifie Beyrouth de métropole « honoraire », parce que le titre de métropole ne paraît pas lui avoir conféré de juridiction aux dépens de Tyr et paraît avoir été un titre purement honorifique (*ibid.*, t. XV, p. 672).

de se recommander pour faire obtenir à son église le titre envié de métropole, ont dû figurer dans les *multae iustaeque causae* auxquelles la loi de Théodose se référait. Mais comme les *auditoria* de l'École de Droit avaient été établis dans les nouveaux bâtiments épiscopaux[1], il ne serait pas invraisemblable que l'évêque Eustathe eût invoqué, pour s'attirer les faveurs impériales, la gloire même de l'École de Droit et la renommée de ses maîtres.

2° La seconde constitution ne serait autre que le *privilegium studii* de l'École de Droit de Beyrouth, la charte de son érection en École officielle, en École de l'État. Quoique le texte du *privilegium* soit perdu, son existence est néanmoins indéniable, car il est visé formellement par Justinien dans la seconde préface du Digeste,

Const. Omnem, § 7 :

> Haec autem tria volumina a nobis composita tradi eis tam in regiis urbibus quam in Berytiensium pulcherrima civitate, quam et legum nutricem bene quis appellet, tantummodo volumus, quod iam et a retro principibus constitutum est, et non in aliis locis quae a maioribus tale non meruerint privilegium : quia audivimus etiam in Alexandrina splendidissima civitate et in Caesariensium et in aliis quosdam imperitos homines devagare et doctrinam discipulis adulterinam tradere : quos sub hac interminatione ab hoc conamine repellimus ut, si ausi fuerint in posterum hoc perpetrare et extra urbes regias et Berytiensium metropolim hoc facere, denarum librarum auri poena plectantur et reiciantur ab ea civitate, in qua non leges docent, sed in leges committunt.

C'est aux étudiants visés par le § 6 de la Const. *Omnem* que se rapporte le *eis* du début du § 7. Justinien signifie

---

par ce paragraphe que le Code, le Digeste et les Institutes leur seront communiqués seulement dans trois villes : Rome et Constantinople (les deux capitales) et Beyrouth. La raison de cette limitation est que ces trois villes seules ont reçu de ses prédécesseurs le *privilegium*, qui, déclare le texte, n'a pas été conféré à d'autres villes, et qui établit donc, au profit des trois cités avantagées, le monopole de l'enseignement officiel, Alexandrie, Césarée (de Palestine) et autres ne donnant qu'une instruction privée jusqu'à ce que le § 7 les supprime.

Beyrouth avait donc obtenu des *maiores* la même faveur que Rome et Constantinople. Cependant, tandis que le *privilegium* des « villes royales » datant de 425 a pris place au Code Théodosien (14, 9, 3) et a passé au Code de Justinien [11, 18 (19), un.], le *privilegium* de Beyrouth ne figure ni dans l'un, ni dans l'autre. Il manque au Code Théodosien, évidemment parce qu'il était postérieur à 438; au Code de Justinien, son absence, plus surprenante, ne s'expliquerait-elle pas par la rivalité des deux Écoles, celle de Beyrouth et celle de Constantinople, et par le désir de ne pas mettre trop en relief l'illustration de la première?

Le privilège de Rome et Constantinople, de 425, fait connaître la façon dont les Empereurs comprenaient l'érection d'Écoles libres en Écoles de l'État[1]. Les maîtres doivent enseigner dans l'auditoire du Capitole (*auditorium*) et s'interdire de donner les cours dans les maisons privées, sous peine de ne pouvoir acquérir aucun de ces privilèges (*nihil penitus ex iis privilegiis consequantur*) qui sont accordés légitimement à ceux qui sont disposés à enseigner au Capitole seulement. Le terme *privilegia* se trouve déjà là avant de se trouver dans la Const. *Omnem*, § 7.

Comme rien ne motivait de la part des Empereurs une

---

1. Cf. Barbagallo, *op. cit.*, p. 320 et suiv.; Laborde, *op. cit.*, p. 31 et suiv.

inégalité entre le régime de Beyrouth et le régime des
capitales, le privilège de Beyrouth a dû, semble-t-il, mentionner les professeurs autorisés à rester dans la nouvelle
École officielle (c'étaient les « maîtres œcuméniques ») et
leur imposer les mêmes conditions qu'à ceux des *regiae
urbes*.

Beyrouth possédait déjà au ivᵉ siècle des *auditoria
legum* où les professeurs enseignaient publiquement; l'*Expositio totius mundi,* § 25, en fait foi[1]. Dans la première
moitié du vᵉ siècle, avant 449, les *auditoria* étaient installés dans les dépendances de la Cathédrale de l'Anastasie[2]. A la fin du vᵉ siècle, en 487 ou 488, et à propos de
l'un des τῆς οἰκουμένης διδάσκαλοι mêmes, la *Vie de Sévère*
par Zacharie le Scholastique confirme que Leontius enseignait, non chez lui, mais à l'École (de Droit) : εἰς τὴν
σχολὴν τὴν Λεοντίου τοῦ Εὐδοξίου (Schwartz)[3]. De son côté,
Théodore[4], en parlant des ἀναγνώσματα ἰδικά, des « répétitions privées »[5], de Patricius sur les constitutions (en 5ᵉ
année), laisse entendre que les cours normaux des trois
premières années étaient faits dans les auditoires[6].

En définitive, les Empereurs auraient été amenés tout
naturellement à décerner aux professeurs de l'École de
Beyrouth un témoignage particulier d'admiration, parce
que ces maîtres appartenaient à une École bien plus
célèbre que celle même de Rome, à l'École la plus
florissante de tout « l'Empire » (τῆς οἰκουμένης, *omnis
orbis terrarum*). Ces savants, d'ailleurs, — Patricius, le
roi de l'École, au premier rang —, ne s'étaient-ils pas

----

1. *Suprà,* p. 40.
2. *Suprà,* p. 69.
3. *Suprà,* p. 147-148.
4. Scol. Ἐπὶ, I, 704.
5. Heimbach traduit à tort « recitationes suae »; la vraie traduction est
« recitationes privatae »; cf. Peters, p. 64, n. 178. — Ἀναγνώσμα, c'est la
« leçon » (publique ou privée); cf. scol. Θεοδώρου, I, 696; ἀναγνώσθη, scol. 54,
Suppl., p. 211.
6. *Infrà,* Chap. V, Sect. II.

déjà signalés à l'attention impériale par leurs commentaires des trois Codes, du Code Théodosien en particulier?

Quant aux circonstances dans lesquelles le *privilegium* aurait été accordé à l'École de Beyrouth, elles nous sont inconnues, à la différence des circonstances dans lesquelles le titre de métropole fut décerné à l'Église de Beyrouth. L'octroi du *privilegium* a-t-il précédé ou suivi le transfert des *auditoria legum* dans les bâtiments de la Cathédrale de l'Anastasie et de l'évêché, transfert qui remonte à une année un peu antérieure, sans doute, à 449[1]?

On soutiendrait facilement que l'octroi du *privilegium* a été une conséquence de cet événement capital dans les fastes de l'École. L'hypothèse nous semble plausible que le *privilegium* aurait été obtenu, comme la loi sur le titre de Métropole, à la suite des instances de l'évêque Eustathe qui, on l'a vu, possédait de sérieux protecteurs à la Cour et qui aurait fait valoir, à l'appui de l'érection de l'École en École d'État, non seulement les mérites de ses maîtres, mais aussi son installation récente dans les magnifiques constructions dues à lui-même.

Un gouvernement disposé, comme celui de Théodose, à prendre la haute main sur l'enseignement, ne pouvait que se montrer sensible à un argument d'ordre architectural, puisque la beauté de la Cathédrale était un moyen, secondaire peut-être, mais réel — l'avenir le prouva — d'attirer à l'École officielle de Beyrouth des étudiants du monde oriental tout entier.

En revanche, il est possible aussi que la concession du *privilegium* ait été indépendante de la reconstruction de la Cathédrale, qu'elle ait même précédé l'épiscopat d'Eustathe (vers 445), en un mot, qu'elle ait été accordée uniquement en considération de la valeur de l'instruction

---

1. *Suprà*, p. 69.

donnée à Beyrouth et qui faisait de cette ville la « mère
des lois » (Eunape et Libanius) bien avant le ve siècle [1].

§ VII. — Les Allusions faites aux « maîtres œcuméniques »
par Justinien.

Pour fixer la connaissance qu'on peut avoir de l'École
des « maîtres œcuméniques », il n'a été fait jusqu'ici état
que des sources qui désignent, soit l'École en bloc, soit
ses maîtres nominativement. Cette méthode a permis
d'obtenir quelques données positives sur les membres de
la période la plus brillante dans l'histoire de l'École de
Beyrouth. Mais on peut se demander s'il ne conviendrait
pas d'ajouter à ces sources un groupe de textes qui, sans
être aussi explicites, doivent se référer aussi aux « maîtres œcuméniques ».

Il s'agit des constitutions de Justinien ou des passages des Institutes du même Empereur qui relatent et
tranchent certaines controverses (*dubitationes*) soulevées
par la doctrine ancienne (*antiquitas*) ou par les Anciens
(*veteres*).

Rotondi [2] — négligeant les Institutes — a fait très judicieusement remarquer que les lois justiniennes de cet
ordre, dont il dresse le tableau [3], ne se rapportent pas
toujours à des conflits entre jurisconsultes classiques,

---

1. Si la loi *de metropoli Beryto* et le *privilegium* de Beyrouth ont réellement prôné la gloire de l'École, comme nous avons tenté de le démontrer, il se pourrait que l'une ou l'autre de ces constitutions fût la source de
l'interpolation de l'*Expositio totius mundi*, § 25 (*Suprà*, p. 165-166), plus
vraisemblablement le *privilegium*, où le rôle universel des *viri docti* sortis
de l'École eût été mieux à sa place.

2. G. Rotondi, *Precedenti scolastici delle riforme di Giustiniano* (étude
inédite), dans *Scritti giuridici*, t. I, p. 440-441.

3. *Op. cit.*, t. I, p. 441, n. 1. — Le tableau devrait être complété par les
passages des Institutes qui relatent des doutes de même nature et qu'on
rassemblerait aisément à l'aide du *Vocabol.* de Longo (dans *B. I. D. R.*,
t. X-XI, 1898-1900).

comme on pourrait le croire à première vue. Il pense que, parfois, elles concernent plutôt des discussions nées dans les écoles postclassiques, sur la base d'interprétations nouvelles tant des textes classiques que des constitutions impériales du Bas-Empire[1]. Comme, entre ces écoles préjustiniennes, la plus fameuse était l'École de Beyrouth, il laisse entendre que les *veteres*, dont les *dubitationes* sont visées par le Code, ne seraient autres que les professeurs beyrouthins[2].

L'hypothèse de Rotondi, à laquelle il n'a pas eu le temps de donner toute sa portée, se trouve, semble-t-il, confirmée par deux observations qu'on tirera des pages précédentes.

D'une part, les contemporains de Justinien, dont les œuvres ont été découpées dans les Scolies des Basiliques, ont fait de fréquentes allusions à leurs prédécesseurs beyrouthins du ve siècle et n'en ont fait — ajoutons-le — qu'aux maîtres de Beyrouth, parce que ceux-ci possédaient, en quelque sorte, le monopole de la science antéjustinienne.

Mais, de plus, entre les contemporains de Justinien qui ont parlé des τῆς οἰκουμένης διδάσκαλοι, Thalélée, vraisemblablement professeur à Beyrouth, désigne ces maîtres sous les épithètes de οἱ παλαιοί, οἱ παλαιότεροι[3], et Théodore appelle certains d'entre eux οἱ παλαιότεροι[4]. Ces qualificatifs correspondent exactement au terme des constitutions, les *veteres*.

Par là même, une présomption existe en faveur de

---

1. Rotondi donne une liste provisoire des constitutions qui tranchent ces discussions, t. I, p. 441, n. 2-3. On y ajoutera les trois seules indications des Institutes que nous croyons pouvoir se référer à des discussions préjustiniennes : Inst. 1, 5, 3 ; 3, 29, 3 *a* ; 4, 1, 8 (cf. Cod. Iust. 6, 2, 20).

2. Le passage cité de Rotondi est en effet la suite d'un développement — très bref, d'ailleurs, — consacré à l'École de Beyrouth (t. I, p. 439-440).

3. *Suprà*, p. 125.

4. *Suprà*, p. 159, 161.

l'assimilation des *veteres* aux « maîtres œcuméniques », lorsqu'on est sûr que ces termes ou leurs synonymes ne peuvent s'appliquer aux jurisconsultes classiques.

Les lois de Justinien et les passages de ses Institutes qui visent les discussions surgies entre les maîtres beyrouthins du Vᵉ siècle sont, au total, en petit nombre. Ces textes ne donnant aucun détail précis sur les professeurs, un relevé complet ou une étude de leur contenu seraient hors de propos dans le présent volume.

SECTION III

LES PROFESSEURS DE L'ÉCOLE DE DROIT
CONTEMPORAINS DE JUSTINIEN

Les professeurs de l'École de Droit de Beyrouth, contemporains de Justinien, sont plus fréquemment cités dans les ouvrages de droit romain que leurs prédécesseurs du ve siècle, quoique, certainement, ils leur aient été inférieurs en science. Cette différence de traitement est facile à expliquer. Elle tient à ce que les romanistes ont, jusqu'ici, prêté plus d'attention aux textes de la codification de Justinien qu'aux Scolies des Basiliques.

Les noms des maîtres qui, au temps de Justinien, ont incontestablement enseigné à l'École de Droit de Beyrouth, sont seulement au nombre de trois : Dorothée et Anatole dont les attaches avec l'École de Beyrouth sont attestées par les constitutions de Justinien mises en tête du Digeste ou du Code; Julien dont l'enseignement à Beyrouth est connu par l'Anthologie. Entre eux, nous intercalerons une revision des autres noms proposés par les auteurs.

I. — DOROTHÉE[1]. — Dorothée figure parmi les *Viri il-*

___

1. Hase, p. 81; Mortreuil, *op. cit.*, t. I, p. 279; Heimbach, *Proleg., Bas.*, t. VI, p. 36-47; Krueger, *op. cit.*, p. 408 (trad. franç., p. 483); Joers, art. *Dorotheos*, 22, dans Pauly-Wissowa, t. V, col. 1572-1573.

lustres antecessores à qui la Const. *Omnem* (16 décembre 533) est adressée.

La Const. *Tanta*-Δέδωκεν, § 9, du 16 décembre 533 aussi, spécifie qu'il était professeur à Beyrouth, et justifie l'appel de Dorothée parmi les commissaires du Digeste en ces termes :

> καὶ ΔΩΡΟΘΕΟΥ τοῦ μεγαλοπρεπεστάτου κυαιστωρίου[1] καὶ διδασκάλου ἐν τῇ τῶν νόμων ἀναδεδειγμένου πόλει (φαμὲν δὲ τὴν ἀοίδιμον τε καὶ περιφανῆ τῶν Βηρυτίων μητρόπολιν), ὃν ἡ περὶ αὐτοῦ χρηστὴ δόξα καὶ εἰς ἡμᾶς ἤγαγεν καὶ τῶν παρόντων μετασχεῖν προυτρέψατο πόνων : « et *DOROTHEUM* virum illustrem et facundissimum quaestorium, quem in Berytiensium splendidissima civitate leges discipulis tradentem propter eius optimam opinionem et gloriam ad nos deduximus participemque huius operis fecimus ».

La Const. *Imperatoriam* (21 novembre 533), § 3, introductrice des Instilutes, qui nomme Dorothée après Tribonien et Théophile, octroie à Théophile et à Dorothée les mêmes titres : « (... Theophilo) et Dorotheo viris illustribus antecessoribus », et décerne aux trois rédacteurs en commun des éloges flatteurs :

> quorum omnium sollertiam et legum scientiam et circa nostras iussiones fidem iam ex multis rerum argumentis accepimus....

Le maître de Beyrouth dut les trouver peut-être inférieurs à ceux plus personnels de la Const. Δέδωκεν.

La Const. *Omnem*, § 2, rappelle sa participation aux Institutes...

> (... tam per Tribonianum... quam duos e vobis, id est Theophilum et) Dorotheum facundissimos antecessores.

Enfin, la Const. *Cordi* (16 novembre 534), § 2, qui promulgue le second Code, le nomme au nombre des rédacteurs en l'appelant :

> ... virum magnificum quaestorium et Beryti legum doctorem Dorotheum....

Dorothée n'avait pas participé au 1er Code. C'est Leontius qui, dans la commission, représentait alors Beyrouth, tandis que Théophile y représentait Constantinople.

Dorothée est l'auteur d'un Index sur le Digeste composé après 542, date de la Nov. 115 à laquelle il fait allusion[1].

Dorothée mourut vers la fin du règne de Justinien (565), car Stéphane (Étienne) appelle lui et Thalélée οἱ μακαρῖται[2].

II. — ANATOLE[3]. — Anatole figure, lui aussi, parmi les *Viri illustres antecessores* à qui la Const. *Omnem* (16 décembre 533) est adressée.

La Const. *Tanta*-Δέδωκεν (16 décembre 533), § 9, le comprend parmi les rédacteurs du Digeste et à ce propos donne sa généalogie :

> sed et Anatolium virum illustrem magistrum, qui et ipse apud Berytienses iuris interpres constitutus ad hoc opus allectus est, vir ab antiqua stirpe legitima procedens, cum et pater eius Leontius et avus Eudoxius optimam sui memoriam in legibus reliquerunt[4].

Anatole était le fils de Leontius et le petit-fils d'Eu-

---

1. Cf. Krueger, p. 408 (trad. franç., p. 483).

2. Scol. Ἀπαιτεῖται, I, 763 *in fine;* Laborde, p. 117.

3. Hase, p. 81; Heimbach, *Proleg., Bas.,* t. VI, p. 69-72; Hartmann, art. *Anatolius,* 10, dans Pauly-Wissowa, t. I, col. 2073.

4. Nous avons insisté plus haut, p. 142-146, sur la version grecque et l'interpolation du texte (F²S) qui ont parfois brouillé la généalogie d'Anatole.

doxius, dont les biographies sont esquissées antérieurement [1].

Les historiens ne s'entendent pas sur le point de savoir
si l'Index du Code dû à un Anatole vient réellement du
professeur de Beyrouth [2].

III. — En dehors de ces deux maîtres, les autres noms
produits par les auteurs sont ou fautivement rapportés à
Beyrouth ou incertains.

Il est incontestable que le professeur Cratinus, l'un des
destinataires de la Const. *Omnem*, n'était pas un professeur de Beyrouth [3] : la Const. *Tanta*-Δέδωκεν, § 9, en
l'appelant... « optimum antecessorem huius almae urbis
constitutum », prouve qu'il enseignait à Constantinople.

Pour Thalélée, un autre des destinataires de la Const.
Omnem, mort après 542, les historiens du droit byzantin
ne sont pas d'accord sur le nom de l'École à laquelle il
fut attaché. Mortreuil [4] tient pour Constantinople; Hase [5],
Heimbach [6] et Zachariae von Lingenthal [7], pour Beyrouth,
ces derniers en raison des nombreuses citations qu'il fait
dans son Index du Code des « maîtres œcuméniques »
et en raison des mentions de cette ville dans ses exemples.
Les deux arguments sont certainement d'un grand poids
sans être décisifs [8].

Le même doute règne au sujet d'Isidore, également
destinataire de la Const. *Omnem*. Zachariae von Lingen-

---

1. *Suprà*, p. 140, 141 et suiv.
2. Cf. Krueger, p. 413 (trad. franç., p. 489).
3. Comme le croit Hase, p. 82.
4. Mortreuil, *op. cit.*, t. I, p. 284.
5. Hase, p. 82.
6. Heimbach, *Proleg., Bas.*, t. VI, p. 13.
7. Zachariae von Lingenthal, *Gesch. des griechisch-röm. Rechts*, 3⁰ édit.,
Berlin, 1912, p. 6. — Dans le même sens, Krueger, p. 410, n. 26 (trad.
franç., p. 486, n. 6).
8. Laborde, p. 121, reste, comme nous, dans le doute.

thal[1] songeait à en faire un maître de Beyrouth, pour la raison bien fragile que le Nomocanon aurait été écrit en Phénicie et qu'il emprunte au commentaire d'Isidore sur le Code en même temps qu'à l'Index de Dorothée, professeur à Beyrouth. Heimbach[2] se tient sur la réserve.

Quant au Salaminius *antecessor*, le dernier nommé des destinataires de la Const. *Omnem,* qui est mis à part des sept autres *antecessores viri illustres*, parce qu'il ne reçoit que le titre de *vir disertissimus*, rien n'indique qu'il ait professé à Beyrouth[3].

Pour Stéphane (ou Étienne), l'auteur du meilleur Index sur le Digeste, il y a, comme pour Thalélée et Isidore, controverse. Zachariae von Lingenthal[4] en fait un professeur de Beyrouth; Heimbach[5] le croit élève de Thalélée et professeur à Beyrouth, passé à Constantinople après la catastrophe de 551.

IV. — Julien. — Après ces professeurs connus par des sources juridiques, il en est un qui est cité par l'Anthologie. Le jurisconsulte Julien, la « lumière de la jurisprudence », νομικῆς (νομικὸν) φάος[6], brilla à Rome et à Beroë, nous apprend Theaetète dans l'épigramme[7] qu'il a écrite

---

1. *Krit. Jahrb.*, 1844, p. 810, note *.

2. Heimbach, *Proleg., Bas.*, t. VI, p. 13.

3. Cependant Hase, p. 82, le comprenait parmi les maîtres de Beyrouth.

4. Zacharie, dans *Z. S. S.*, t. X, 1889, p. 270 et suiv.; Krueger, p. 408 (avec un doute) (trad. franç., p. 483-484).

5. Heimbach, *Proleg., Bas.*, t. VI, p. 14.

6. Épithète qui est le modèle de l'épithète « lucerna iuris », décernée à Irnerius (voy. en dernier lieu, Pringsheim, *Beryt u. Bologna, loc. cit.*, p. 272).

7. *Anth. palat.*, c. xvi, n° 32* (Appendix Planudea), éd. Didot, t. II, p. 608 :

Τοῦτον Ἰουλιανὸν, νομικῆς [*Var.* νομικὸν] φάος, εἶπον ἰδοῦσαι

 Ῥώμη καὶ Βερόη · « Πάντα Φύσις δύναται ».

Hunc Iulianum, scientiae-legum lucem, videntes dixerunt

 Roma et Beroë : « Nihil non potest Natura ».

sur sa statue ou sur le juriste lui-même[1]. Pour celui-là,
on est sûr qu'il vécut à Beyrouth (Beroë, en poésie)[2].
Il aurait été l'élève de Stéphane[3]. On est sûr aussi qu'il
était professeur à Beyrouth, avant de devenir l'*antecessor*
Julien de Byzance, Ῥώμη désignant la nouvelle Rome,
Constantinople. Ce Julien est l'auteur très connu de
l'*Epitome* latin des Novelles dit *Epitome Iuliani*[4]. Son
ouvrage ayant été composé, à Constantinople, en 555[5], et
l'École de Droit de Beyrouth ayant été détruite en 551,
il est probable que Julien aura reçu une chaire dans la
capitale aussitôt après la catastrophe.

---

1. *Suprà*, p. 75.

2. Hase, p. 84-85; cf. p. 57; Zachariae, *Anekdota*, Leipzig, 1843, in-4°,
p. 207 (et non Heimbach, *Anekdota*, t. II, p. 207).

3. Heimbach, *Proleg., Bas.*, t. VI, p. 14.

4. Heimbach, *Proleg., Bas.*, t. VI, p. 14; Krueger, p. 401 (trad. franç.
p. 474-475); Laborde, p. 124-125.

5. P. Noailles, *Les Collections de Novelles de l'Empereur Justinien*, t. I,
Origine et Formation sous Justinien, thèse de Bordeaux, 1912, p. 149-
150.

TABLEAU DES PROFESSEURS CONNUS

DATES (les dates certaines sont en caractères gras).	NOMS (les noms seulement probables sont en *italiques*).
Été 356 à **mars-avril 364.**	Domninus (ou Domnio).
Octobre 363..............	*Scylacius*.
Été 365...................	Anonyme.
388...................	*Sebastianus (??)*.
Entre 400-410 et 438.........	Cyrille.
Entre 420 et après 450.	Patricius.
Entre 450 et 490............	Domninus.
»	Démosthène.
»	Eudoxius.
Mai-Juin **460**..............	Euxène.
Entre 480 et 500.............	Amblichus.
Avant 487/488-500........	Leontius.
Fin Vᵉ siècle, commencement	*Sabinus*.
VIᵉ siècle.....	*L'Anonyme des Schol. Sinait.*
21 Nov. 533, 16 Déc. 533	Dorothée.
16 Nov. 534 + vers 565...	
16 Déc. 533.............	Anatole.
VIᵉ siècle..............	*Thalélée.*
» .	*Isidore (??).*
»	*Stéphane* (ou *Étienne*).
? — 551..............	Julien.

SECTION IV

LE NOMBRE DES PROFESSEURS

———

Aucun document positif ne permet de savoir combien
de professeurs donnaient en même temps l'enseignement
à l'École de Beyrouth.

Le *Privilegium studii* de l'École de Rome et de Constantinople parle de deux professeurs de droit seulement :
« duo qui iuris ac legum formulas (voluntates *Cod.
Iust.*) pandant » [1]. Ainsi, en 425, il n'y avait dans les capitales aucune correspondance entre le chiffre des années
d'études et le nombre des maîtres ; il n'y avait pas un
professeur par année ; autrement dit, le même professeur
faisait plusieurs cours ou, plus exactement, l'un des deux
professeurs faisait deux cours, puisqu'il existait trois
cours dirigés par eux et seulement deux professeurs.

A Rome, en 533-534, un professeur unique, « nec non
et iuris expositor », est mentionné par l'ordonnance
d'Athalaric [2].

Il est probable que, si le *Privilegium studii* de Beyrouth

———

1. Cod. Theod. 14, 9, 3 = Cod. Iust. 11, 19 (18), 1 ; Laborde, p. 32 ;
Kuebler, *loc. cit.*, col. 400.

2. Cassiodore, *Var.*, 9, 21. — En 554, la Pragmatique sanction *Pro petitione Vigilii*, c. 22, dans Schoell-Kroll, *Novellae*, Append. VII, p. 802
(Laborde, p. 73, n. 2), emploie le pluriel « iurisperitis », comme pour les
autres professeurs. Le nombre s'en serait-il accru entre 533-534 et 554, ou
il y a-t-il là des pluriels de redondance ?

nous avait été conservé, nous serions exactement fixés. A son défaut, le nombre des professeurs travaillant concurremment demeure inconnu. La seule indication précise que nous possédions, grâce à la *Vie de Sévère* par Zacharie le Scolastique[1], est que Leontius, en automne 487 ou 488, faisait deux cours : le cours de première année auquel assistent ensemble Sévère, *Edictalis*, et Zacharie, *Dupondius*, et le cours de deuxième année auquel Sévère reste comme il était de son devoir, tandis que Zacharie, n'étant encore qu'au début de ses études, se retire.

Cette indication semble s'harmoniser avec la conclusion auquel nous avait conduit la présence de deux professeurs seulement à Constantinople. A Beyrouth comme dans la capitale, en 425, ne devaient se trouver, à la fin du ve siècle, que deux professeurs à la fois[2].

Cependant, l'on sait d'une façon certaine, par une scolie de Théodore[3], que dans le même siècle, l'enseignement facultatif de la cinquième année, consacré à l'étude des constitutions impériales, était dirigé par un professeur dans des « conférences privées » (ἀναγνώσματα ἰδικά). Si ce directeur de conférences était le professeur chargé d'un cours normal unique (en troisième année, par exemple), alors il n'y aurait eu réellement en tout que deux maîtres. Si, au contraire, l'on considère que le service des conférences sur les constitutions imposait à son directeur une tâche assez lourde pour qu'il s'y consacrât tout entier, alors il y aurait eu trois maîtres : deux ordinaires et un extraordinaire, peut-on dire. Étant donné l'importance pratique de l'enseignement des constitutions, nous serions porté à croire que le nombre de trois professeurs serait le plus vraisemblable.

---

1. *Vie de Sévère*, § 14 ; Nau, t. IV, p. 557 ; Kugener, p. 47-48.
2. En ce sens, Schemmel, *Phil. Woch.*, 1923, col. 238.
3. Schol. Ἐπ ̀, I, 704.

En résumé, deux professeurs avant que l'étude des constitutions fût mise au programme; trois professeurs dans la suite.

Les historiens ont cru pouvoir arriver à une précision pour le temps de Justinien. La Const. *Omnem*, disent-ils[1], est adressée à huit *antecessores* : Théophile, Dorothée, Théodore, Isidore, Anatole, Thalélée, Cratinus, Salaminius. Comme il ne peut figurer dans cette liste aucun professeur de Rome, puisqu'en 533 Rome n'avait pas encore été reconquise par les armées de Justinien, les huit professeurs se répartissaient par moitié entre les deux Écoles de Constantinople et de Beyrouth : quatre dans la première (parmi lesquels Théophile et Cratinus sont certainement compris), quatre à Beyrouth (parmi lesquels les noms de Dorothée et d'Anatole sont sûrs).

Pour le temps de Justinien, un autre argument conduit les auteurs au même résultat. Deux maîtres de Beyrouth étant occupés à la préparation du Digeste et, à ce titre, devant nécessairement résider à Constantinople, si à Beyrouth même d'autres maîtres n'étaient pas restés en fonctions, la Faculté se serait trouvée dans l'obligation de suspendre ses exercices, conjoncture inadmissible[2]. La double argumentation n'a pas convaincu tous les historiens du droit romain : rien n'est moins sûr, dit l'un d'entre eux[3]. Il était facile, ajouterons-nous, de remplacer les commissaires absents par des suppléants.

On n'aboutit guère à un résultat plus solide en partant d'une autre donnée. Au temps de Justinien au moins, l'usage semble s'être établi que les étudiants s'attachent à un seul maître sous lequel ils demeuraient durant tout leur séjour à l'École; ce maître unique leur faisait les

---

1. Krueger, *op. cit.*, p. 394 (trad. franç., p. 466); Laborde, p. 61.

2. Cf. Barbagallo, *op cit.*, p. 366, n. 2, citant Savigny (I, 263, n. *a*, = *Gesch. d. röm. Rechts. i. Mittelalter*, I², p. 462, n. *i*) et Karlowa (I, 1023).

3. Kuebler, *loc. cit.*, col. 401.

cours dans les trois premières années et dirigeait leurs travaux personnels dans la quatrième et la cinquième année (où n'existait aucun cours)[1].

D'après cet usage, le nombre des maîtres aurait été encore plus élevé : c'est au chiffre de cinq que l'on arrive. Pourtant, un tel chiffre est inacceptable, puisque la Const. *Omnem* n'est adressée qu'à huit professeurs : s'il y avait eu un professeur par année à Beyrouth et à Constantinople, son adresse eût dû contenir dix noms. L'argument que l'on se croirait en droit de tirer de l'unité de maître pour les élèves ne procure donc pas encore la certitude[2]. Avant Justinien comme sous son règne, le nombre des professeurs enseignant concurremment reste obscur.

1. Zachariae von Lingenthal, dans *Z. S. S* , t. VIII, 1887, p. 1-2, base son idée sur le texte des *Bas.*, 8, 1, 26 (ὁ διδάσκαλος αὐτοῦ remplaçant le pluriel *eorum doctores* de la loi de 460, Cod. Iust. 2, 7, 11, 2 [*Infrà,* Chap. V, Sect. IV]) et sur la scolie de ces mots : Οὐχ ὅλοι οἱ ὄντες ἀντικήνσωρες ἐν τῇ πόλει, ἀλλὰ μόνος ὁ διδάσκαλος αὐτοῦ γεγονώς (Non omnes eius loci antecessores, sed tantum eius magister) (Heimbach, I, 345).

2. On pourrait cependant concilier l'unité de maître et le chiffre de quatre professeurs en supposant que le texte ci-dessus vise seulement les quatre années d'études normales, la cinquième année étant, on le verra, extraordinaire.

SECTION V

LA NOMINATION DES PROFESSEURS

1. — Aucun texte juridique ou littéraire ne fait connaître le mode de nomination des professeurs enseignant
à Beyrouth, ni sous le Haut-Empire, ni au Bas-Empire.
En l'absence d'un texte spécial, il faut s'en référer aux
textes très rares qui traitent de la question en général,
et dont les prescriptions seront résumées aussi brière-
ment que possible.

L'enseignement du droit resta libre jusqu'au règne de
l'Empereur Julien. Cependant il est bien difficile de concevoir que les maîtres en droit de Beyrouth (pour ne
parler que d'eux), qui enseignaient dans les *auditoria
legum* mentionnés au ɪᴠᵉ siècle[1], fussent des maîtres libres. Nous penserions plutôt que, déjà, leur désir d'instruire la jeunesse dans les auditoires, c'est-à-dire publiquement, était soumis à l'agrément du Sénat municipal
de Beyrouth ; car, dans les villes de province, les professeurs publics étaient institués par le Sénat[2].

La nomination des « maîtres et docteurs » par décret
des décurions, avec consentement des *optimi*, devint
la règle depuis la loi de Julien de 362[3]. Dans la leçon

---

1. *Suprà*, p. 39.

2. Krueger, p. 393, n. 4 (trad. franç., p. 464, n. 4), renvoyant à Kuhn,
Die staedtische u. buergerliche Verfassung des roem. Reichs, t. I, p. 100
et suiv.

3. Julien (362), Cod. Theod. 13, 3, 5 = Cod. Iust. 10, 53 (52), 7. — Cf.
entre autres, Laborde, p. 28-29, et surtout J. Bidez, *L'Empereur Julien,
œuvres complètes*, t. I, 2ᵉ partie, Paris, 1924, p. 44 et suiv., p. 72 et suiv.

de la loi, au Code Théodosien, l'Empereur, voulant se réserver le dernier mot, exigeait que le décret du Sénat lui fût référé pour la décision. Cette exigence a disparu de la version du Code Justinien, peut-être parce qu'après Théodose le contrôle impérial se relâcha. Toutefois, le maintien de la loi de Julien au Code Justinien prouve qu'au vie siècle encore, le Sénat de Beyrouth nommait les professeurs.

Le fameux édit de Julien sur l'enseignement abrogé, d'ailleurs, dès le **11 janvier 364**, eut, on le sait, pour ré-sultat de forcer les grammairiens, les rhéteurs, les so-phistes, peut-être aussi les médecins chrétiens à opter entre leur foi et leur place[1]. Les auteurs anciens ne disent rien de pareil au sujet des juristes chrétiens qui profes-saient dans les Écoles de Droit.

Jacques Godefroy a cru pouvoir tirer de l'une des lois qui réorganisèrent l'Université de Constantinople, la loi de mars 425[2], la preuve que ses maîtres auraient été nom-més par le Sénat de la capitale, mais après constatation de leurs « bonnes vie et mœurs » et après démonstration de leurs facultés pédagogiques : capacité scientifique, élo-quence, finesse d'interprétation, faculté de disserter[3]. La seule lecture de la loi amène à penser que ces exigences sont requises par Théodose et Valentinien à d'autres fins. Les Empereurs avaient récompensé par leur loi certains maîtres en leur accordant la *comitiva ordinis primi*. Ils prévoyaient ensuite à quelles conditions des maîtres nou-veaux pourraient, dans l'avenir, recevoir du Sénat le même titre honorifique : les professeurs méritants devront avoir vingt années continues de labeur zélé et faire cons-tater leurs « bonnes vie et mœurs » et leurs qualités

---

1. Bidez, *op. cit.*, p. 44-45.

2. Theod. et Valentin. (425). Cod. Theod. 6, 21, un. = Cod. Iust. 12, 15, un.

3. Godefroy, *Codex Theodosianus*, éd. Ritter, t. II, Mantoue, 1740, p. 109; suivi par Barbagallo, Laborde, p. 41, etc.

pédagogiques énumérées plus haut. En conséquence, il ne s'agit aucunement de conditions mises à leur nomination.

Au contraire, en ce qui concerne la promotion à la *comitiva ordinis primi*, il est probable que les dispositions de la loi de 425 avaient été étendues à Beyrouth par le *privilegium studii*.

II. — A quel âge les professeurs faisaient-ils leurs débuts dans la carrière universitaire? C'est encore un point que ne fixe aucun texte. Nous savons qu'en général les Anciens avaient l'habitude de terminer leurs études de droit très jeunes, à vingt ans [1]. A partir de cet âge, donc, et sans aucune préparation spéciale, ils pouvaient prendre possession d'une chaire [2].

---

[1]. En ce sens, Sievers, *op. cit.*, p. 20. — Cf. *Suprà*, p. 112.

[2]. Toutefois les *Scholia Vaticana* sur la loi de Julien de 362 (*Suprà*, p. 197, n. 3) interprètent la pensée de l'Empereur en disant qu'il défend à tous de se lancer dans la carrière universitaire « statim exeuntes ex auditoriis » immédiatement après être sortis des écoles (Bidez, *op. cit.*, p. 72, n. 3).

SECTION VI

LES HONORAIRES ET LE TRAITEMENT
DES PROFESSEURS

Pendant les premiers siècles de l'histoire de l'École, la vie matérielle ne fut assurée aux maîtres de Beyrouth, comme aux professeurs des autres Écoles, que par des honoraires reçus de leurs étudiants. A partir du règne de Théodose II, peut-être les maîtres furent-ils, à titre de professeurs de l'État, dotés d'un traitement officiel. De là deux périodes à distinguer dans l'examen du problème que les auteurs n'ont pas effleuré en ce qui concerne Beyrouth.

§ I. — Les Honoraires.

En province, pas plus qu'à Rome, les professeurs de droit ne touchaient, au Haut-Empire, de traitement de l'État, à la différence des rhéteurs et autres maîtres. Les jurisconsultes, enseignant publiquement le droit, recevaient seulement de leurs élèves des honoraires (*honor*) fixés, comme nous allons le voir, à l'amiable, mais pour le recouvrement desquels aucune action en justice n'était accordée aux créanciers[1].

---

1. Ces notions sont connues ; voy., par exemple, Bremer, *op. cit.*, p. 5-6, 16 ; P. Krueger, *op. cit.*, p. 152-153 (trad. franç., p. 186).

Les deux points sont établis par un texte souvent cité d'Ulpien, *libro octavo de omnibus tribunalibus* :

> Dig. 50, 13, *de var. et extraord. cognit.*, 1, 5. Proinde ne iuris quidem civilis professoribus ius dicent : est quidem res sanctissima civilis sapientia, sed quae pretio nummario non sit aestimanda nec dehonestanda, dum in iudicio honor petitur, qui in ingressu sacramenti offerri debuit. quaedam enim tametsi honeste accipiantur, inhoneste tamen petuntur.

Le seul intérêt de ce texte, dont ni la critique ni le commentaire ne rentrent dans nos vues, est qu'il a été écrit pour les professeurs de province, et s'applique, par conséquent, à l'École de Beyrouth.

C'est, probablement, parce que l'enseignement du droit restait, en principe, gratuit, que l'Édit *de pretiis* de Dioclétien n'assigne pas de maximum à la rétribution qu'en fait les étudiants en droit versaient à leurs maîtres.

En pratique, cette rétribution était fixée à l'amiable, par la convention librement débattue entre le maître et le disciple.

Pour Beyrouth, deux lettres de Libanius nous renseignent à cet égard, de la façon la plus nette.

Dans l'une[1] (mars-avril 364), Libanius, envoyant au professeur de droit Domninus son ami Apringius, qui va commencer ses études à l'âge d'homme[2] et qui n'est pas riche, termine sa lettre par une recommandation spéciale touchant les honoraires des leçons :

« Je te ferais une prière au sujet du salaire, — écrit-il —, te disant que c'est un homme bon, mais pauvre, et qui, s'il n'est pas capable de payer beaucoup, sait se souvenir des bienfaits, si je ne savais depuis

---

1. Liban. ep. 1124 W (= add. 58 S).
2. *Suprà*, p. 86-87.

longtemps que c'est la loi que tu t'imposes [c'est-à-dire de demander seulement des honoraires modérés] en faveur même des lois » [1].

La traduction de la seconde lettre de Libanius [2] (été 365), qui concerne Peregrinus [3] et qui est adressée à Hierius, le père du futur étudiant, mérite d'être donnée en entier :

« *A Hierius.* — Peregrinus s'attache à l'étude des lois pour acquérir une arme de plus. D'où il peut espérer richesse, magistratures et tous les autres avantages. C'est un maître excellent que celui qui lui explique les lois, mais, à cause de la pauvreté qui l'accable, il demanderait volontiers de l'argent. Le salaire pourrait te paraître grand. Il est pourtant trop petit si tu tiens compte du nombre des livres et de toutes les autres choses qu'il procure. Par crainte du salaire, ne compromets pas ton gain, mais par considération pour ton profit, donne le salaire et fais ce que tu fais aux champs ; car tu donnes la semence aux champs et tu ne reproches pas à la terre de la recevoir » [4].

Cette lettre montre Libanius dans un nouveau rôle et témoigne de la souplesse dialectique que lui assure son métier de rhéteur. Tout à l'heure, il plaidait pour l'élève ; maintenant, il plaide pour le maître dont nous ignorons le nom, et qui n'est pas Domninus, car Domninus, on vient de le voir, n'est pas avide d'argent. Et il ne se contredit pas, car, dans les deux cas, il prend fait et cause pour le plus pauvre. Hierius, le père de Peregrinus, est, sans doute, un propriétaire terrien : il est riche ; tout au moins il est dans l'aisance. Libanius met en garde ce paysan avare contre l'impression désagréable que va lui causer l'annonce de la somme à verser. En psychologue

---

1. Liban. ep. 1124, p. 534 Wolf.
2. Liban. ep. 1555 W (= add. 426 S).
3. *Suprà*, p. 89.
4. Liban. ep. 1555, p. 705-706 Wolf.

habile, il réserve pour la fin l'argument le plus propre à toucher le cœur d'un cultivateur, l'appel à la terre féconde.

Libanius nous livre à nous une indication intéressante : c'est que le salaire représentait aussi le prix des livres et autres objets nécessaires aux élèves que le professeur se chargeait de leur procurer.

Nous ignorons malheureusement quel était le taux ordinaire ou moyen des honoraires qui donnaient lieu à ces marchandages ; nous ignorons aussi s'il advint à Beyrouth comme ailleurs des refus collectifs de payer le salaire des professeurs, véritables grèves d'étudiants[1].

§ II. — Le Traitement.

Aucune source ne nous permet de déterminer si les professeurs de Beyrouth reçurent, à partir du règne de Théodose II, un traitement officiel soit de l'État, soit du Sénat de la Ville. Les professeurs de droit de Constantinople, à partir de 425[2], touchaient un traitement de l'État. Le taux en est inconnu, mais un auteur particulièrement compétent en matière d'histoire financière byzantine, M. A. Andréadès, présume ce taux très élevé, comme le restera, suivant lui, le traitement des professeurs de droit sous l'Empereur Justinien qui estimait à un si haut degré la science juridique[3].

Pour les professeurs de Rome, Justinien, dans la Pragmatique sanction *Pro petitione Vigilii* (554), c. 22, ordonne de continuer dans l'avenir le versement des annones que l'on avait coutume de donner auparavant (c'est-à-dire sous la domination des Ostrogoths) aux

---

1. Cf. *Suprà*, p. 100.
2. Cod. Theod. 14, 9, 3. — Cf. Krueger, p. 392 (trad. franç., p. 464).
3. A. Andréadès, Τὰ πανεπιστήμια Κωνσταντινουπόλεως καὶ αἱ χάριν αὐτῶν δημοσίαι δαπάναι [Table des matières en français] (Ἐκ τῆς ἐπιστημονικῆς ἐπετηρίδος [ΙΗ’, 1922-1923] τοῦ Πανεπιστημίου), Athènes, 1923, p. 3-4.

jurisconsultes, ou aux professeurs de droit de la ville de Rome[1].

Si des annones ou traitements étaient payés aux professeurs de droit de Constantinople et de Rome, au cours des ve et vi^e siècles, n'est-il pas juste de penser qu'à Beyrouth il en allait de même?

---

1. *Novellae, App.* VII (éd. Schoell-Kroll, p. 802) : ... sicut etiam annonas quae... vel iurisperitis antea dari solitum erat, et in posterum suam professionem scilicet exercentibus erogari praecipimus....

SECTION VII

LES PRIVILÈGES DES PROFESSEURS

Les professeurs de droit enseignant en province ne jouissaient pas, comme leurs collègues de Rome, de l'immunité des charges de la tutelle et de la curatelle. Cette règle, posée au III⁰ siècle par Modestin, est encore maintenue par Justinien qui l'insère dans son Digeste[1].

Pareillement, les professeurs de droit ne profitaient pas de l'exemption de toute fonction et charge publiques qui avait été réservée par Constantin (333) aux seuls médecins, grammairiens et autres professeurs de belles-lettres. Cet avantage ne fut étendu aux *doctores legum* qu'au VI⁰ siècle, par une interpolation de la loi de Constantin faite au Code de Justinien[2]. Une seconde interpolation dans la même loi des mots [*civilibus vel*] ajoutés à *muneribus* généralisa l'immunité en l'appliquant aux charges civiles, sans que pourtant la dispense de la tutelle y fût jamais comprise[3].

---

1. Modestin, *libro secundo excusationum*, Dig. 27, 1, 6, 12 : Νόμων δὲ διδάσκαλοι ἐν ἐπαρχίᾳ διδάσκοντες ἄφεσιν οὐκ ἔξουσιν (corr. ἔχουσιν) (qui ius civile docent in provincia vacationem non habent...); texte souvent étudié, cf. par exemple, Laborde, p. 25-26.

2. Const. (333). Cod. Theod. 13, 3, 1 = Cod. Iust. 10, 53 (52), 6. — Cf. par exemple, Laborde, p. 26-27.

3. Mod. *libro sexto excusationum*, Dig. *h. t.*, 15, 12.

CHAPITRE V

L'ENSEIGNEMENT A L'ÉCOLE DE DROIT

CHAPITRE V

L'ENSEIGNEMENT A L'ÉCOLE DE DROIT

C'était, naturellement, le droit romain qui était enseigné à l'École de Beyrouth, le droit de Rome et non pas
le droit des provinces, ni le droit particulier à la province
de Phénicie. Telle est l'idée de principe qui ressort de la
plupart des textes par lesquels les destinées de l'École
nous sont connues[1].

1. Hase rassemble les preuves suivantes :

1° C'est le *droit* qui est enseigné à Beyrouth (p. 60-61) : Nonnus, *Dio-
nysiac.*, liv. 41, v. 10 : θεμιστοπόλου Βερόης (iustitiam exercentis Beroës)
(*Suprà*, p. 44, n. 2), liv. 41, v. 145 : δίκης πέδον, ἄστυ θεμίστων (solum iuris et
urbs legum) [sc. Berytus] (*Suprà*, p. 44, n. 2); Zacharie de Mytilène, *De
Opificio mundi*, appelle Beyrouth μήτηρ νόμων (legum mater) (*Suprà*, p. 51);
Eunape, μήτηρ [νομικῶν] παιδευμάτων (scientiae iuris mater) (*Suprà*, p. 31);
Justinien, dans la Const. Δέδωκεν, § 9 : τῶν νόμων πόλις (legum civitas)
(*Suprà*, p. 53), dans la Const. *Omnem*, § 7, *legum nutrix* (*Suprà*, p. 53);
Agathias (II, 15) parle des διδασκαλεῖα (scholae) de Beyrouth (*Suprà*, p. 56)
et surtout Grégoire le Thaumaturge, *in orat. panegyr. ad Orig.*, qualifie
Beyrouth de τῶν νόμων τούτων..... παιδευτήριον (harum legum [sc. Roma-
narum] auditorium) (*Suprà*, p. 26). Ajoutons encore la Const. de Dioclétien et Maximien, Cod. Iust. 10, 50 (49), 1 : ..... maxime circa professionem
iuris, consistendo in civitate Berytorum provinciae Phoenices..... (*Suprà*, p. 29); le témoignage de Sozomène, H. E., I, 11, sur Triphyllius :
..... διὰ νόμων ἄσκησιν πολὺν χρόνον ἐν τῇ Βηρυτίων πόλει διατρίψαντα
(... ob studium legum diu in urbe Berytiorum fuerat commoratus) (*Suprà*,
p. 32, n. 2); le passage de la Vie des saints Arcadius et Jean : ἐκείνη [sc. ὁ
Βηρυτός] γάρ τότε τοῖς πολλὴν ἔχουσι περὶ τῶν νόμων μελέτην ἀνδράσιν ἤνθει
(quae hac tempestate viris legum peritissimis florebat maxime) (*Suprà*,
p. 43, n. 1). Cf. aussi Nicéphore Calliste sur eux : ἐπὶ παιδείᾳ καὶ μελέτη
νόμων (disciplinae et legum discendarum gratia) (*Suprà*, p. 44, n. 1). —
Aux sources connues de Hase, ajoutons Libanius (ep. 566 W) : τῶν νόμων
μήτηρ (legum mater) (*Suprà*, p. 36), et la *Vie de Sévère*, par Zacharie
le Scholastique (*Suprà*, p. 48);

2° C'est le droit romain de Rome qui est enseigné à Beyrouth (Hase,

La même idée se dégage également tant de l'inspection des matières qui formaient l'objet de l'enseignement avant Justinien[1] que des fragments des œuvres dues aux professeurs antérieurs à Justinien[2].

Pour le temps de Justinien, c'est le droit romain nouveau, celui de la codification impériale, qui y est enseigné.

Comment était donné l'enseignement du droit romain à Beyrouth, les développements qui répondent à cette question se répartissent d'eux-mêmes suivant un plan simple et logique :

SECTION   I. — Le Latin et le Grec, langues de l'Enseignement.

SECTION II. — Les Matières de l'Enseignement ou le Programme des Études.

SECTION III. — La Méthode pédagogique.

SECTION IV. — L'Entrée à l'École; la Sanction des Études.

---

p. 63-64) : Agathias (II, 15) rappelle que les jeunes gens y venaient pour étudier τοὺς Ῥωμαίων νόμους (*Suprà*, p. 57); Socrate le Scholastique, H. E., IV, 27, rappelle que Grégoire le Thaumaturge abandonna l'étude du droit romain (à Beyrouth) : πολλὰ χαίρειν εἰπὼν τοῖς Ῥωμαικοῖς νόμοις (missis Romanorum legum studiis) (*Suprà*, p. 27, n. 3). Grégoire lui-même déclare avoir eu l'intention de τῶν Ῥωμαίων ἐκμανθάνειν νόμους (Romanorum discere leges) (*Suprà*, p. 26). Il en est de même de l'étudiant avec qui Zacharie de Mytilène dialogue : il était venu à Beyrouth pour apprendre ce que νομίζουσι τῶν Ῥωμαίων οἱ νομοθέται (legum iurisque Romani prudentiam) (*Suprà*, p. 51, n. 1) (cf. l'argument du dialogue)(*Suprà*, p. 50, n. 5).

Ajoutons ces références : saint Grégoire de Nazianze désigne Beyrouth par la périphrase νόμων ἕδος Αὐσονιήων (legum sedes Romanorum) (*Suprà*, p. 35), dont on rapprochera les mots θεσμῶν..... Αὐσονίων de l'épitaphe de Patricius (*Suprà*, p. 137); l'auteur anonyme de l'*Expositio totius mundi*, § 25 : Berytus..... auditoria legum habens, per quam omnia iudicia Romanorum < stare videntur > (*Suprà*, p. 40); Jean de Beith-Aphtonia : « Sévère fut envoyé à *Béryte* pour y étudier les lois romaines » (*Suprà*, p. 104).

1. *Infrà*, p. 224 et suiv.

2. *Infrà*, Chap. VI, Sect. II.

SECTION I

LE LATIN ET LE GREC, LANGUES
DE L'ENSEIGNEMENT

Dans quelle langue ou dans quelles langues l'enseigne-
ment a-t-il été donné à Beyrouth entre le IIe et le VIe siècles? C'est un problème dont la solution, pour indécise
qu'elle soit encore, ne manque pas de portée [1].

1. — Nous avons vu qu'au IIIe siècle le précepteur de
saint Grégoire le Thaumaturge lui avait enseigné le latin,
afin qu'il pût aller étudier le droit romain à Beyrouth [2].
Dans la deuxième moitié du IVe siècle, plus précisément
en 381 (ou 381-382), d'après un discours de Libanius [3],
l'enseignement s'y donnait encore en latin [4]. D'autre part,
les professeurs qui constituent les τῆς οἰκουμένης διδάσκαλοι,
enseignaient, à n'en pas douter, en grec : cette école a eu

---

1. Ludvig Hahn, *Zum Sprachenkampf im rœmischen Reich bis auf die
Zeit Justinians (eine Skizze)*, dans *Philologus*, Supplementband X, 1907,
p. 675-718, n'a pas traité de la question qui rentrait cependant dans son
sujet.

2. *Suprà*, p. 26. Cf. sur le passage cité là de l'*Orat. paneg. in Orig.*,
G. Rotondi, *Scritti giuridici*, t. III, p. 39-40, 40, n. 1-2 (à propos des scolies
de Théodore Balsamon sur l'*epistola canonica* de saint Grégoire le Thaumaturge).

3. *Suprà*, p. 38-39.

4. Dans les Écoles d'Orient, l'enseignement se donnait partout en latin
probablement, dit P. Krueger, p. 153 (trad. franç., p. 186-187).

pour premier représentant Cyrille (l'ancien), qui écrivit en grec son Ὑπόμνημα τῶν δεφινίτων, et elle a commencé vers 410-420, d'après la chronologie hypothétique reconstituée par nous[1]. Patricius a commenté en grec la loi de 424 dès sa promulgation[2]. Ce serait donc entre 381-382 et 410-420 que le changement de langue se serait accompli, en somme à la fin du IVe ou au commencement du Ve siècle. Le fait que les Fragments du Sinaï sont rédigés en grec, s'ils proviennent réellement de l'École de Beyrouth, confirmerait que l'enseignement s'y donnait en grec dans le cours du Ve siècle. Au temps de Justinien, il n'y a aucun doute, puisque les commentaires des professeurs de Beyrouth sur les œuvres de l'Empereur sont composés en grec[3].

II. — La date que nous proposons d'assigner à la révolution linguistique dans l'enseignement de Beyrouth correspond, à peu près exactement, aux dates où la même révolution s'accomplit, en Syrie dans la littérature et dans l'épigraphie, à Constantinople dans les édits des préfets.

En premier lieu, c'est un fait connu qu'à partir du Ve siècle, après le Syrien Ammien Marcellin, qui écrivait vers 390, on ne rencontre plus d'écrivains latins en Syrie[4].

---

1. *Suprà*, p. 162.

2. *Suprà*, p. 135.

3. Hase, p. 64-65, pense que la langue de l'enseignement était le latin. Il s'appuie sur le texte de Grégoire le Thaumaturge, *Orat. panegyr. in Orig.* qui est, en effet, décisif pour le IIIe siècle; mais il invoque aussi le § 7 de la Const. *Omnem* (Haec autem tria volumina tradi eis tam in regiis urbibus quam in Berytiensium pulcherrima civitate... volumus) qui n'est rien moins que probant, puisque nous savons que les sources latines de Justinien étaient commentées en grec dans les Écoles d'Orient. Le P. Lammens. p. 12, affirme à son tour que l'enseignement à Beyrouth était « exclusivement latin », que « le latin demeure en usage » à Beyrouth, qu'au VIIe siècle seulement le grec triomphe, parce que « depuis un demi-siècle l'Université de Béryte a cessé d'exister ». Cet auteur, comme Hase, est, selon nous, trop absolu.

4. Lammens, p. 12.

En second lieu, la mission de Renan en Phénicie a permis
au célèbre orientaliste de constater qu'il « y eut vers ce
temps [le v⁰ siècle, comprenons la fin du vᵉ siècle, ou le
vıᵉ siècle, date présumée de l'inscription latine métrique
du port de Saïda] une certaine recrudescence latine dans
les inscriptions de Syrie »[1]. Avant cette inscription de
Saïda, la dernière inscription latine était de 344; c'est la
dédicace par l'*ordo Berytiorum* d'une statue à Fl. Domitius
Leontius, préfet d'Orient en **338** et consul ordinaire en
344[2]. Renan laisse donc entendre qu'entre le milieu du
ıv⁰ siècle et l'époque de la recrudescence latine (fin du
v⁰ ou vıᵉ siècle), le grec était devenu la langue courante
de l'épigraphie.

Enfin, Sievers[3] est arrivé aux mêmes conclusions.
A propos des plaintes que formule Libanius sur les progrès du latin et l'étouffement du grec, Sievers rappelle que,
dès 439, la Novelle 16 de Théodose se référait à la per-
mission concédée *antérieurement* (à une date inconnue) de
tester en grec : « quoniam Graece iam testari concessum
est. »[4] Sievers note également que la contre-offensive qui
amena de nouveau le grec à supplanter le latin en Orient
est constatée par Jean Lydus[5]. Cet auteur[6] accuse Cyrus
l'Égyptien, préfet de la ville et préfet du prétoire à la fois,
homme « dont on admire encore les poésies, ...(mais) ne
sachant rien que la poésie », d'avoir osé transgresser la
vieille coutume et d'avoir émis des édits en grec, faisant
perdre ainsi à la magistrature son prestige avec la langue

---

1. Renan, *Mission de Phénicie*, texte, p. 363, n. 2 (renvois à la p. 37 et au
C. I. L., t. III, n°ˢ 124 et 188).

2. Cf. Renan, *op. cit.*, p. 342-352; l'inscription est reproduite au *C. I. L.*,
t. III, n° 167.

3. Sievers, *op. cit.*, p. 163, n. 69.

4. Cf. Cod. Iust. 5, 28, 8 (429) = Nov. Theod. 16, 1, 8.

5. Sievers cite J. Lydus, *De Magist. pop. rom.*, p. 177, 178, 185, 261
(éd. Bekker, Bonn, 1837). Les références aux p. 185 (Lydus, II, 20) et 261-
262 (Lydus, III, 68) sont en dehors de notre sujet.

6. Lydus, II, 12 (p. 177-178, Bekker) = III, 42 (p. 235, Bekker).

romaine. Or, Cyrus fut préfet du prétoire d'Orient sous Théodose le Jeune, de 439 à 442[1]. Le mouvement qui entrainait l'Empire d'Orient vers l'emploi prépondérant du grec se manifestait donc, à Constantinople aussi, à l'époque même où nous constatons le phénomène à l'École de Beyrouth.

III. — Sous quelles influences se produisit la substitution du grec au latin dans l'enseignement du droit à Beyrouth entre 381-382 et 410-420, l'histoire générale de l'Empire pendant l'intervalle de temps qui sépare ces deux dates, et peut-être aussi l'histoire particulière de l'École de Beyrouth, nous permettent de nous en rendre compte.

Au Haut-Empire, Béryte formait, selon la très juste remarque de Mommsen, une « sorte d'île latine perdue au milieu de l'Océan de l'hellénisme oriental »[2]. Les élèves des diverses provinces grecques de l'Orient ou de l'Occident qui, comme on l'a vu, affluaient dans cette capitale intellectuelle, après avoir reçu de rhéteurs grecs leur éducation secondaire, acceptaient de recevoir l'enseignement du droit en latin, parce qu'ils se destinaient aux mêmes carrières administratives ou libérales que ceux qui allaient étudier à Rome, et qu'ils se proposaient d'exercer aussi bien à Rome même et dans les provinces de langue latine que dans les provinces de langue grecque[3]. Après la fondation de Constantinople, l'étude du droit en latin demeurait une nécessité aussi impérieuse, puisque le latin devait rester, malgré le changement d'axe de l'Empire, la langue officielle de Constantin et de ses successeurs. Et c'est longtemps encore après la mort de Constantin le Grand que Libanius

---

1. Borghesi, *op. cit.*, t. X, p. 327-333 (*adde*, p. 787-788), n° LXIII.

2. Th. Mommsen, *Hist. rom.*, trad. franç. de Cagnat et Toutain, t. XI, Paris, 1889, p. 19.

3. Cf. Sievers, *op. cit.*, p. 162 ; L. Hahn, *loc. cit.*, p. 699.

exhale son amertume devant les progrès que font en Orient le latin, le droit romain et la tachygraphie au détriment de la rhétorique grecque[1].

Pourtant, sous le vernis latin et romain, la civilisation grecque continuait d'exister en Syrie et à Beyrouth même. En Syrie, tous les hommes cultivés parlaient le grec comme les commerçants; les νόμοι importées par les conquérants macédoniens avaient survécu[2]; et, précisément, M. Bernard Haussoullier vient d'établir que ces lois forment le fond de certains des éléments non romains des *Leges saeculares* ou Coutumier syro-romain[3].

A Beyrouth même, îlot latin, Léon Renier, étudiant une inscription latine inédite provenant de cette ville[4], a fait ressortir judicieusement la persistance de l'hellénisme qui, dans ce texte, si banal en apparence, se manifeste de deux façons caractéristiques. D'une part, la langue grecque y gardait au Haut-Empire assez de puissance pour maintenir, en conformité avec leur origine et par différence avec l'usage de Rome, le genre et la déclinaison de mots latins empruntés au grec : AETOMATE, dans l'inscription, est un mot neutre comme en grec et non féminin comme autre part; la forme de l'ablatif toute proche du grec remplace l'ablatif ordinaire latin *aetoma*. « On conçoit du reste, écrit à ce propos Léon Renier, que, dans une ville comme *Berytus,* où le grec était parlé au moins

___

1. *Suprà*, p. 38-39. — On lira avec intérêt les réflexions que le sujet inspire à son historien, E. Monnier, *Histoire de Libanius* (déjà citée), p. 86 et suiv.; cet ouvrage, moins célèbre que celui de Sievers, abonde cependant en vues générales.

2. Cf. Th. Reinach, *L'Hellénisme en Syrie*, dans *L'Hellénisation du monde antique*, Paris, 1914, p. 341.

3. B. Haussoullier, *Une loi grecque inédite sur les successions « ab intestat »*, dans *R. H. D.*, 1923, p. 515-553. L'auteur donne un commentaire très complet du parchemin de Ṣàliḥiyeh (Bibl. nat., suppl. grec 1354, 3) contenant la loi grecque (du IVᵉ siècle av. J.-C.) en question et étudie ses rapports avec les passages similaires des *Leges saeculares*.

4. L. Renier, *Inscription inédite de Beyrouth*, dans *Bibl. de l'École des Hautes-Études*, t. XXXV, 1878, p. 299-303.

autant que le latin, on ait cru devoir revenir, pour le mot
dont il s'agit, à l'orthographe régulière »[1]. D'autre part,
l'organisation politique grecque avait persisté dans la Béryte romaine comme le prouve la mention de la TRICEN-
SIMA = τριακάς, à laquelle appartient le dédiant, subdi-
vision de la tribu dans les villes grecques et groupement
de trente familles. « Il n'y a pas lieu de s'étonner, continue l'éditeur, que cette ville ait conservé cette partie de
son ancienne constitution, lorsqu'elle avait été faite colonie romaine ; on pourrait citer beaucoup d'exemples analogues, surtout dans les colonies de date aussi ancienne »[2].

Le recul du latin dans l'enseignement du droit au rang
inférieur de langue auxiliaire et le progrès du grec s'ex-
pliquent, sans doute, à la fin du ive siècle ou au début du
ve siècle, par un faisceau de circonstances agissant dans
le même sens. En histoire, les transformations sont plus
souvent la résultante de causes multiples que l'effet d'une
cause unique. L'événement nouveau se produit quand
l'atmosphère, comme on dit aujourd'hui, est créée.

En premier lieu, la désaffection des professeurs de
Phénicie à l'égard du latin a pu n'être qu'une conséquence, qu'un aspect du phénomène général qui s'accen-
tue dans tout l'Orient, à l'époque du Bas-Empire : la
renaissance des nationalités quelques siècles étouffées,
mais non détruites, sous l'impérialisme unificateur (en
apparence) du Haut-Empire[3].

Il est probable aussi que, à l'époque où se place le
changement de langue, les étudiants qui avaient obtenu
leurs diplômes à Beyrouth ne se sentaient plus attirés
vers Rome et l'Occident aussi fortement que l'avaient été
leurs devanciers du Haut-Empire ou du ive siècle. La sé-
paration des deux Empires accomplie en 395 les a, très

1. *Loc. cit.*, p. 302.
2. *Loc. cit.*, p. 302-303.
3. Sur la persistance de l'hellénisme syrien jusqu'à la naissance de l'isla-
misme, cf. Th. Reinach, *loc. cit.*, p. 349-350.

vraisemblablement, détournés de l'Occident latin, les a confinés dans leur Orient où les retient leur nationalisme ressuscité.

La réaction catholique opérée par Théodose le Grand contre les tentatives de restauration du paganisme par Julien l'Apostat[1] n'a pas dû rester non plus sans effet sur la substitution du grec au latin dans l'enseignement du droit. Le grec était en Orient la langue de l'Église. A Beyrouth même, les rapports entre l'École de Droit et les évêques avaient été, sans doute, étroits dès avant l'avènement au trône épiscopal d'Eustathe, dont le nouveau palais renfermait les auditoires des lois[2]. Pourquoi une telle union n'aurait-elle pas contribué, avec les autres motifs d'ordre général, à la prédominance de la langue vulgaire des Chrétiens d'Orient dans les Écoles auparavant latines?

La langue latine devait cependant toujours être connue des maîtres et des étudiants, car elle était la langue, non seulement des sources anciennes du droit romain en très grande majorité, mais encore des constitutions créatrices du droit nouveau en très grande majorité aussi ; et le latin allait être, de plus, remis en honneur par la codification de Justinien, dont quelques constitutions du Code seules seraient écrites en grec avant que l'Empereur n'adoptât définitivement cette langue dans ses Novelles.

IV. — Cependant le terrain étant ainsi préparé à l'avènement du grec, un fait particulier a pu provoquer la révolution linguistique : la concurrence avec l'École de Constantinople. Les textes nous laissent ignorer laquelle des deux langues était employée dans l'enseignement de la capitale, et le *Privilegium studiorum* reste muet à cet égard. Pourtant, la plus forte présomption est en faveur

---

1. Cf. Barbagallo, p. 309 et suiv.
2. *Suprà,* p. 66 et suiv.

du grec, langue d'importation à Byzance, sans aucun doute, mais qui y avait fait de grands progrès entre Constantin et Théodose le Jeune. L'École syrienne, célèbre depuis deux siècles au moins, et l'École byzantine avaient dû entrer en rivalité avant même que Théodose II ne transformât en 425 l'École de Droit de la capitale en École officielle. Les maîtres de la « très romaine cité de Beyrouth » se seraient privés délibérément d'un élément de succès auprès de leur clientèle, grecque en très grande majorité, s'ils n'avaient pas professé en grec. Le grec était, au reste, leur langue nationale comme celle de leurs élèves; tous les maîtres connus de Beyrouth, à partir du ve siècle, portent des noms grecs[1].

On en arrive ainsi à se demander si le changement de langue, accompagné peut-être d'un changement dans la méthode pédagogique, ne serait pas le secret de l'avènement et du grand succès des « maîtres œcuméniques ».

V. — L'emploi de la langue grecque dans l'enseignement du droit à Beyrouth, vers les débuts du ve siècle, offre pour l'histoire du droit romain un intérêt considérable : cette langue grecque dut, selon nous, servir d'instrument d'expansion aux idées philosophiques de l'École néo-platonicienne ou d'Alexandrie; car c'est à Alexandrie, rappelons-le, que se préparaient les étudiants en droit de Beyrouth dont quelques-uns devaient devenir, à leur tour, les professeurs mêmes de la Faculté.

L'emploi de la langue grecque dut aussi favoriser la pénétration des pratiques juridiques grecques dans l'enseignement et préparer ainsi le syncrétisme gréco-romain que représente à un si haut degré l'œuvre législative de Justinien.

---

1. Même le Σκδ(ῖνος) des *Schol. Sinait.* est un Grec.

SECTION II

LES MATIÈRES DE L'ENSEIGNEMENT
OU LE PROGRAMME DES ÉTUDES

Quelles étaient à Beyrouth les matières de l'enseigne-ment, quelle était la durée des études et comment les œuvres commentées dans les leçons se répartissaient-elles entre les différentes années de cours, — ces questions peuvent recevoir des réponses dont le degré de certitude varie avec chacune des trois périodes entre lesquelles se divise l'histoire de l'École. — Dans la troisième et der-nière période, celle qui suit la réforme des études juridi-ques par la Const. *Omnem* (16 décembre 533), aucune incertitude. — Dans la seconde période, qui s'étend depuis l'ouverture de l'ère des « maîtres œcuméniques » (vers 410-420) jusqu'à la Const. *Omnem*, la certitude n'est pas absolue, mais les textes existants, encore que trop rares, se combinent assez heureusement pour ne laisser à la controverse qu'une prise minime. — Dans la première pé-riode, au contraire, qui va des origines de l'École (IIe siè-cle) à l'apparition des « maîtres œcuméniques », aucun texte ne nous renseigne ni sur la composition du pro-gramme, ni sur la durée des études ; l'incertitude est totale ; le champ est ouvert à toutes les hypothèses.

§ I. — Le Programme des Études avant le Ve siècle.

Aux IIe, IIIe et IVe siècles, alors que l'École de Beyrouth est déjà célèbre, il nous est malheureusement impos-

sible de savoir quels étaient le programme et la durée
des études. Il est seulement évident que, pendant les
années de début. le programme tracé par la Const.
Omnem, § 1, pour la période antérieure à Justinien[1] n'a
pas pu être appliqué, puisque ce programme comportait
l'examen de certaines œuvres d'Ulpien, de Papinien et de
Paul, et que ces jurisconsultes ne les composèrent que
dans le premier tiers du IIIe siècle.

Pendant plus d'un siècle peut-être, les professeurs beyrouthins ont dû suivre la manière des maîtres romains[2]
et donner à la fois « l'instruction casuistique » et l'enseignement dogmatique. La première (*audire*) consistait à faire
participer les auditeurs à la délivrance des consultations
et à la discussion des « cas ». Le second comprenait un
exposé élémentaire du droit privé en vigueur (*instituere*),
probablement aussi déjà des explications du *ius civile* et
de l'Édit, enfin des *disputationes* publiques ou privées,
c'est-à-dire réservées aux élèves.

Mais. dans la suite, après la publication des grandes
œuvres de synthèse dues à Ulpien, à Papinien et à Paul,
les professeurs ont pu changer leur programme et leur
méthode. Nous serions assez porté à croire que c'est à une
date avancée du IIIe siècle ou peut-être seulement au cours
du IVe siècle, qu'il faut faire remonter la fixation du
programme antéjustinien dans lequel figurent, avec les
Institutiones de Gaius, les *Libri ad Sabinum* et les *Libri ad
Edictum* d'Ulpien, les *Responsa* de Papinien et de Paul.
A la même époque, se serait introduit un nouveau procédé
didactique, l'*interpretatio.* En d'autres termes, il ne faut pas
s'arrêter à l'hypothèse que ce programme, certainement
suivi par les « maîtres œcuméniques »[3], aurait été ima-

---

1. Sur ce programme, tel que nous le reconstituons, voy. *Infrà*,
p. 223 et suiv.

2. Krueger, p. 151 (trad. franç., p. 184-185); Kuebler, *loc. cit.*, col. 395-
396.

3. Pour la démonstration, voy. *Infrà*, p. 224 et suiv.

giné seulement par ces maîtres illustres et n'aurait jamais été connu des professeurs qui enseignèrent à Beyrouth avant eux.

Les arguments qui nous conduisent à de telles assertions sont les suivants :

1° Que les Institutes de Gaius aient été commentées dès le iv° siècle à Beyrouth, cela ressort du parallèle fourni par la découverte de l'*Interpretatio Gai* d'Autun, œuvre occidentale, et peut-être autunoise, qui paraît dater du iv° siècle plutôt que du v° siècle; on pourrait même tirer de l'emploi certain du Manuel de Gaius dans l'enseignement en Gaule au iv° siècle la preuve, *à fortiori*, que l'ouvrage avait pénétré dans l'enseignement de l'Orient, car Gaius était un jurisconsulte de l'Asie-Mineure, et son travail ne manque pas d'allusions à des institutions pérégrines et de l'Orient grec.

2° Les Institutes de Gaius, les œuvres d'Ulpien, de Papinien et de Paul, qui constituent le programme antéjustinien, ont subi des altérations de natures diverses (gloses, scolies ou interpolations), et ces altérations ont été faites aux originaux dans la période postclassique, très vraisemblablement au iv° siècle : telle est la conclusion à laquelle sont arrivés, particulièrement en ces dernières années, plusieurs auteurs[1] en appliquant les procédés de la critique de forme ou de fond, soit aux Institutes de Gaius, soit aux extraits des œuvres classiques rassemblés avec des passages de constitutions impériales, par des anonymes et pour des buts insaisissables, dans la *Collatio mosaicarum et romanarum legum* (composée entre 394 et 438)[2] et dans les *Fragmenta Vaticana* (composés après 320 ou plutôt entre 372 et 438)[3]. Le même essai de datation devrait et pourrait être tenté en ce qui touche les altéra-

---

1. Par exemple : G. Rotondi, *Scritti giuridici*, t. I, p. 448.
2. Girard, *Textes*, 5° éd., p. 574.
3. *Ibid.*, p. 512.

tions des fragments des traités classiques qui ont pris place au Digeste. Mais, à leur sujet, la solution offre beaucoup plus de difficultés et demeurera souvent impossible. Les altérations des fragments réunis du Digeste peuvent, à notre avis, se ranger en trois couches successives suivant l'ordre chronologique : altérations postclassiques (ive siècle), interpolations préjustiniennes ou d'origine préjustinienne (ve siècle), Tribonianismes (vie siècle)[1]. S'il est relativement facile de distinguer les Tribonianismes des autres retouches, il est extrêmement délicat de séparer les plus anciennes corruptions des interpolations préjustiniennes. On n'y arrive que rarement, lorsqu'on peut s'appuyer sur des preuves extérieures, qui rendent le même service que la *Collatio* et les *Fragmenta Vaticana*. Par exemple, l'interpolation d'Ulpien, *libro XXXVI ad Sabinum*, Dig. 25, 1, 3, 1, remonte certainement au ive siècle, et est certainement une altération postclassique, puisque le passage se trouvait dans l'exemplaire d'Ulpien commenté au ve siècle par Sabinus et l'Anonyme, auteurs des *Scholia sinaitica* (cf. fr. 8, § 18 : « Nos generaliter »).

Quelle que soit l'œuvre où elles se rencontrent, ces altérations présentent, en grand nombre, le caractère didactique ou scolaire. Il est donc très tentant d'en attribuer la paternité aux maîtres de l'École de Droit la plus florissante de l'Orient au ive siècle, l'École de Beyrouth, où, rappelons-le, l'enseignement se donnait encore, à cette époque, en latin[2].

Pourtant, en ce qui touche à la critique des sources, la tâche la plus difficile n'est pas de discerner le pur et l'impur, c'est de déterminer pourquoi l'impur s'est mêlé au pur, et comment, et à quelle date et en quel lieu. Au-

---

1. Quelques indications relatives au classement des altérations ont été données dans nos leçons d'Oxford : *The general Problems raised by the Codification of Justinian*, dans *Tijdschrift voor Rechtsgeschiedenis*, t. IV, 1922, p. 19, 21.
2. *Suprà*, p. 211.

trement dit, la « critique verbale » se fait assez aisément, « la critique de provenance » souffre difficultés. Les travaux des critiques-juristes sur les sources indiquées commencent à peine à prendre figure sérieuse; n'est-il pas téméraire de vouloir en arriver déjà à la solution de problèmes autrement ardus?

Et c'est pourquoi nous ne proposerions que sous les plus expresses réserves d'assigner la provenance beyrouthine aux altérations postclassiques visibles dans les œuvres mentionnées plus haut ou au Digeste : aussi bien, pourraient-elles provenir des commentaires de maîtres occidentaux, dont l'activité nous échappe beaucoup plus encore que celle des maîtres de Beyrouth.

Cependant — et pour conclure — que les altérations soient le produit des leçons données en Occident ou en Orient, peu importe; leur existence seule suffit et permet d'affirmer que les œuvres classiques qui les ont reçues faisaient l'objet de l'examen des professeurs au ive siècle, et c'est là le résultat capital qu'il était désirable d'atteindre.

A quelle date, dans le cours du iiie ou du ive siècle, le programme nouveau s'est-il constitué, il est impossible de le savoir. Y a-t-il une corrélation entre le mode nouveau d'enseigner, en étroite dépendance avec ce programme même, et l'existence des *auditoria* que mentionne, comme une curiosité de la cité de Beyrouth, l'*Expositio totius mundi*, § 25, vers l'année 350[1]? Une réponse affirmative risquerait de paraître téméraire. En tout cas, ce programme nouveau est celui que vont suivre les maîtres du ve siècle.

§ II. — Le Programme des études du Ve siècle à 533.

Pour la période caractérisée par l'activité des « maîtres œcuméniques » (410-420, avant 500), et pour la

---

[1] *Suprà*, p. 164.

période qui suit (500-533), la Const. *Omnem*, la seconde Préface du Digeste, est la source principale de renseignements, car, avant de réformer les études juridiques par cette constitution même, Justinien a tenu à y rappeler le régime aboli. Il est toutefois regrettable que l'Empereur n'ait pas apporté dans sa description du passé le soin scrupuleux qu'il met à fixer son propre programme, lequel devait entrer en application le 1er janvier 534.

Posons d'abord, en principe, que les indications de la Const. *Omnem*, relatives aux études juridiques avant 534, sont valables en ce qui regarde Beyrouth aussi bien qu'en ce qui regarde Constantinople[1]. Les indications éparses que fournissent certains textes utilisés plus loin le prouvent sans contestation possible.

La Const. *Omnem*, § 1, apprend que le cycle des études de droit se déroulait avant 534 en quatre années. L'étude de la jurisprudence romaine (νόμοι) avait alors pour base les œuvres de Gaius, d'Ulpien, de Papinien et de Paul[2]. Une cinquième année, croyons-nous, s'y ajoutait, ayant pour objet l'étude des constitutions impériales.

A. — PREMIÈRE ANNÉE.

En première année, le programme comportait l'étude des Institutes de Gaius et des *libri singulares quattuor*, le premier, *de re uxoria*, le deuxième, *de tutelis*, le troisième et le quatrième, *de testamentis et legatis*[3].

---

1. Il n'y a aucune raison de croire que le plan d'études antéjustinien contenu dans la C. *Omnem*, § 1, ait été appliqué seulement à Constantinople (Laborde, *op. cit.*, p. 67, réfutant Heimbach, *Proleg., Bas.*, t. VI, p. 2).

2. M. de Francisci, p. 10, va trop loin quand il dit que sur les œuvres juridiques étudiées à Beyrouth, avant Justinien, les renseignements font quasi complètement défaut.

3. C. *Omnem*, § 1 : in his autem sex libris Gaii nostri institutiones et libri singulares quattuor, primus de illa vetere re uxoria, secundus de tutelis et tertius nec non quartus de testamentis et legatis connumerabantur... et primi anni hoc opus legentibus tradebatur... — Kuebler, *loc. cit.*, col. 402.

Les auteurs se demandent de quels ouvrages ces quatre livres étaient tirés, de Gaius, d'Ulpien ou d'autres; et s'ils étaient extraits des commentaires sur l'Édit ou sur Sabinus [1].

Il n'est pas difficile de découvrir que ces quatre livres étaient pris dans les *Libri ad Sabinum* d'Ulpien, puisque les *Scholia sinaitica* sont des scolies sur les livres XXXVI à XXXVIII, et XXXIX (?) *ad Sabinum* d'Ulpien qui traitent de la dot et des tutelles [2], et puisque ces *Scholia sinaitica* dérivent vraisemblablement de l'enseignement de Beyrouth ou ne peuvent qu'être analogues aux commentaires des maîtres de Beyrouth.

D'après M. Paul Krueger, qui soutient cette opinion [3], les quatre volumes auraient comporté : pour le testament, les livres 1 à 7 (ou 11); pour les legs, les livres 17 à 25; pour la *res uxoria* et les tutelles, les livres 34 à 39 des *Libri ad Sabinum* d'Ulpien [4].

Les étudiants de première année avaient reçu le sobriquet (*cognomen*) de *Dupondii* « recrues, *bleus* » [5], dit la Const. *Omnem*, § 2. La *Vie de Sévère* par Zacharie le Scholastique [6] montre que ce surnom était réellement porté par les étudiants de première année à Beyrouth.

---

1. Voy. les diverses opinions dans Kuebler, *loc. cit.*, col. 403, qui se refuse à conclure, malgré l'argumentation convaincante de M. Krueger qu'on trouvera plus loin.

2. Cf. Lenel, *Paling. iur. civ.*, t. II, col. 1151-1159.

3. P. Krueger, *op. cit.*, p. 396 (trad. franç., p. 469). — Dans le même sens, Laborde, *op. cit.*, p. 63-64.

4. *Ibid.*, p. 397, n. 25 (trad. franç., p. 470, n. 1).

5. Les controverses sur le sens du mot sont résumées dans Kuebler, *loc. cit.*, col. 403-404. On y ajoutera l'idée nouvelle de M. Tamassia (*Suprà*, p. 100). — Le meilleur sens paraît être celui de « jeunes soldats », *tirones*, appelés aussi *dupondii*, parce qu'ils ne recevaient qu'une faible solde. En empruntant à l'argot militaire l'expression peu académique de « bleus », nous rendrons exactement, croyons-nous, l'idée du mot *dupondii*, qui vient, lui aussi, de l'argot militaire des Romains.

6. *Vie de Sévère*, § 14; Nau, t. IV, p. 557; Kugener, p. 48 (*Suprà*, p. 148); cf. P. de Francisci, p. 9.

Ainsi, tout de suite, se manifeste l'accord entre les données de la Const. *Omnem* et les usages de Beyrouth.

B. — Deuxième année.

En deuxième année, l'enseignement avait pour objet
des matières choisies dans la *prima pars legum* ou Πρῶτα,
dans la *secunda pars* (*de iudiciis*), dans la *tertia pars* (*de
rebus*)[1]. Ces matières étaient présentées d'après les commentaires sur l'Édit du Préteur, soit d'après les *Libri ad
Edictum* d'Ulpien, soit d'après les *Libri ad Edictum* de
Paul, dit-on parfois[2]. En réalité, le choix nous semble
facile : c'est sur les *Libri ad Edictum* d'Ulpien que l'enseignement portait[3], car nous savons de source sûre que
les « maîtres œcuméniques » de Beyrouth ont étudié les
Libri ad Edictum d'Ulpien ; nous le savons, au moins, en
ce qui regarde Cyrille[4], Amblichus[5] et Leontius[6]. Dans les
Libri ad Edictum d'Ulpien, la *prima pars* occupe les livres
1 à 14 ; la *pars de iudiciis*, les livres 15 à 25 ; la *pars de
rebus*, les livres 26 à 32. Le fragment de Berlin *de iudi-*

-----

1. C. *Omnem*, § 1 (suite) : in secundo autem anno praepostera ordina-
tione habita prima pars legum eis tradebatur, quibusdam certis titulis ab
ea exceptis : ... post eorum vero lectionem... tituli alii eis tradebantur tam
ex illa parte legum, quae de iudiciis nuncupatur... quam ex illa quae de
rebus appellatur septem libris semotis (...) — Je ne comprends pourquoi
l'édition du Digeste de Mommsen ouvre la parenthèse entre « septem libris »
et « semotis ». Cette fausse ponctuation a amené une erreur d'interprétation
consistant à croire que l'on enseignait sept livres de la *pars de rebus*, alors
qu'on en écartait sept (cf. le parallélisme avec la phrase antérieure : « quibusdam certis titulis ab ea exceptis »). L'erreur figure chez Krueger, *op.
cit.*, p. 395, n. 17 (trad. franç., p. 467, n. 2) et chez Laborde, *op. cit.*, p. 65,
n. 1. Elle est rectifiée par Peters, *op. cit.*, p. 57-58, s'appuyant sur la Vul-
gate et sur Godefroy.
   2. Krueger, p. 395, n. 17 (trad. franç., p. 467, n. 2).
   3. *Sic*, P. Krueger, *op. cit.*, p. 397, n. 25 (trad. franç., p. 470, n. 1), qui
ne donne pas la raison de sa décision.
   4. *Suprà*, p. 132.
   5. *Suprà*, p. 141.
   6. *Suprà*, p. 153.

ciis qui porte pour souscription DE IUDICIIS LIB. II et que l'opinion la plus répandue rapporte au commentaire d'Ulpien *ad Edictum* (livre 16, malgré des contestations), nous paraît être un morceau de la *pars de iudiciis* étudiée dans les écoles avant la réforme de Justinien, au commencement du VIᵉ siècle, d'après l'écriture[1]. Le fait même qu'on a recopié le livre II *de iudiciis* d'Ulpien à une date aussi basse fournit un second argument à l'appui de notre idée que c'était bien les *Libri ad Edictum* d'Ulpien qui servaient de matière à l'enseignement.

Mais la Const. *Omnem*, § 1, nous avertit que tous les livres ou titres des trois parties n'étaient pas commentés. — Dans la *prima pars,* « quelques titres » étaient exceptés. Il est probable que ce sont ceux qui ne trouvaient plus d'application pratique au Vᵉ siècle, le titre 7 (*de vadimoniis*), peut-être les titres 8 et 9 (*de cognitoribus*), et les titres 13 et 14 (*de receptis*). — Dans la suite de l'œuvre d'Ulpien, « sept livres » étaient écartés, l'exclusion de ces sept livres s'opérant à la fois sur la *pars de iudiciis* et sur la *pars de rebus,* puisque la *pars de rebus* ne comporte elle-même que sept livres. Les sept livres omis n'étaient d'ailleurs pas écartés définitivement comme ceux des Πρῶτα; ils étaient mis de côté, réservés pour la troisième année.

Comme les étudiants de deuxième année travaillaient le droit sur la base des commentaires classiques *ad Edictum*, ils s'appelaient les *Edictales* (Const. *Omnem,* § 3). La *Vie de Sévère* par Zacharie le Scholastique[2], qui attribue le même sobriquet (ἠδικτάλιοι) aux étudiants de deuxième année, confirme à nouveau l'application des données de la Const. *Omnem* à Beyrouth.

---

1. Cf. la notice de P.-F. Girard, *Textes,* 5ᵉ éd., p. 498.
2. *Vie de Sévère,* § 14; Nau, t. IV, p. 557; Kugener, p. 47 (*Supra,* p. 107); cf. P. de Francisci, p. 9.

C. — Troisième année.

En troisième année, le cours portait sur les matières de la *pars de iudiciis* et de la *pars de rebus* non traitées en deuxième année (matières exposées d'après les *Libri ad Edictum* d'Ulpien) et sur huit livres seulement des *Responsa* de Papinien dont le recueil (*consummatio*) contenait dix-neuf livres en tout[1]. On ignore quels étaient ces huit livres.

Les étudiants tiraient de leur étude le surnom de *Papinianistae* (Const. *Omnem*, § 4).

D. — Quatrième année.

En quatrième année, les élèves ne suivaient pas de cours : ils étudiaient par eux-mêmes les *Responsa* de Paul[2] qui comportaient vingt-trois livres.

Les étudiants de cette année étaient qualifiés de Λύται ou *Lytae* (Const. *Omnem*, § 5).

Certains auteurs contemporains traduisent encore ce qualificatif par « libérés, licenciés », en l'expliquant par l'idée que les élèves de quatrième année n'étaient pas for-

---

1. C. *Omnem*, § 1 (*suite*) : in tertio autem anno quod ex utroque volumine, id est de rebus vel de iudiciis, in secundo anno non erat traditum, accipiebant secundum vicissitudinem utriusque voluminis : et ad sublimissimum Papinianum eiusque responsa iter eis aperiebatur : et ex praedicta responsorum consummatione, quae decimo et nono libro concludebatur, octo tantummodo libros accipiebant. — Peters, *op. cit.*, p. 50, commet une erreur en comprenant dans son tableau « 19 libri responsorum » en plus des huit livres de Papinien; il a mal interprété la C. *Omnem* (§ 1) qui est pourtant fort claire.

2. C. *Omnem*, § 1 (*suite*) : his igitur solis a professoribus traditis Pauliana responsa per semetipsos recitabant..... et is erat in quartum annum omnis antiquae prudentiae finis :... — Peters, *op. cit.*, p. 50, commet ici encore une erreur en comprenant dans son tableau dix-huit livres de Paul et « 23 libri responsorum im Privatstudium ».

cés d'assister à un cours [1]. Mais une telle interprétation est absolument inadmissible grammaticalement, puisque λύτης ne saurait être un passif (il faudrait λυτός). La remarque a été faite depuis longtemps par les partisans de la seule traduction possible : « ceux qui délient, ceux qui résolvent (des cas) », « solutores » (Du Cange) [2].

E. — *Les* Sex libri *étudiés dans les quatre années.*

Un problème important est commun à l'enseignement des quatre années : il s'agit de déterminer dans quelle forme matérielle se présentaient les ouvrages de la jurisprudence antique mis entre les mains des étudiants et commentés au cours par les professeurs ou étudiés par les élèves à domicile, ouvrages que la Const. *Omnem*, § 1, énumère seulement en partie et qu'il a fallu compléter par hypothèse.

Il ne nous paraît pas douteux que ces traités étaient contenus dans six volumes. La Const. *Omnem*, § 1, désigne d'abord ces volumes à deux reprises sous le nom de *sex*

---

1. Kuebler, *loc. cit.*, col. 403.

2. En ce sens, Du Cange, *Thesaurus graecae linguae*, v° Προλύται [auquel mot renvoie l'article Λύτης], éd. Didot, t. VI, col. 1771, dont l'argumentation mérite d'être reproduite :

« [Προλύτης, ὁ]. Προλύται, Prolytae s. Prolutae, h. e. Lytarum antecessores, Lytis in juris prudentia provectiores. In juris enim studio qui quartum jam annum ei operam dedissent, tantosque in eo progressus fecissent, ut de eo respondere prope possent, et quaestiones solvere, λύται nominabantur, h. e. Solutores : at qui quintum, προλύται, quo ut uno anno, ita etiam peritia in legum aenigmatis et nodis juris solvendis anteirent τοὺς λύτας, quasi Praesolutores diceres. Errant enim qui Solutos hic intelligunt et quos vulgus Licentiatos appellat, missione jam a praeceptoribus accepta : nam eo significatu dicendum foret λυτοὶ et πρόλυτοι. Istos solutores, prudentum responsis, et quaestionibus operam navantes, Juvenalis hoc versu prope expressisse videtur : Qui juris nodos legumque aenigmata solvat. Turn. Advers. 8, 19. Leguntur porro vocabula ista in prooemio Pandectarum, etc... ». — P. Krueger, p. 398, n. 34 (trad. franç., p. 472, n. 3), se refuse à prendre Λύτης au sens passif, mais ne se prononce pas positivement.

libri[1]; ensuite elle s'y réfère en appelant certains d'entre eux *volumina*[2]; mais les deux termes *libri* et *volumina* sont chez elle synonymes. En groupant les indications de la Const. *Omnem*, § 1, en les complétant, et en rapprochant le schéma obtenu avec les programmes des quatre années d'études, nous dresserons le tableau suivant[3] :

Années d'études.		Les Sex libri ou volumina.
1re ANNÉE (*Dupondii*)	1us LIBER…	1) *Institutiones Gai.* 2) *Libri singulares quattuor* = liv. 1-7 (11), 17-25, 34-39, des *Libri ad Sabinum* d'Ulpien.
2e et 3e ANNÉES. (*Edictales*)	2us LIBER…	*Prima pars legum* = liv. 1-14 des *Libri ad Edictum* d'Ulpien.
	3us LIBER…	*Pars de iudiciis* = liv. 15-25 des mêmes *Libri.*
	4us LIBER…	*Pars de rebus* = liv. 26-32 des mêmes *Libri.*
3e ANNÉE (*Papinianistae*)	5us LIBER…	*Responsa Papiniani* = 8 livres sur 19.
4e ANNÉE (Λύται)	6us LIBER…	*Responsa Pauli* = en tout 23 livres.

Certains auteurs[4] classent les *sex libri* autrement : 1° Gaius; 2° les quatre *libri singulares*; 3° la *prima pars legum*; 4° la *2ª pars* (*de iudiciis*); 5° la *3ª pars* (*de rebus*);

---

1. C. *Omnem*, § 1 : … nihil aliud nisi sex tantummodo libros….. a voce magistra studiosi accipiebant…..; in his autem sex libris…..

2. C. *Omnem*, § 1 : … tam ex illa parte legum, quae de iudiciis nuncupatur (… quasi cetero toto volumine inutili constituto)…; ex utroque volumine, id est… de rebus vel de iudiciis…; secundum vicissitudinem utriusque voluminis.

3. Ce tableau est conforme à celui de Huschke (Praef. ad Gaium, *Iurisprud. anteiustin.*, I⁶, p. 129, n. 2); cf. Kuebler, *loc. cit.*, col. 402. Pour les quatre premiers *libri*, nous insérons les titres des ouvrages classiques tels que nous les avons identifiés plus haut.

4. P. Krueger, p. 395 (trad. franç., p. 468), suivi par Laborde, *op. cit.*, p. 63, n. 1; de même, Krueger, dans *Z. S. S.*, t. XXII, p. 47 (cf. Kuebler, *loc. cit.*, col. 402).

6° les *Responsa* de Papinien. Ils laissent de côté les *Responsa* de Paul, parce que cet ouvrage était examiné par les étudiants personnellement et non pas à l'École.

Quel que soit le classement adopté, les *libri* se divisaient usuellement en πραττόμενα βιβλία, ceux qui servent dans les cours, et ἐξτραόρδινα βιβλία, ceux qui sont lus par les élèves chez eux[1].

Nous préférons le classement ci-dessus pour la raison de texte que voici. La Const. *Omnem*, § 1, établit que :

> Et antea quidem, quemadmodum et vestra scit prudentia, ex tanta legum multitudine, quae in librorum quidem duo milia, versuum autem tricies centena extendebatur, nihil aliud nisi sex tantummodo libros..... a voce magistra studiosi accipiebant...

Elle oppose donc à la multitude des lois anciennes, à leurs deux mille livres et à leurs trois millions de lignes, les *sex libri* seulement utilisés — et encore en partie seulement — dans les Écoles jusqu'à 534. Et, plus loin, elle dénombre, à la fin du § 1, les lignes que connaissaient les étudiants, soixante mille à peine :

> quis ea quae recitabant enumerare malet, computatione habita inveniet ex tam immensa legum multitudine vix versuum sexaginta milia eos suae notionis perlegere....

Ces soixante mille lignes, logiquement, doivent former le total des *sex libri*, comme les trois millions de lignes formaient les deux mille livres anciens. Or, dans les soixante mille lignes ou dans les *sex libri* doivent être comprises les *Responsa* de Paul, puisque le calcul des lignes étudiées ne vient qu'après l'indication des *Pauliana*

---

1. Heimbach, *Proleg.*, *Bas.*, t. VI, p. 2-3, 52; Pringsheim, *Beryt u. Bologna*, *loc. cit.*, p. 210, etc.

Responsa parmi les matières de l'enseignement. Si l'on accepte notre interprétation, l'application du sixième des *sex libri* doit être faite aux *Responsa* de Paul, et, en conséquence, les Instituts de Gaius et les *libri singulares quattuor* doivent être groupés en un *liber* unique, le premier livre, comme constituant ensemble le programme de première année [1].

Les *sex libri* ou *volumina*, bases des études dans les quatre années, représentaient donc six volumes de textes. Les œuvres des jurisconsultes s'y trouvaient reproduites *in extenso* [2], et non par fragments, comme elles le seront dans le Digeste. Le fragment de Berlin *de iudiciis* le prouve par sa souscription même DE IUDICIIS LIB. II [3].

Toutefois, les œuvres des *sex libri* n'étaient pas commentées par les professeurs ou examinées par les étudiants personnellement, dans leur intégralité. On a rappelé déjà que Justinien (Const. *Omnem*, § 1) déclarait « quelques titres » exceptés du commentaire sur la *1ª pars*. En outre, l'Empereur (dans le même § 1), se plaît à dire et à répéter avec une insistance voulue, à propos des *sex libri* en général ou à propos de chacun des éléments des *sex libri*, que l'enseignement d'avant lui n'en utilisait que des morceaux, et des morceaux peu nombreux, et des morceaux qui n'étaient pas toujours choisis parmi les plus utiles, ni ordonnés suivant le plan de l'Édit [4].

---

1. P. Krueger, p. 397, n. 25 (trad. franç., p. 470, n. 1), compte aussi les *Responsa Pauli* dans le total des soixante mille lignes.

2. Il n'y a, à ce propos, de difficultés qu'au sujet des Instituts de Gaius ; une interprétation des mots « sex libri » de la Const. *Omnem*, § 1, a fait croire autrefois que les Instituts de Gaius auraient été étudiées dans un résumé en deux livres, analogue à l'*Epitome Gai*, et que les quatre autres *libri*, faisant six avec les deux de Gaius, auraient été les *libri singulares quattuor*. Cette opinion est aujourd'hui abandonnée à la suite de l'interprétation différente (acceptée *Suprà*) des mots « sex libri » : cf. Krueger, *op. cit.*, p. 395, n. 21 (trad. franç., p. 468, n. 2); Laborde, *op. cit.*, p. 62-63; Kuebler, *loc. cit.*, col. 402.

3. *Suprà*, p. 226-227.

4. Les passages de la Const. *Omnem*, § 1, qui confirment ce jugement sont

Les *Scholia sinaitica,* débris de l'enseignement de Beyrouth ou, à la rigueur, d'un enseignement analogue,
attestent la véracité des assertions de la Const. *Omnem.*
Les maîtres qui en ont dicté le texte à leurs élèves ont
réellement procédé comme le dit Justinien. La méthode
des maîtres grecs du ve siècle visée par l'Empereur et
démontrée par les *Scholia sinaitica* est, en effet, la méthode des scoliastes, qui procèdent par des remarques
détachées et non par une paraphrase continue. Il conviendra de revenir plus loin sur cette méthode, la seule
qui s'accordât avec le caractère antique des sources commentées, parmi lesquelles bien des passages n'avaient
plus d'application pratique.

Pourtant la justice commande de reconnaître que la
Const. *Omnem* met en évidence surtout les défauts de la
méthode préjustinienne, et elle agit ainsi, visiblement,
afin de lui opposer la méthode didactique que Justinien
entendait instituer dorénavant dans le commentaire de
ses œuvres et qui sera un commentaire suivi, complet et

---

nombreux : **a)** pour les *sex libri* en général : et ipsos [*sc.* libros] confusos
et iura utilia in se perraro habentes, ... ceteris iam desuetis, iam omnibus
inviis ; **b)** à propos des Institutes de Gaius et des *libri singulares quattuor* : quos nec totos per consequentias accipiebant [*sc.* studiosi], sed multas partes eorum quasi supervacuas praeteribant. et primi anni hoc opus
legentibus tradebatur non secundum edicti perpetui ordinationem, sed passim et quasi per saturam collectum et utile cum inutilibus mixtum,
maxima parte inutilibus deputata: **c)** à propos de la *1a pars legum* : .....
quibusdam certis titulis ab ea exceptis : ..... post eorum vero lectionem
(neque illam continuam, sed particularem et ex magna parte inutilem constitutam); **d)** à propos de la *2a pars* (*de iudiciis*) : et ipsis non continuam
sed raram utilium recitationem praebentibus, quasi cetero toto volumine
inutili constituto; **e)** à propos de la *3a pars* (*de rebus*) : (septem libris
semotis et in his multis partibus legentibus inviis, utpote non idoneis
neque aptissimis ad eruditionem constitutis); **f)** à propos des huit livres des
Responsa de Papinien : nec eorum totum corpus eis tradebatur, sed pauca
ex multis et brevissima ex amplissimis, ut adhuc sitientes ab eis recederent; **g)** enfin, à propos des *Responsa* de Paul : neque haec in solidum,
sed per inperfectum et iam quodammodo male consuetum inconsequentiae
cursum.

ordonné. La Const. *Omnem* passe sous silence les qualités de la méthode des maîtres du vᵉ siècle et surtout omet de dire qu'ils ont fait faire à la science du droit des progrès dont Justinien lui-même a recueilli l'honneur.

F. — CINQUIÈME ANNÉE.

Le cycle des études à Beyrouth comptait-il une cinquième année consacrée à l'étude des constitutions impériales?

La majorité des auteurs[1] conclut à la négative; elle prétend que c'est Justinien le premier qui, en réorganisant l'enseignement du droit par la Const. *Omnem,* a créé cette cinquième année, affectée à l'étude de son Code. Les auteurs argumentent du passage soi-disant formel de la Const. *Omnem,* § 1 : « et is erat in quartum annum omnis antiquae prudentiae finis ». Cependant, l'on apprend par les Scolies des Basiliques que les constitutions impériales faisaient l'objet de commentaires didactiques de la part des τῆς οἰκουμένης διδάσκαλοι. M. Laborde pense, à leur sujet, que ces leçons ne se donnaient pas dans une cinquième année supplémentaire; autrement, dit-il, il faudrait supposer que, après avoir laissé les étudiants travailler, sans maître, le programme de quatrième année, on leur eût redonné ensuite des professeurs pour les constitutions : chose assez invraisemblable. M. Laborde conclut donc que « durant la quatrième année, et par un enseignement parascolaire, certains professeurs avaient jugé utile de faire, sur les constitutions, des cours absolument libres et facultatifs, destinés aux jeunes gens studieux. Le caractère facultatif de ces cours s'explique, du reste, si l'on considère, ainsi que nous permettent de le faire les Scolies du Sinaï sur Ulpien *ad Sabinum,* que les

---

1. Krueger, *op. cit.*, p. 397 et n. 26; 398 (trad. franç., p. 470 et n. 2; 471); suivi par Laborde, *op. cit.*, p. 66-67.

professeurs donnaient, à l'occasion des matières enseignées pendant les premières années, quelques explications sur les constitutions impériales; les étudiants avaient donc acquis des notions sommaires et précises sur ces dernières ».

Avant même la découverte de la *Vie de Sévère* par Zacharie le Scholastique, qui, comme on va le voir, démontre irréfutablement l'existence d'une cinquième année d'études, nous croyons que l'on aurait dû se rallier à la même solution positive[1].

Un passage de la Const. *Imperatoriam,* § 3, tranche, en effet, la question de la façon la plus nette :

> et quod in priore tempore vix post quadriennium prioribus contingebat, ut tunc constitutiones imperatorias legerent, hoc vos a primordio ingrediamini digni tanto honore tantaque reperti felicitate, ut et initium vobis et finis legum eruditionis a voce principali procedat.

Justinien oppose dans cette loi, préface de ses Institutes, l'organisation nouvelle des études au régime passé; il se flatte d'avoir assigné à l'enseignement tout entier du droit pour point de départ une œuvre impériale, les Institutes, et pour point d'arrivée une autre œuvre impériale, le Code; autrefois, dit-il, c'est à peine s'il était réservé aux anciens (*prioribus*) de lire les constitutions impériales après le cycle des quatre ans d'études accompli (*post quadriennium*).

Au reste, Justinien, dans la Const. *Omnem,* § 5, parlait déjà de la cinquième année d'études dans des termes tels qu'il ne semble en aucune manière en être le créateur : « quibus si bene sese imbuerint et in quinti anni, quo

____

1. En ce sens, Kuebler, *loc. cit.*, col. 401-402; Schemmel, *Phil. Woch.*, 1923, col. 238.

prolytae nuncupantur, metas... ». Justinien suppose clairement l'existence d'une cinquième année et l'emploi, courant de son temps, du surnom de *Prolytae* pour les élèves de cinquième année. Autrement, s'il avait créé cette cinquième année, n'eût-il pas été, suivant sa coutume, plus prolixe? Quels éloges ne se serait-il pas décernés à lui-même pour avoir imaginé d'ajouter aux quatre années une année supplémentaire? Quelles longues phrases ne lui eussent-elles pas été nécessaires pour justifier le surnom nouveau qu'il aurait inventé pour les étudiants de cinquième année? Il parle au présent (*nuncupantur*) du surnom donné aux élèves de cinquième année, *Prolytae,* comme d'un terme usuel. S'il en était l'inventeur, ne les aurait-il pas parés de ce surnom en employant des formules impératives et plus complexes, comme il l'avait fait précédemment (§ 2) en ce qui touche les anciens *Dupondii,* dépouillés de leur ridicule sobriquet et décorés, avec la pompe qui convient, du surnom magnifique de *Iustiniani novi?*

Quant à l'obstacle qu'on prétend découvrir dans le passage : « Et is erat in quartum annum omnis antiquae prudentiae finis », il tombe sans peine devant la constatation que, en effet, la quatrième année marque bien le terme de l'étude de l'antique science des prudents, puisque la cinquième année était dévolue à un autre objet, l'examen des constitutions des Empereurs.

En dernier ressort, toute hésitation doit céder devant la déclaration expresse du texte hagiographique relatif précisément à l'École de Beyrouth du ve siècle, texte déjà cité maintes fois, la *Vie de Sévère*, et qu'auraient pu utiliser M. P. Krueger, dans sa deuxième édition, et M. Laborde. D'après le récit de Zacharie le Scholastique [1], une cinquième année affectée aux constitutions existait parfaitement dans le plan d'études antérieur à Justinien. Parlant

---

1. Cf. Peters, *op. cit.*, p. 63-64 (cf. p. 50); Kuebler, *loc. cit.*, col. 402.

d'Anastase d'Édesse, de Philippe de Patara et d'Anatole d'Alexandrie, trois étudiants qui se sont joints à l'auteur lui-même, à Évagrius et Élisée, à Sévère, pour offrir chaque soir les prières à Dieu dans l'Église de la Résurrection, la *Vie de Sévère* renferme cette phrase absolument décisive : * ἄνδρες θεοφιλεῖς καὶ πρωτεύοντες ἐν τῇ τῶν πολιτικῶν νόμων διδασκαλίᾳ ἅτε τέσσαρς ἐνιαυτοὺς ἔχοντες ἐν τῇ τῆς ἀναγνώσεως αὐτῶν μελέτῃ [1]. La traduction française de l'abbé Nau s'exprime ainsi : « hommes aimant Dieu et des premiers dans la science des lois civiles, car ils travaillaient depuis quatre ans à leur étude » [2]. La traduction française de Kugener est celle-ci : « C'étaient des personnes pieuses, et les premières dans la connaissance du *jus civile*, car elles le travaillaient et l'étudiaient depuis quatre ans » [3]. Ces jeunes gens étaient donc en train d'accomplir une cinquième année d'études. Zacharie note qu'ils étaient les « premiers dans la connaissance du *ius civile* », parce qu'ils étudiaient le droit « depuis quatre ans » ; la Const. *Imperatoriam*, § 3, dit parallèlement : « post quadriennium ».

C'est évidemment dans cette année supplémentaire que Sévère, au dire de son biographe, Zacharie, « examina et approfondit tous les édits impériaux, y compris ceux de son temps » [4]. Cette phrase indique une étude spéciale et complète. Sévère, d'ailleurs, tout brillant élève qu'il était, avait pu être aidé dans son travail et dans la confection de l'ouvrage qu'il laissa à ses successeurs, par l'enseignement de ses maîtres.

Car, n'en déplaise à certains auteurs, il y avait bien à Beyrouth un enseignement sur les constitutions. Nous

---

1. Peters reproduit ici la retranslation en grec donnee du passage syriaque par M. Schwartz.
2. *Vie de Sévère.* § 17 ; Nau, t. IV, p. 561.
3. Kugener, p. 56.
4. *Ibid.*, § 25 ; Nau, t. V, p. 84 ; Kugener, p. 91.

avons vu déjà que les maîtres de Beyrouth au v⁰ siècle commentaient les constitutions, tantôt en les prenant dans les trois Codes : Grégorien, Hermogénien et Théodosien, tantôt en les étudiant sur les originaux[1]. Les Scolies des Basiliques en fournissent la preuve, en reproduisant les opinions de Patricius, de Domninus, de Démosthène et d'Eudoxius, sur telles et telles constitutions[2].

Mais l'enseignement des constitutions en cinquième année possédait deux caractères propres :

1° Il était facultatif. Les plus studieux des élèves qui s'imposaient cette année supplémentaire recevaient le *cognomen* de *Prolytae*, formé sur. Λύται ou *Lytae* (Const. *Omnem*, § 5). Le sens de ce surnom ne prête à aucun doute. Conformément à l'étymologie, Προλύται se traduit « ceux qui sont plus avancés (dans leurs études) que les Λύται », « Lytis in iuris prudentia provectiores », « Praesolutores » (Du Cange)[3].

2° Cet enseignement de cinquième année avait aussi à Beyrouth un autre caractère. Il se donnait, non dans des cours magistraux, mais sous la forme de « répétitions privées », « recitationes privatae ». Ces termes sont les meilleurs à rendre l'expression grecque ἀναγνώσματα ἰδικά qu'une scolie de Théodore[4] emploie à propos de l'enseignement des constitutions donné par Patricius. La forme des leçons appliquée aux constitutions correspondait à ce qu'on appelle en France les « conférences » dans les Facultés de Droit et dans les Facultés des Lettres.

-----

1. *Infrà*, Chap. VI, Sect. II.
2. *Infrà*, Chap. VI, Sect. II.
3. Du Cange, v⁰ Προλύται, cité *Suprà*, p. 229, n. 2.
4. Scol. Ἐπὶ, I, 704. — Heimbach traduit « recitationes suae », à tort déclare justement Peters, *op. cit.*, p. 64, n. 178 (*Suprà*, p. 181, n. 5). Mais, de son côté, Peters commet une erreur en rapprochant l'expression « recitationes privatae » du « per semetipsos recitare » (Const. *Omnem*, § 1), auquel les élèves de quatrième année se livraient sur les *Responsa* de Paul; dans ce dernier cas, les élèves étudiaient par eux-mêmes et sans maître.

Comme ces exercices d'aujourd'hui, et à la différence des
leçons particulières que donnent, hors de la Faculté, les
répétiteurs libres, les ἀναγνώσματα ἰδικά de Beyrouth ren-
traient dans l'enseignement officiel, au même titre que les
cours magistraux. Le *Privilegium studiorum* de Rome et de
Constantinople (année 425)[1] le montre indirectement. Le
Privilegium déclare que les professeurs libres pourront
continuer, s'ils le veulent, à s'occuper des élèves à condition de les instruire dans leurs demeures personnelles
« quos intra parietes domesticos docent ». Il interdit, en
revanche, aux professeurs de l'auditoire du Capitole,
c'est-à-dire aux professeurs officiels, tout enseignement
donné dans des maisons particulières « privatarum aedium
studia », sous peine de perdre leurs privilèges. Puisque
ce sont des professeurs officiels, comme Patricius, qui,
à Beyrouth, dirigent les ἀναγνώσματα ἰδικά, il n'est pas
douteux que ces exercices avaient lieu dans l'auditoire de
l'École de Droit; il n'est pas douteux non plus que, malgré
leur double caractère spécifique, ces exercices, assimilés
aux cours ordinaires, étaient tout aussi officiels que ces
cours mêmes.

Ainsi qu'en témoignent les *Scholia sinaitica*, les constitutions étaient déjà commentées occasionnellement durant les années normales d'études. Il n'en est pas moins
vrai qu'un enseignement consacré spécialement aux constitutions était de la plus haute importance pour les étudiants qui voulaient acquérir une instruction juridique
complète. En dehors des matières dont les constitutions
traitaient parallèlement aux ouvrages doctrinaux des
jurisconsultes, et qui étaient surtout des matières du
droit privé, il restait dans les trois Codes des titres entiers,
visant principalement le droit public ou ecclésiastique,
qui n'avaient aucun pendant dans les ouvrages de juris-

____

1. Theod. et Valentin. (425), Cod. Theod. 14, 9, 3, 1 = Cod. Iust. 11,
19 (18), un., 1.

prudence. L'étude de ces titres offrait le plus grand
intérêt pour de futurs avocats, pour de futurs magistrats
ou assesseurs de magistrats, pour de futurs professeurs,
pour de futurs prêtres ou moines. Justinien l'a compris
en rendant obligatoire la cinquième année d'études. Mais
même, antérieurement à lui — M. de Francisci[1] a raison
de le constater —, la culture juridique était plus étendue
que l'Empereur ne le laisserait croire.

G. — *Abréviation du temps normal des études.*

La durée normale des études avant les réformes impériales était, à Beyrouth, de quatre ans, d'après les décla-
rations officielles de Justinien et d'après la *Vie de Sévère*
par Zacharie. Il semble pourtant que, dans certains cas
exceptionnels, le temps normal pouvait être réduit, et
cela à la discrétion du professeur. C'est l'idée qui ressort
d'une lettre citée de Libanius, qui concerne Apringius[2].
Celui-ci avait déjà exercé au barreau ; il commençait ses
études à un âge inaccoutumé. Libanius écrit donc à Domninus, le professeur de droit, de qui Apringius va suivre
le cours : « Mais toi, abrège autant que possible les
leçons, de façon à ce qu'il (Apringius) puisse plus longtemps [*sc.* car il est déjà d'un âge avancé] se servir de la
science qu'il aura reçue ». Dans quelle mesure les cours
étaient-ils réduits, aucun document ne nous le fait savoir[3].

§ III. — Le Programme des études sous Justinien.

Pour le temps de Justinien, à partir du 1er janvier 534,
ce sont les trois œuvres de l'Empereur : les Institutes, le

---

1. P. de Francisci, p. 11.
2. Liban. ep. 1124, p. 534, Wolf. — *Suprà*, p. 87.
3. Comparer pour l'ancienne France le régime de faveur accordé aux
« bénéficiers d'âge ».

Digeste et le Code, qui sont enseignées à Beyrouth comme à Constantinople et, plus tard, à Rome, la Const. *Omnem*, § 2 et suiv., le proclame expressément.

L'organisation des études y est, toujours d'après la Const. *Omnem*, la même que dans les deux capitales. Il suffira donc de résumer en un tableau le programme des cinq années en rappelant les noms que Justinien octroie officiellement aux étudiants de chacune d'elles [1] :

ANNÉES D'ÉTUDES.	MATIÈRES.
1re ANNÉE [2] (*Iustiniani novi*)	Les Institutes et les Πρῶτα du Digeste (liv. 1-4).
2e ANNÉE [3] (*Edictales*)	7 livres *de iudiciis* du Digeste (liv. 5-11). 8 livres *de rebus* du Digeste (liv. 12-19). 4 *libri singulares* du Digeste : dot (liv. 23). tutelle (liv. 26). testament (liv. 28). legs (liv. 30).
3e ANNÉE [4] (*Papinianistae*)	3 livres des *leges singulares* du Digeste : (liv. 20, 21, 22). Textes choisis de Papinien au Digeste.
4e ANNÉE [5] (Λύται)	10 *libri singulares* du Digeste (liv. 24, 25, 27, 29, 31-36).
5e ANNÉE [6] (*Prolytae*)	Le Code.

---

1. Pour ne pas multiplier les références, renvoyons seulement à P. Krueger, p. 397-399 (trad. franç., p. 470-472).
2. C. *Omnem*, § 2.
3. C. *Omnem*, § 3.
4. C. *Omnem*, § 4.
5. C. *Omnem*, § 5.
6. C. *Omnem*, § 5.

Les deux dernières années sont des années d'études privées ne comportant aucun cours.

Il semble que, sous Justinien, et peut-être déjà avant lui, les élèves n'avaient, durant les années normales, qu'un seul maître [1].

---

1. Voy. *Suprà*, p. 195, comment est obtenue cette conclusion.

SECTION III

LA MÉTHODE PÉDAGOGIQUE

———

La méthode pédagogique à Beyrouth a d'abord été, comme celle des *stationes* de Rome, un mélange d'instruction casuistique ou pratique et d'enseignement dogmatique, on l'a rappelé plus haut [1].

Lorsque, vers la fin du IIIe siècle ou au cours du IVe siècle [2], le programme des études se fut constitué tel qu'il restera jusqu'au 1er janvier 534, une méthode nouvelle s'introduisit : les œuvres classiques, figurant dans les *sex libri*, reçurent un commentaire en latin sous forme d'*interpretatio*. La méthode d'exposition, visible surtout dans l'*Interpretatio Gai* d'Autun [3], mais reconnaissable aussi dans certains passages interpolés des *Fragmenta Vaticana* qui pourraient venir de l'Orient [4], consiste à inculquer aux élèves la doctrine des classiques en en transposant simplement la substance dans une langue plus moderne et, par conséquent, plus accessible à des cerveaux ordinaires. Cette méthode n'excluait peut-être pas d'ailleurs la casuistique. Le commentaire du texte était rendu plus vivant par des interpellations aux auditeurs (au singulier ou au pluriel), par des questions, par l'em-

---

1. *Suprà*, p. 220.
2. *Suprà*, p. 220.
3. A la fin du Ve siècle, la même méthode se retrouve encore dans l'*Interpretatio* visigothique du Code Théodosien.
4. *Infrà*, p. 270, n. 1.

ploi du style personnel, procédés dont l'*Interpretatio Gai*
contient les premiers exemples dans l'histoire de l'enseignement du droit.

§ I. — La Méthode en usage du Ve siècle à 533[1].

Au ve siècle et au début du vi[o] siècle, dans la période
des « maîtres œcuméniques » et de leurs successeurs immé-
diats, le fonctionnement pratique de l'enseignement que,
naturellement, la Const. *Omnem* ne décrit pas dans son
ensemble, nous est connu par les Scolies du Sinaï, les
Scolies des Basiliques et la *Vie de Sévère* de Zacharie le
Scholastique. Ces sources fournissent des indications qui
manquaient pour les époques antérieures. Elles nous
montrent, en particulier, qu'alors la méthode pédagogique était, une fois de plus, changée : les professeurs
enseignaient en grec et avaient adopté la méthode dite
« scolastique » dont les procédés seront analysés bientôt.

I. — Les leçons de droit se donnaient dans la σχολή, véritable salle de cours, régulièrement tous les jours, sauf le
samedi après-midi et le dimanche[2]. Les cours avaient
lieu certainement l'après-midi. Le fait que les étudiants se
regardent comme étant en congé le samedi « après-midi »
le prouverait déjà. Un argument concordant et très net
ressort aussi du témoignage de Zacharie rappelant que
ses camarades les plus pieux se réunissaient à Sévère et à
lui-même, chaque soir, pour prier Dieu dans l'Église de

---

1. La méthode pédagogique du ve siècle, telle que nous la reconstituons,
ne laisse pas d'offrir de grandes analogies avec la méthode encore en vigueur dans les Universités arabes. J'emprunte à un article récent (Ch.
Beaugé, *L'Instruction supérieure arabe en Égypte*, dans *Rev. intern. de
l'Enseignement*, t. XLII, 1922, p. 228-246) quelques traits de l'enseignement
supérieur à El Azhar (Le Caire) et je les rapproche des procédés en usage
à Beyrouth au ve siècle.

2. *Vie de Sévère*, § 16; Nau, t. IV, p. 560; Kugener, p. 52-53; cf. P. de
Francisci, p. 9.

l'Anastasie, « après s'être appliqués à l'étude des lois et aux travaux qui s'y rapportent »[1]. La matinée était sans doute laissée aux étudiants pour leur préparation personnelle. Comme, par ailleurs, il est probable que les maîtres exerçaient, à côté de leurs fonctions pédagogiques, la profession d'avocats consultants, il fallait bien qu'ils se réservassent aussi des loisirs pour recevoir leurs clients. Ces raisons diverses nous portent à croire que les cours étaient concentrés dans l'après-midi.

II. — La forme des explications des maîtres était alors, à Beyrouth, semblable à celle qu'avaient depuis longtemps suivie tous les maîtres grecs dans les Écoles de rhétorique. Elle nous est connue par les *Scholia sinaitica*[2], que certains romanistes attribuent à l'École de Beyrouth et qui, si elles n'en viennent pas, ont été en tout cas conçues sur le type pédagogique général en Orient[3], comme le prouvent par analogie quelques Scolies des Basiliques certainement dérivées de l'enseignement de Beyrouth.

Les *Scholia sinaitica* constituent, nous le dirons plus loin[4], une « chaîne » sur les *Libri ad Sabinum* d'Ulpien, due à deux commentateurs des ve-vi^e siècles (un Anonyme et Σαβ. = Sabinus). Les deux professeurs s'adressent fréquemment à l'assistance, à la seconde personne du singulier, et parlent d'eux-mêmes à la première personne[5].

---

1. *Ibid.*, § 17 ; Nau, t. IV, p. 561 ; Kugener, p. 55.

2. Éditions courantes : P. Krueger, *Coll. libr. iuris anteiust.*, t. III, Berlin, 1890, p. 269-282 ; S. Riccobono, J. Baviera, C. Ferrini, *Fontes iuris rom. anteiust.*, IIe Partie, Florence, 1909, p. 534-546 ; P.-F. Girard, *Textes*, 5e éd., Paris, 1923, p. 609-620, qui tient compte de la collation partielle du manuscrit opérée par E.-O. Winstedt (*Notes from Sinaitic Papyri*, dans la Revue de Chicago, *Classical Philology*, t. II, 1907, p. 201-207).

3. *Infrà*, p. 253-254.

4. *Infrà*, p. 280.

5. Relevé des termes pédagogiques dans les Scolies du Sinaï : fr. 1, § 3 : κέχρησο *utere* [Scolie de Sabinus] ; — fr. 3, §.5 : κάνονα γὰρ ἔχε τοιοῦτον *regulam enim hanc tene* [Sab.] ; — fr. 5, § 9 : τὸ πλέον μάθε *amplius disce* [Scolie de l'Anonyme] ; σημείωσαι τοῦτο καὶ μὴ συναρπαγῇς *nota hoc*

L'emploi du style direct, les interpellations constantes aux élèves ont pour but de tenir en éveil l'attention des auditeurs. L'impératif qui revient le plus souvent est σημείωσαι « note », l'avertissement accoutumé de tous les scoliastes, qu'ils enseignent par la parole ou par l'écriture. D'autres invitations à l'impératif, à l'indicatif ou au futur, se trouvent plus rarement : κέχρησο « sers-toi, aide-toi (de telle constitution) » ; ἔχε « retiens (cette règle) » ; μάθε « apprends (que...) » ; ὁρᾷς « tu vois (comment...) » ; ἀνάγνωθι « lis » ; δίελθε « saute (tel chapitre) » ; εὑρήσεις « tu trouveras » ; θέλεις « (si) tu veux (savoir) ».

La méthode juridique pratiquée en Orient comporte, comme instrument principal, un procédé traditionnel dans les Écoles grecques : l'exégèse qui appuie sur les passages ou sur les mots du texte estimés essentiels. Les cours consistent, en effet, à commenter, à gloser en courtes phrases les passages, les mots les plus saillants des œuvres classiques étudiées[1]. Les mots et phrases expliqués sont fréquemment détachés en latin[2]. Ces brèves remarques

---

neque turbere [Sab.]; — fr. 5, § 11 : Σημείωσαι *nota* [Anon.]; — fr. 8, § 18 : ὁρᾷς πῶς *vides quomodo* [Anon.]; — fr. 9, § 23 : σημείωσαι *nota* [Anon.]; μάθε *disce* [*id.*]; — fr. 10, § 26 : εἶπον *dixi* [*id.*]; ἀνάγνωθι *lege* [*id.*]; — fr. 10, § 27 : Σημείωσαι *nota* [*id.*]; — fr. 12, § 33 : Σημείωσαι *nota* [?]; — fr. 12, § 34 : Δίελθε *praetereas* [Anon.]; εἶπον *dixi* [*id.*]; — fr. 13, § 35 : Σημείωσαι *nota* [Sab.]; καὶ τοῦτό σοι ἐσημειωσάμην *Et hoc tibi indicavi* [Sab.]; — fr. 14, § 36 : Σημείωσαι *nota* [?]; — fr. 16, § 43 : πάρελθε *praetereas* [Anon.]; εὑρήσεις *invenies* [*id.*]; — fr. 16, § 44 : πάρελθε *praetereas* [Sab.]; — fr. 17, § 45 : σημείωσαι *nota* [Anon.]; ἐδίδαξα *exposui* [*id.*]; — fr. 17, § 47 : Πάρελθε *praetereas* [*id.*]; — fr. 18, § 49 : Πάρελθε *praetereas* [*id.*]; — fr. 19, § 52 : Θέλεις *vis* [Sab.]; ἀνάγνωθι *lege* [*id.*]; ἐδίδαξα *exposui* [*id.*]

1. *Schol. Sinait.*, passim.

2. *Schol. sinait.* : fr. 5, § 11 : « Ex pecunia dotali » ; — fr. 7, § 15 ; « Graviori » ; — fr. 8, § 18 : « Nos generaliter » ; — fr. 8, § 19 : « Ubi non sunt corpora » ; — fr. 9, § 21 : « Ob donationes » ; — fr. 9, § 22 : « Sab. arbitrium rei uxoriae » ; — fr. 9, § 23 : « Mora » ; — fr. 10, § 26 : « De dote » ; — fr. 10, § 27 : « ac socer » ; — fr. 11, § 30 : « Sab. e'osa » ; — fr. 13, § 35 : « Ouᾱp. : Sab. volenti : » [« Ouᾱp = ῾Ο ulp(ianos) » est une correction substituée à « Sab. »]; — fr. 14, § 37 : « In plano » ; — fr. 14, § 38 : « Insulas » ; — fr. 14, § 39 : « Ubicumque » ; — fr. 15, § 40 : « In tutelis » ; —

forment des παραγραφαί. Le même procédé se retrouve dans le travail grec sur les *Libri ad Edictum* d'Ulpien (P. S. I. 55), dont il sera question plus tard[1], fragment peut-être beyrouthin et probablement antéjustinien; mais ce texte, dans son ensemble, représente un autre genre de commentaire, un commentaire continu nommé *Index*.

Les professeurs annoncent brièvement le contenu du titre ou du chapitre commentés. De telles annonces s'appellent προθεωρίαι[2]. Par exemple, le Sabinus des *Scholia sinaitica* ne manque jamais de dire en termes nets : « dans le présent chapitre…, il (Ulpien) enseigne (telle et telle chose) »; « dans le présent titre, il (Ulpien) parle de (tel sujet) »[3].

Les maîtres rappellent encore ce que le jurisconsulte a dit plus haut[4] ou signalent par avance ce que dira plus bas le jurisconsulte[5]. Ce sont là des exemples du procédé d'exposition nommé πλάτος[6].

Les professeurs font aussi des rapprochements entre les opinions de l'auteur étudié (Ulpien, *Libri ad Sabinum*, dans les Scolies du Sinaï) et celles des autres auteurs classiques[7].

---

fr. 15, § 41 : « Quid si »; — fr. 17, § 45 : « nam Latinus e lege Atilia tutor dari non potest »; — fr. 18, § 50 : « Capax »; — fr. 18, § 51 : « Legitimος ».

1. P. S. 1. 55, lin. 3 : ulp̄. : convent[i]ονων. — *Infrà*, p. 287.

2. *Infrà*, p. 254.

3. On remarquera qu'aux Scolies du Sinaï, toutes ces annonces sont dues à Sabinus, aucune à l'Anonyme : fr. 9, § 22; fr. 10, § 25; fr. 11, § 30; fr. 13, § 35; fr. 15, § 40.

4. *Schol. sinait.*, fr. 12, § 34.

5. *Schol. sinait.*, fr. 19, § 52.

6. Cf. *Infrà*, p. 254.

7. *Schol. sinait.*, fr. 5, § 11 : renvoi à Marcien *hypothecaria*; — fr. 6, § 12 : renvoi à Modestin *libro II differentiarum*; — fr. 8, § 18 : renvoi à Paul *libro VII ad Sabinum titulo XXXV*; — fr. 11, § 31 : renvoi à Paul *libro VIII responsorum*; — fr. 12, § 34 : renvoi à Paul *libro VII ad Sabinum titulo XXXIII*; — fr. 13, § 35 : renvois à Florentinus *libro III institutionum*, à Modestin *libro I regularum*, à Paul *libro VI ad Sabinum*; — fr. 16, § 42 : renvoi à un jurisconsulte inconnu *libro I de tutelis*.

Ils signalent·également les constitutions des trois Codes antéjustiniens, le Code Grégorien, le Code Hermogénien et le Code Théodosien, qui se· rapportaient à la question exposée[1].

Les maîtres ne négligent pas de communiquer aux étudiants les opinions qui leur sont propres, celles qu'ils ont eu à donner dans les consultations que leur ont demandées leurs clients ou qu'ils ont exprimées sur une question de leurs élèves[2] (ἐρώτησις)[3]. Ils· posent alors une espèce, un *casus* (θέμα)[4] et énoncent leur solution (λύσις)[5] en l'appuyant sur un texte[6].

En commentant un chapitre, ils renvoient à leurs leçons antérieures où ils ont déjà traité du sujet : « J'ai parlé précédemment de (telle manière) au livre... titre...; lis ce qui· y a été dit », ou toute autre formule[7]. Ils renvoient aussi à ce qu'ils diront dans leur commentaire d'un livre subséquent[8].

Enfin, les professeurs formulent des règles générales (κάνων)[9] ou tirent du texte une règle générale[10], en avertissant les élèves d'y prêter attention (ὁρᾷς)[11].

III. — Dans leurs cours, les maîtres s'appliquent à

---

1. *Schol. sinait.*, fr. 1, § 2 : renvoi au Cod. Theod. 3, 15, 15; — fr. 1, § 3 : Cod. Theod. 3, ..., ..., Cod: Greg. 5, ..., 17; — fr. 3, § 5 : Cod. Herm. ..., 69, 120; ..., 41, 14; — fr. 5, § 9 : Cod. Greg. 5, penult., 3; — fr. 5, § 10 : Cod. Greg. 11, 11, 12; — fr. 19, § 52 : Cod. Theod. ...,C..., 126.

2. *Schol. sinait.*, fr. 2, § 4 : καὶ ἐρωτηθεὶς εἶπον *et consultus dixi* [la scolie est-elle de l'Anonyme ou de Sabinus, la lacune du début empêche de le déterminer].

3. Cf. *Infrà*, p. 253.

4. Cf. *Infrà*, p. 254.

5. Cf. *Infrà*, p. 253.

6. *Schol. sinait.*, fr. 2, § 4 (seul exemple donné).

7. *Schol. sinait.*, fr. 10, § 26; fr. 12, § 34; fr. 13, § 35; fr. 19, § 52.

8. *Schol. sinait.*, fr. 17, § 45 : ὡς ἐν τῷ τέλει τοῦ ἑξῆς λη΄ βιβλίου τοῦτό σοι ἐδ[ίδαξα] *ut in fine proximi libri XXXVIII hoc tibi exposui.*

9. *Infrà*, p. 254.

10. *Schol. sinaît.*, fr. 8, § 16, § 18.

11. *Schol. sinait.*, fr. 8, § 18.

donner de la façon la plus précise les références à l'œuvre
classique commentée ou aux autres œuvres classiques.
Non seulement ils indiquent le livre, le titre, le chapitre
(ou la règle) des ouvrages avec les premiers mots du
chapitre, mais encore les folios et les lignes des *libri*
(c'est-à-dire des manuscrits) et les mots ou phrases-types
à consulter, ou au moins la position du passage dans les
pages ou dans l'ensemble des manuscrits [1].

Les maîtres mettent un soin égal à avertir leurs auditeurs de sauter certains chapitres de l'ouvrage commenté,
soit parce que le maître les a exposés antérieurement [2],
soit parce qu'il juge inutile d'en traiter [3]. La même invita-
tion porte parfois simplement sur quelques lignes du manuscrit dont les professeurs indiquent les mots auxquels
il faut s'arrêter [4].

Tous ces détails pédagogiques nous étaient inconnus
avant la découverte des *Scholia sinaitica*. De tels procédés
prouvent que professeurs et étudiants avaient entre les
mains les manuscrits des ouvrages latins originaux dont
le foliotage et la justification étaient pareils pour tous les
exemplaires d'une même œuvre. Ceux-ci étaient recopiés
en série par les scribes aux gages des libraires ou, probablement aussi, recopiés par les étudiants eux-mêmes
quand la misère ne leur permettait pas d'acheter les livres
nécessaires [5].

IV. — Les leçons comportaient, non seulement des explications du professeur, mais encore un exercice que
Zacharie appelle πρᾶξις [6].

---

1. *Schol. sinait.*, passim.
2. *Schol. sinait.*, fr. 12, § 34.
3. *Schol. sinait.*, fr. 16, § 43.
4. *Schol. sinait.*, fr. 16, § 44; fr. 17, § 47; fr. 18, § 49.
5. Voy. pour la pratique actuelle d'El Azhar, Beaugé, *loc. cit.*, p. 244.
6. *Vie de Sévère*, § 14; Kugener, p. 48 (le mot grec n'est pas dans Nau;
t. IV, p. 557).

La πρᾶξις, d'après les auteurs les plus récents[1], désignerait la méthode d'enseignement consistant à mêler aux commentaires donnés sur les ouvrages des jurisconsultes classiques les interrogations du maître et les réponses des élèves ou le contraire[2]. La πρᾶξις s'identifierait en somme à des exercices « pratiques » d'exégèse de textes. Ce procédé est encore courant dans les Universités arabes[3].

V. — Pendant les commentaires du professeur, les étudiants devaient prendre des notes[4]. Ces notes leur servaient ensuite à l'étude personnelle qu'ils en faisaient chez eux : Zacharie dit, en effet, que les jeunes gens, rentrés dans leurs logis, répétaient, pour leur propre compte, les leçons du maître[5].

Les *Scholia sinaitica*, écrites aux ve-vie siècles, constituent peut-être les restes fragmentaires des notes prises au cours par un élève de première année[6].

Les indications données sur les méthodes suivies dans l'enseignement permettent, semble-t-il, de comprendre les phrases assez énigmatiques où Zacharie le Scholastique

---

1. P. de Francisci, p. 9; H. Peters, *op. cit.*, p. 63 (Peters traduit πρᾶξις par « exégèse », ce qui n'est pas tout à fait exact, car la πρᾶξις ne se confond pas avec l'exégèse que fait le professeur).

2. *Suprà*, p. 248.

3. Ch. Beaugé, *loc. cit.*, p. 236 : (A. El Azhar)... « la leçon exégétique commence. Les interrogations sont fréquentes, mais le professeur les dirige plutôt dans le but de s'assurer s'il a été compris par les élèves que dans celui de surveiller leurs progrès... ».

4. Ch. Beaugé, *loc. cit.*, p. 237 : (A. El Azhar) « Une fois assis aux pieds de leur maître, les élèves prennent leurs notes, les uns sur des feuilles volantes, les autres sur la marge de leur Coran ou de leurs livres d'étude, qui sont rarement reliés et dont l'étudiant ne tient, en général, que le fragment nécessaire à la leçon qu'il écoute ».

5. *Vie de Sévère*, § 16; Nau, t. IV, p. 560; Kugener, p. 53.

6. M. de Francisci, p. 10, rapporte à une origine scolaire semblable seulement deux autres œuvres grecques : la Paraphrase de Théophile et le fragment de commentaire contenu dans le P. S. I. 55. La première ne provient certainement pas de Beyrouth. Son caractère scolaire n'est pas d'ailleurs, à notre avis, inattaquable.

relate les différents modes de l'activité de Sévère, durant son passage à l'École de Beyrouth. La traduction de l'abbé Nau est ainsi conçue : « ..... il (Sévère) étudiait les lois de toutes ses forces, il recherchait et étudiait tous les décrets impériaux jusqu'aux derniers publiés de son temps. Près de chacun d'eux en particulier il ajoutait quelques éclaircissements et formait ainsi un ouvrage, mémorial instructif du genre des *hypomnemata*, pour ceux qui viendraient après lui, car il leur laissait ses notes et ses indications »[1]. M. Kugener traduit : « Sévère étudia les lois autant qu'on peut le faire, examina et approfondit tous les édits impériaux y compris ceux de son temps, compara ensemble les commentaires contenus dans les précis des lois, nota dans des cahiers des *racines auxiliaires de l'oubli et du souvenir* (?) et laissa, comme des ὑπομνήματα, à ceux qui viendraient après lui, ses livres et ses notes »[2]. Le passage a été remis en grec par M. Schwartz [3] : « * Νόμους ὡς οἷόν τε μαθὼν καὶ πάσας τὰς βασιλικὰς διατάξεις τὰς μέχρι τῶν χρόνων αὐτοῦ ζητήσας καὶ ἐρευνήσας τούτων τε τὰς ἐν βραχέσι διηγήσεις ἀλλήλαις συγκρίνας καὶ καταθεὶς εἰς γράμματα, φάρμακα λήθης καὶ μνήμης, ὥσπερ ὑπομνήματα τοῖς μετέπειτα, κατέλιπεν αὐτοῦ σφραγῖδα καὶ τεκμήρια ».

De là, il ressort que Sévère s'appliqua à trois choses : 1° il étudia les constitutions impériales, jusqu'aux plus récentes, soit seul, soit avec l'aide de ses maîtres dans des conférences privées[4]; 2° le genre de travail auquel il se livra en comparant les commentaires contenus dans les précis des lois resterait certainement obscur, si l'on ne

---

1. *Vie de Sévère*, § 25 ; Nau, t. V, p. 84.

2. Kugener, *loc. cit.*, p. 91, qui déclare : « Tout ce passage n'est pas très clair ». — Cf. P. de Francisci, p. 9-10.

3. Dans Peters, *op. cit.*, p. 108.

4. *Suprà*, p. 237, 238-239. — Sur les recùeils de constitutions récentes (Léon) et les scolies dont elles ont fait l'objet, voy. notre *Caractère oriental* (*Ét. hist.*, t. I), p. 149, n. 2.

pouvait deviner qu'il s'agit là des commentaires contenus dans les *sex libri*, base de l'enseignement. D'après
certains auteurs [1], Sévère aurait dressé une véritable
chrestomathie des textes classiques : le terme διήγησις
(= « narratio ») signifiant « traité » ou « chrestomathie » ;
3° enfin, les notes qu'il consigne dans des cahiers, à titre
de « remèdes de l'oubli et du souvenir », nous paraissent se référer aux notes sommaires qu'il avait prises
dans les cours, peut-être en tachygraphie [2].

VI. — Les Scolies du Sinaï ont l'avantage de présenter
la méthode pédagogique en action ; mais elles sont trop
courtes pour permettre de reconstituer cette méthode
même dans son intégralité.

Ce sont des sources plus récentes, les commentaires
grecs du vi[e] siècle sur le Digeste et le Code de Justinien,
morcelés dans les Scolies des Basiliques, qu'il faut consulter, si l'on veut mieux connaître les procédés de l'enseignement. Sans doute, toutes ces scolies n'appartiennent
pas à des professeurs de Beyrouth : parmi leurs auteurs,
deux seulement ont, d'une façon certaine, enseigné à
Beyrouth, Dorothée et Anatole. Mais les fragments conservés de leurs travaux présentent des caractères identiques à ceux des travaux des autres Byzantins, Thalélée,
Stéphane, Théodore, L'Anonyme (ou Enantiophane) dont
les deux premiers ont pu, d'ailleurs, exercer leurs fonctions à Beyrouth aussi bien qu'à Constantinople.

D'autre part, quel qu'ait été le lieu de leur activité, tous
ont certainement ou probablement employé, dans leurs
propres ouvrages, les œuvres des Beyrouthins illustres du

---

1. Mitteis, dans *Z. S. S.*, t. XXXIV, 1913, p. 411, appuyé par Pringsheim,
Beryt u. Bologna, *loc. cit.*, p. 280-281.

2. Notre interprétation se fonde sur la traduction grecque de M. Schwartz
(φάρμακα λήθης καὶ μνήμης) qui donne au passage syriaque un sens plus clair
que la traduction hésitante de M. Kugener.

ve siècle, les œuvres des « maîtres œcuméniques »[1]. Pour ces raisons, il paraît donc légitime d'utiliser au même titre les Scolies des Basiliques, de quelqu'auteur qu'elles proviennent[2].

Ces textes complètent les données directes des Scolies du Sinaï en présentant la méthode pédagogique sous un autre aspect, sous l'aspect scolastique, très familier aux Grecs. Ils dénomment les opérations mêmes de l'enseignement, dont certaines, d'ailleurs, se trouvaient déjà aux Scolies du Sinaï, avec ou sans leur nom. Ils omettent pourtant l'opération la plus commune, l'exégèse.

Voici, en un tableau schématique[3], l'ensemble des opérations, dont tous les termes se trouvent dans Aristote qui les a définis :

A. — Les sources commentées contiennent souvent des textes en opposition :

a) Les contradictions de textes (ἐναντιότης, ἐναντιοφανές) soulèvent :

b) des doutes (ἀπορία = « obiectio » « dubitatio », ἐπαπόρησις = « dubitatio ») qui donnent lieu à des questions (ζήτησις, ἐρώτησις)

c) ou bien elles déterminent des équivoques (ἀμφιβολία),

d) = « ambiguitas », qui engendrent les controverses ;

e) on y met fin par des solutions (λύσις = « solutio », ἀπολογία).

---

1. *Infrà*, p. 274, 294-297.

2. M. Pringsheim, dans son étude citée, *Beryt u. Bologna*, n'a pas pris soin de faire les réserves ci-dessus; il considère les Byzantins en bloc comme s'ils avaient tous enseigné à Beyrouth (par exemple, Stéphane, p. 257, n. 9, p. 266), ou comme si ceux de la capitale (Théophile de Byzance, p. 266) avaient reproduit la méthode beyrouthine. L'importance que l'auteur donne sur ce point à l'École de Beyrouth, sans discussion, ne sera point diminuée en fait par une précision historique indispensable.

3. Comme notre tableau respecte les divisions mêmes de M. Pringsheim, marquées par des lettres (A, *a*, etc...), toute référence aux pages de son article a paru inutile. — Les termes latins entre guillemets sont tous empruntés à des sources originales.

B. — Les solutions s'obtiennent par :

a) des distinctions (διάστιξις, διαίρεσις) et

b) des différences (διαφορά = « differentia »)

c) ou « varietas »

d) ou « divisio ».

C. — L'explication des textes est facilitée par la supposition d'un cas (θέμα) sur lequel l'attention de l'élève est appelée par les mots θὲς, θεμάτισον (finge).

D. — Les sources sont encore éclairées par le recours à

a) des règles générales (κάνων) que l'élève est invité à considérer par le mot σημείωσαι

b) ou à des définitions (ὅρος) (cf. l'Ὑπόμνημα τῶν δεφινίτων de Cyrille l'ancien),

c) dans lesquelles se marque la tendance des Beyrouthins à généraliser.

E. — Enfin, le commentaire est présenté dans un ordre systématique qui comporte, outre des renvois aux passages antérieurs ou postérieurs :

a) le résumé du passage visé (τὸ πλάτος = « summa », παραγραφή); souvent une introduction à un développement (προθεωρία = « praefatio »);

b) l'indication de l'enchaînement des idées exposées au texte (ἀκολουθία).

c) Le commentaire lui-même s'appelle λόγος (= « narratio » = « tractatus »).

§ II. — La Méthode en usage sous Justinien.

La méthode pédagogique suivie à partir du 1er janvier 534, à Beyrouth comme à Constantinople et, plus tard, à Rome, semble, au premier abord, facile à saisir. Justinien, en effet, dans sa Const. *Deo auctore,* § 12 (15 décembre 530), par laquelle il ordonne la confection du Digeste, et dans sa Const. *Tanta-*Δέδωκεν, § 21, qui le promulgue, avait pris des précautions minutieuses pour que les jurisconsultes ne détruisent point, par leurs commentaires, l'harmonie du Digeste que l'Empereur estimait une œuvre définitive et parfaite.

Il n'avait permis sur son Digeste que quelques genres de travaux : les traductions littérales (κατὰ πόδας)[1], les résumés°des textes ou *Indices*[2] et la *titulorum suptilitas* ou Παράτιτλα[3], comprenant à la fois l'addition sous chaque loi de références à d'autres textes (παραπομπαί) et l'addition sous chaque titre des règles analogues des autres titres ou des autres recueils législatifs[4]. En un mot, dans l'espoir de tarir à jamais les controverses, Justinien excluait les commentaires[5], les interprétations des lois[6] et *a fortiori* l'exégèse critique, sous forme, par exemple, de ces παραγραφαί, qui avaient tant contribué au progrès du droit.

Sur ces bases, la méthode de l'enseignement aurait consisté, de la part des professeurs, à traduire, à résumer les fragments du Digeste, à y ajouter seulement quelques références.

Cette méthode simplificatrice a-t-elle, en fait, été réellement pratiquée à Beyrouth? En partie seulement[7], si l'on en juge par les travaux sur le Digeste (et sur le Code) qu'ont laissés les maîtres beyrouthins ou supposés tels, postérieurs à 533[8], travaux qui sortent sans doute de leurs leçons. L'Index du Digeste de Dorothée contient à la fois des traductions κατὰ πόδας autorisées par l'Empereur et des παραγραφαί interdites. L'Index de Stéphane donne du texte du Digeste une véritable paraphrase libre (πλάτος),

---

1. C. *Tanta*-Δέδωκεν, § 21.
2. C. *Deo auctore*, § 12 et C. *Tanta*-Δέδωκεν, § 21.
3. C. *Deo auctore*, § 12 et C. *Tanta*-Δέδωκεν, § 21.
4. Krueger, p. 406 (trad. franç., p. 481), dont nous adoptons les vues.
5. C. *Deo auctore*, § 12.
6. C. *Tanta*-Δέδωκεν, § 21.
7. Par ex. Krueger, p. 407 (trad. franç., p. 482).
8. *Infrà*, p. 303-304.

en violation des ordres impériaux. L'Index du Code de
Thalélée est composé également en forme d'interprétation
développée (ἑρμηνεία, πλάτος).

Les prescriptions de Justinien n'ayant pas été respec-
tées rigoureusement dans l'enseignement parce qu'elles
étaient trop absolues, il est donc probable que l'exposition des trois œuvres législatives, telle qu'elle était faite
aux cours, était un mélange de traduction des textes (du
latin en grec), de résumés (en grec) des textes latins, de
références et — chose prohibée — de remarques critiques ou même historiques (παραγραφαί); en somme, une
méthode complexe et, croyons-nous, moins féconde que
l'ancienne méthode exégétique et scolastique des « maîtres œcuméniques », dont les travaux, d'ailleurs, étaient
abondamment utilisés par leurs successeurs.

SECTION IV

L'ENTRÉE A L'ÉCOLE ; LA SANCTION DES ÉTUDES

Nous réunissons dans cette dernière section l'examen de deux questions, — mal connues d'ailleurs, — qui forment des appoints à la vie scolaire des Étudiants.

I. — En ce qui regarde l'entrée des étudiants à l'École, on ignore sous quelle forme étaient prises leurs inscriptions. Les textes ne nous apportent de renseignements que sur la date de l'année où ils commençaient leurs études et nous allons constater, non sans surprise, que cette date n'était pas fixe, comme aujourd'hui.

La saison normale du début des cours paraît avoir été l'automne, après les vacances de l'été, dont la durée est inconnue. Ainsi, l'étudiant grec anonyme dont parle Libanius reçoit sa lettre d'introduction en octobre 363[1], au moment où il va aller en Phénicie pour acquérir la science des lois.

Mais tous les élèves ne semblent pas être entrés à l'École dès cette saison. D'après Libanius[2], notre seul guide, les enfants des sénateurs ou des anciens sénateurs d'Antioche naviguent vers Beyrouth, chaque printemps. C'est le

____

1. *Suprà*, p. 86.
2. Liban., or. XLVIII, c. 11. — *Suprà*, p. 39.

C.

moment de l'année où, précisément, Apringius[1] se rend
en Phénicie (mars-avril 364) pour y devenir étudiant en
droit. D'autres jeunes gens, recommandés par Libanius,
se rendent à Beyrouth en été : Artemon[2], déjà étudiant,
semble-t-il (été 356), et Flavianus[3], étudiant inscrit (été
361); peut-être étaient-ils revenus chez eux temporairement. Pourtant c'est en été qu'Hilarinus[4] commence son
droit (été 361). Quant à Paeoninus[5], il regagne Beyrouth
en hiver (359-360), peut-être après une absence.

II. — La sanction des études, qui se trouve aujourd'hui
en France représentée par le diplôme de licencié en droit,
obtenu à la suite de trois examens, ne nous est pas connue dans le régime universitaire de Beyrouth. Nous pouvons cependant inférer de certains textes que les élèves
ne sortaient pas des Facultés de Droit de l'Antiquité sans
avoir conquis un diplôme équivalent à la licence.

L'Empereur Léon (460)[6] exigeait certaines garanties de
ceux qui désiraient s'agréger à la corporation des avocats
près la préfecture du prétoire d'Orient. Il leur imposait
en particulier l'obligation d'obtenir de leurs professeurs
une attestation délivrée sous la foi du serment et établis-
sant leur degré d'instruction :

Cod. Iust., 2, 7, *de advoc. div. iudic.*, 11, 2.

> Iuris peritos etiam doctores eorum iubemus iuratos
> sub gestorum testificatione depromere esse eum, qui
> posthac subrogari (*sc.* advocatis) voluerit, peritia
> iuris instructum...

---

1. *Suprà*, p. 86.
2. *Suprà*, p. 87.
3. *Suprà*, p. 87.
4. *Suprà*, p. 88.
5. *Suprà*, p. 88.
6. Léon (460), Cod. Iust., 2, 7, 11.

Il est clair qu'une telle attestation ne sera délivrée par les professeurs engagés sous serment qu'après un examen sur lequel, malheureusement, aucune précision n'existe.

Dans les deux constitutions d'Anastase, la première de l'année 505[1] où sont réglées les conditions d'entrée dans la corporation des avocats au tribunal du comte d'Orient, la seconde de l'année 517[2], copiée textuellement sur la précédente et relative à la corporation des avocats au tribunal du président de la province de la seconde Syrie, l'Empereur exigeait bien que le candidat (fils d'avocat ou étranger, peu importe) prouvât qu'il avait accompli le cours normal de l'étude des lois, mais il n'indiquait pas de quelle manière cette preuve serait faite. On n'aperçoit pas d'autre procédé que celui prévu en 460 : l'attestation certifiée par les professeurs[3].

Depuis l'époque de Justinien au moins, l'attestation n'est plus délivrée que par un seul maître, celui auquel l'élève s'était attaché durant ses études[4].

---

1. Anastase (505), Cod. Iust., 2, 7, 22, 4₁: Nec de cetero quemquam, antequam per statuta tempora legum eruditioni noscatur inhaesisse, supra dicto consortio sociari. 5 : Et filios advocatorum vel adhuc in tali constitutorum officio vel eorum, qui fisci patronatum deposuerunt, superstitum vel mortuorum, extraneis ad idem officium accedentibus anteponi eique gratis et sine sumptibus sociari, si et ipsi, prout dispositum est, solito tempore legum doctrinam meruerint.

2. Anastase (517), Cod. Iust., *h. t.*, 24, 4, 5.

3. Cf. Maur. Travers, *Les Corporations d'avocats sous l'Empire romain*, thèse de Paris, 1894, p. 42-51.

4. *Bas.* 8, 1, 26 : ὁ διδάσκαλος αὐτοῦ remplaçant le pluriel de la loi de 460 (Cod. Iust., 2, 7, 11, 2) et la scolie sur ces mots (*Bas.*, I, 345); cf. *Suprà*, p. 196, n. 1.

CHAPITRE VI

LES TRAVAUX DES PROFESSEURS

CHAPITRE VI

LES TRAVAUX DES PROFESSEURS

La division chronologique, qui a été adoptée plusieurs fois déjà dans d'autres parties de l'ouvrage, s'impose également ici.

Durant les IIIe et IVe siècles (Section I), il règne une obscurité complète sur les travaux qu'ont pu produire les juristes syriens ; car aucun renseignement positif ne permet d'attribuer aux maîtres connus ou inconnus de l'École telle ou telle des œuvres qui datent de cette période.

Au ve siècle, que remplit en grande partie l'École des « maîtres œcuméniques » (Section II), l'incertitude se dissipe, puisque nous possédons quelques débris de leurs œuvres, lesquelles, en général, ont été suscitées par le programme même de l'enseignement. L'hypothèse doit nécessairement jouer dans la découverte des autres œuvres qu'il y aurait quelque raison de leur attribuer.

Sous le règne de Justinien (Section III), les travaux des professeurs se rapportent tous à la codification impériale. Le doute existe seulement de savoir quels commentaires de la codification ont été élaborés à Beyrouth, puisque nous ne connaissons pas complètement les noms des maîtres beyrouthins dans les dernières années du fonctionnement de l'École.

SECTION I

LES TRAVAUX DES PROFESSEURS
DES III° ET IV° SIÈCLES

Des ouvrages nombreux et importants auraient été écrits
à Beyrouth, au iii° siècle et dès le ii° siècle, si l'on admettait, avec certains auteurs, que l'École de Droit avait
compté parmi ses maîtres Gaius, Ulpien, Papinien, Scaevola, Marcien et Tryphoninus. Il ne nous semble pas que
leur opinion soit suffisamment démontrée pour que nous
la fassions nôtre[1], et partant il n'y a pas lieu de rappeler,
fût-ce pour mémoire, les œuvres si connues de ces jurisconsultes.

Une tactique d'un autre ordre sera observée à l'égard
des trois recueils de constitutions de cette période.

Le plus ancien, celui de Papirius Iustus, a pu être
conçu à Beyrouth, mais par un juriste qui n'y professait
pas[2].

Le *Codex Gregorianus* aurait été, suivant Mommsen,
composé à Beyrouth par un maître de l'École de Droit,
Gregorius. Mais rien ne prouve que Gregorius ait réellement enseigné dans cette ville, même si son Code y a été
confectionné[3].

---

1. *Suprà*, p. 120.
2. *Suprà*, p. 120; *Syria*, 1924, p. 370-371.
3. *Suprà*, p. 120; *Syria*, 1924, p. 360, 361-362, 364, 365.

Pareillement, des appendices peuvent avoir été ajoutés au Code Grégorien à Beyrouth même, sans qu'il s'ensuive que les auteurs anonymes de ces compléments aient été des professeurs de droit [1].

Et enfin, le *Codex Hermogenianus*, s'il a été élaboré à Beyrouth par Hermogénien, n'est pas nécessairement l'œuvre d'un professeur [2].

Quant au seul professeur certain pour le IVe siècle, Domninus [3], quant à Scylacius et à Sebastianus [4], professeurs plus ou moins douteux, on ignore leurs travaux.

Notre dessein, en l'absence de tout document, est de rechercher si certaines œuvres juridiques des IIIe et IVe siècles ne pourraient pas, plus ou moins problématiquement, être attribuées à des professeurs de Beyrouth.

I. — La critique la plus récente a tenté de démontrer que plusieurs ouvrages, mis par les sources juridiques préjustiniennes ou par le Digeste sous le nom de jurisconsultes classiques, auraient été l'objet de remaniements considérables et systématiques à l'époque postclassique [5]. —M. Ebrard a émis cette conjecture pour les divers μονόβιβλα *ad formulam hypothecariam*, et en particulier pour celui de Marcien ; il a soutenu la même thèse en ce qui concerne la Παραίτησις ἐπιτροπῆς καὶ κουρατορίας de Modestin [6]. — Le *Liber singularis regularum* d'Ulpien, composé en son état actuel après 320 (Mommsen), a été examiné, ces derniers temps, au point de vue critique, par plusieurs auteurs : MM. Arangio-Ruiz [7], Albertario [8], Buck-

---

1. *Syria,* 1924, p. 365.
2. *Suprà,* p. 121 ; *Syria,* 1924, p. 365-366.
3. *Suprà,* p. 121.
4. *Suprà,* p. 122.
5. Cf. G. Rotòndi, *Scritti giuridici,* t. I, p. 452.
6. Ebrard, *Die Digestenfragmente* ad formulam hypothecariam *und die Hypothecarezeption,* Leipzig, 1917.
7. *B. I. D. R.,* t. XXX, 1920, p. 178-219.
8. *B. I. D. R.,* t. XXXII, 1922, p. 73-130.

land[1]. Rotondi[2] se demandait même si l'opuscule était réellement d'Ulpien.

Des recherches du même ordre seraient nécessaires, déclarait encore Rotondi[3], au sujet des *Libri iuris epitomarum* d'Hermogénien, des *Pandectae* d'Ulpien et de Modestin, des *Differentiae* de Modestin.

Rotondi, qui n'a pas eu le temps de les exécuter, a, du moins, laissé connaître dans ses notes inédites son avis sur l'origine postclassique des *Libri opinionum* d'Ulpien et des *Sententiae* de Paul[4].

Les extraits des *sex libri opinionum*, conservés par le Digeste, abondent en interpolations; leur style diffère totalement de la langue ordinaire d'Ulpien; des rubriques fondamentales de l'Édit y manquent. Après d'autres auteurs, Rotondi aurait tiré de ces diverses particularités la preuve que l'ouvrage était une «anthologie» de passages d'Ulpien, rassemblés au ive siècle, par un auteur inconnu, probablement en Orient[5].

Les *Sententiae* de Paul sont regardées par Rotondi (à la suite de M. Beseler), non comme une œuvre originale de Paul, mais comme une « chrestomathie paulienne d'époque tardive »[6]. Et c'est là, on le sait, une conception qui rencontre une faveur de plus en plus grande dans la doctrine, sans que personne ait encore étudié à fond le problème.

II. — Nous n'avons pas à essayer de résoudre toutes les difficultés de détail qui entourent la démonstration de

---

1. W. W. Buckland, *Did Ulpian use Gaius?* dans *The Law Quarterly Review*, t. XXXVIII, 1922, p. 38-47.

2. *Op. cit.*, t. I, p. 481-482.

3. *Op. cit.*, t. I, p. 452.

4. *Op. cit.*, t. I, p. 453-485. — L'étude du regretté Rotondi sur ces deux œuvres a été établie, d'après les notes de l'auteur, par M. Arangio-Ruiz, éditeur du tome Ier des *Scritti giuridici*.

5. *Op. cit.*, t. I, p. 454.

6. *Op. cit.*, t. I, p. 482.

la thèse que les œuvres indiquées datent, en leur état actuel, du IVe, ou, ajoutons, du Ve siècle. Les commencements de preuves ou les simples indices relevés par les critiques à leur égard suffisent à nous convaincre que la thèse est vraie ou vraisemblable dans sa généralité.

Une autre idée, qui touche directement à notre sujet, a été proposée déjà pour certaines au moins de ces œuvres, c'est qu'elles auraient été élaborées en Orient, tandis que les *Sententiae Pauli* auraient été rédigées en Occident. On enseigne fréquemment que les écoles postclassiques d'Orient auraient éprouvé une prédilection pour Ulpien; celles d'Occident auraient préféré Paul [1].

L'affirmation se trouve corroborée par la composition du programme des études de droit, dans les Écoles d'Orient, avant Justinien : les travaux d'Ulpien sont de beaucoup les plus largement utilisés (en première année, ses *Libri ad Sabinum* [2]; en deuxième et troisième années, ses *Libri ad Edictum* [3]). La prépondérance accordée à Ulpien n'empêche pas cependant que, dans ces mêmes Écoles d'Orient, le programme fait une place à une œuvre considérable de Paul, les *Responsa Pauliana* (en quatrième année) [4]. Il est néanmoins probable que les *Sententiae* de Paul ont été rédigées en Occident.

Au contraire, la provenance orientale est probable ou possible pour les autres compilations : Rotondi, on l'a vu, le déclare nettement pour les *Libri opinionum* d'Ulpien [5]. La probabilité est encore augmentée en ce qui touche les μονόβιϐλα *ad formulam hypothecariam*, — attendu que l'hy-

---

1. Rotondi, *op. cit.*, t. I, p. 479. — P. Huvelin s'était rallié à cette idée, au Congrès international d'Histoire (Bruxelles, 1923), en l'expliquant par la raison qu'Ulpien était originaire de Tyr, capitale de la province de Syrie-Phénicie, à laquelle appartient Beyrouth.

2. *Suprà*, p. 225.

3. *Suprà*, p. 226.

4. *Suprà*, p. 228.

5. *Suprà*, p. 266.

pothèque est plus répandue en Orient, — et en ce qui touche la Παραίτησις ἐπιτροπῆς καὶ κουρατορίας de Modestin, puisqu'elle est écrite en grec.

III. — Mais une fois reconnue la provenance orientale de ces compilations ou de la majorité d'entre elles, une question se pose directement : se peut-il qu'elles soient sorties de l'École de Droit de Beyrouth? Nous ne le pensons pas.

D'une part, le programme des études se composant, selon toute vraisemblance, déjà au IVe siècle, des mêmes matières qui forment le programme antéjustinien[1], toutes les compilations en cause se trouvaient en dehors des œuvres interprétées à l'École.

D'autre part, il semble inadmissible que, même dans la période où l'enseignement a été le plus faible, — entre le deuxième tiers du IIIe siècle où disparaissent les grands juristes, et la première moitié du Ve siècle où apparaît l'École des « maîtres œcuméniques », — la méthode pédagogique ait consisté à dicter aux étudiants des anthologies ou des chrestomathies juridiques.

La structure intime de ces œuvres éveille plutôt l'idée de travaux de praticiens qui, pour se guider dans le dédale compliqué de l'abondante production classique, se font à eux-mêmes des abrégés ou des recueils d'opinions des juristes anciens. Les œuvres de cette nature ont été, d'abord, composées d'extraits des textes purs des jurisconsultes classiques; puis, passant de mains en mains, ces abrégés ont été glosés, scoliés, interpolés de plus en plus à mesure que l'on s'éloignait des dates où en furent confectionnés les premiers manuscrits : c'est le sort de tous les ouvrages de l'Antiquité qui ont connu le succès. Et dans la décadence qui atteint la science du droit après la disparition des grands juristes du IIIe siècle, quels

---

1. *Suprà*, p. 220.

ouvrages ont dû avoir plus de succès que ces courts
compendiums où le praticien, peu instruit et indolent,
s'imaginait trouver toute la science, la science classique
et la science du jour tout ensemble?

IV. — Si les opuscules dont il vient d'être question ne
sortent pas de l'École de Beyrouth, en revanche, peut-être
des traces de l'activité des maîtres beyrouthins exerçant
dans la période antérieure aux « maîtres œcuméniques »
sont-elles encore saisissables.

Ces vestiges se rencontreraient dans les altérations de
caractère didactique et d'âge postclassique (gloses, scolies
ou interpolations), dont les œuvres classiques ont été
émaillées au iv⁰ siècle et qui ont été signalées plus haut,
lors de notre enquête sur le programme des études avant
le v⁰ siècle [1].

Faute d'informations suffisantes, l'origine beyrouthine
de ces retouches ne saurait être affirmée. Il est toutefois
probable que certaines, ou un assez grand nombre, dérivent de l'*Interpretatio* des professeurs de Phénicie, dont
la valeur a été au moins égale à celle de leurs contemporains d'Orient ou d'Occident, le succès de l'École
maintenu au iv⁰ siècle en fait foi. Étant donné, d'ailleurs, les étroites relations entre les deux parties de l'Empire et la communauté de vues des juristes des deux
« mondes » romains sur quelques théories nouvelles (telle,
la théorie de l'*universitas* [2]), étant donné aussi qu'au
iv⁰ siècle encore l'enseignement de Beyrouth se donnait
en latin [3], il se pourrait que les altérations, même quand
on les rencontre dans des œuvres occidentales, eussent
pris naissance en Orient et, spécialement, dans l'École déjà

---

1. *Suprà*, p. 221.

2. Rotondi, *op. cit.*, t. I, p. 440; mais l'auteur (t. I, p. 296) reconnaît,
comme nous, qu'il ne faut pas exagérer la communauté de vues en Occident
et en Orient.

3. *Suprà*, p. 211.

la plus célèbre, Beyrouth. Ce serait le cas, par exemple, pour les *Fragmenta Vaticana*[1].

---

1. La critique des *Fr. Vat.* commence à peine. J'ai démontré à mes Conférences d'Agrégation (1922) que le § 76 n'appartenait pas au *lib. 17 ad Sab.* d'Ulpien. Ce morceau est une *interpretatio* postclassique du passage original d'Ulpien qui le précède, § 75. L'origine de l'*interpretatio* est-elle occidentale ou orientale, la question prête naturellement à discussion. Mais on constate aisément qu'une partie de l'*interpretatio* (*Fr. Vat.* 76) a passé dans le Dig. 7, 1, 1, 2. Cette constatation fournit la preuve que le manuscrit des *Libri ad Sabinum* d'Ulpien, qui a servi aux commissaires du Digeste, contenait des altérations analogues à celles du manuscrit de la même œuvre, découpé dans les *Fr. Vat.* Or, le manuscrit utilisé par les commissaires était incontestablement de provenance orientale. On conclura donc que les altérations des *Libri ad Sab.* d'Ulpien, révélées par l'examen critique des *Fr. Vat.*, peuvent très bien sortir d'une école orientale, Beyrouth (?).

SECTION II .

LES TRAVAUX DES « MAITRES ŒCUMÉNIQUES »

Les œuvres sorties de l'enseignement des « maîtres
œcuméniques » ou de leur travail de cabinet sont très
mal connues. Les rares débris qui en subsistent sont
constitués par les extraits qu'en ont fait les auteurs des
commentaires du vi° siècle, dont des morceaux forment
les Scolies anciennes des Basiliques.

Nous commencerons (§ 1) par relever dans ces scolies
les données propres à nous éclairer sur la nature des
productions des maîtres de Beyrouth [1] ; si elles ne sont
pas très nombreuses, elles ont, du moins, le mérite d'être
des données sûres, puisqu'elles sont tirées des scolies où
se trouvent inscrits, soit les titres généraux des professeurs, soit les noms individuels des professeurs [2]. Elles
nous font connaître avec certitude quelles œuvres des
jurisconsultes classiques, quelles constitutions ont été
commentées par eux. Le plus souvent, en effet, les maîtres de Beyrouth, comme tous leurs collègues du Bas-
Empire en Orient ou en Occident, ont travaillé sur les
livres anciens des jurisconsultes et sur les Codes, en suivant la méthode propre au génie des basses époques, le
procédé de la scolie. Ils n'ont écrit qu'exceptionnellement

---

1. Cf. P. Krueger, *op. cit.*, p. 362, n. 8 (trad. franç., p. 427, n. 6).

2. Ces scolies ont été toutes relevées et utilisées au Chap. IV, p. 125, 131,
133, 138, 139, 140, 141, 153.

des ouvrages indépendants analogues aux ouvrages didactiques des jurisconsultes anciens et aux ouvrages modernes.

Nous examinerons ensuite la question, plus difficile, de savoir si d'autres textes ne pourraient pas être rattachés à la production de la grande École du ve siècle.

A cette fin, dans les sources préjustiniennes, qu'il faudra examiner une par une, nous tenterons de faire le départ entre les œuvres dont les maîtres beyrouthins nous paraissent avoir été les auteurs (§ II) et les œuvres qui, très probablement, ne leur appartiennent pas (§ III).

Dans les sources contemporaines de Justinien, ou postérieures à lui, nous chercherons à reconnaître des traces, probables aussi, des travaux perdus des professeurs beyrouthins (§ IV).

§ I. — Les Œuvres sûrement attribuables aux « maîtres œcuméniques ».

Sauf un seul ouvrage connu, l'Ὑπόμνημα τῶν δεφινίτων de Cyrille[1], tous les travaux qui proviennent, ou sûrement ou à peu près certainement, des « maîtres œcuméniques » étaient, de toute évidence, en relation directe, avec les matières mêmes qui constituaient le programme de leur enseignement. C'étaient des commentaires sur les traités classiques et les constitutions, dont l'examen servait de base aux études dans les cinq années de cours ou de répétitions. Mais dans quelle forme étaient conçus les commentaires beyrouthins?

Les méthodes d'enseignement reconnaissables dans les productions du Bas-Empire étaient la paraphrase et la scolie.

Les professeurs de Beyrouth ne paraissent pas avoir

---

1. *Infrà*, p. 275-276.

laissé d'ouvrages rédigés en forme de Paraphrase, la Paraphrase d'un texte désignant l'ouvrage où les phrases personnelles du commentateur s'entremêlent au texte original commenté, d'une façon si étroite que les soudures sont parfois difficiles à découvrir. En Occident, dès avant Justinien, l'*Interpretatio Gai* d'Autun (du ɪᴠᵉ ou ᴠᵉ siècle) et l'*Interpretatio* du Code Théodosien fournissent les meilleurs exemples, les moins incomplets, d'une Paraphrase. Pour l'Orient, on ne possède aucune œuvre de ce genre avant la Paraphrase des Institutes de Justinien par Théophile ou attribuée à Théophile. Cette œuvre célèbre n'appartient pas à l'École de Beyrouth, puisque Théophile enseignait à Constantinople : cependant, elle aurait des attaches avec l'enseignement de Beyrouth si l'on admettait, à la suite de Ferrini, que sa source principale est un κατὰ πόδας des Institutes de Gaius, composé à Beyrouth au ᴠᵉ siècle, c'est-à-dire par les « maîtres œcuméniques ». Nous écarterons plus loin[1] l'hypothèse de Ferrini en lui en substituant une autre.

L'activité des maîtres de Beyrouth s'est portée surtout, et principalement, vers le commentaire revêtant la forme de Scolies sur les sources anciennes. Ce genre de travail comporte, à la différence de la Paraphrase, le maintien, dans son intégrité, du texte commenté, texte original pur ou déjà augmenté des gloses qui ont pu s'y glisser avant le commentaire. Le procédé du scoliaste consiste à accompagner le texte qu'il explique de remarques, qui, écrites en marge ou en interligne ou même sur des feuilles séparées (comme les *Scholia sinaitica*), restent toujours distinctes de ce texte : ces remarques sont les « scolies ».

Des « scolies juridiques » ont été découvertes à la fois en Occident et en Orient.

Les scolies de l'Occident, écrites naturellement en latin, se distinguent par deux caractères : elles sont très brèves

---

1. *Infrà*, p. 292.

et elles ne forment pas un commentaire suivi de l'œuvre auprès de laquelle elles sont placées; elles sont isolées, détachées ou, comme on dit parfois, « sporadiques », telles les Scolies des Fragments du Vatican. Il est probable, d'ailleurs, qu'elles ne sont pas des produits de l'enseignement, car il semble bien que les maîtres de l'Occident, au v⁰ siècle encore, préfèrent l'*Interpretatio* à la scolie. En tout cas, les scolies de l'Occident n'offrent qu'un intérêt très restreint.

L'origine scolaire et l'importance des scolies de l'Orient, rédigées naturellement en grec[1], ne peuvent, au contraire, qu'éclater aux yeux. Les juristes de l'Orient ont, depuis le v⁰ siècle, employé la scolie comme l'instrument favori de leur activité. Les maîtres de Beyrouth ne sont peut-être pas les premiers à avoir adapté ce procédé à l'enseignement du droit; en tout cas ils l'ont utilisé largement, bien longtemps avant que des compilateurs anonymes n'aient annexé aux manuscrits des Basiliques, en forme de scolies, des extraits tirés des œuvres de leurs disciples ou de professeurs postérieurs à Justinien.

Les *Scholia Sinaitica,* étudiées plus bas, montrent que ces maîtres ont pratiqué, comme l'ont fait dans la suite leurs continuateurs byzantins, deux méthodes de travail sur les œuvres classiques : l'Ἴνδεξ, indication des matières traitées par le texte ancien, la Παραγραφή, explication de ces matières[2].

Dans quelle mesure connaît-on des scolies provenant sûrement où très vraisemblablement des « maîtres œcuméniques » ?

I. — Avant de présenter les renseignements qui peuvent exister sur les travaux particuliers de chacun des

---

1. Depuis la fin du iv⁰ ou le début du v⁰ siècle, *Suprà*, p. 212.
2. P. Krueger, *op. cit.*, p. 362 (trad. franç., p. 428). — Sur les fragments du Sinaï, voir *Suprà*, p. 155-156, et *Infrà*, p. 279-282.

maîtres, il nous paraît utile de tirer, des Scolies qui
énoncent les titres généraux attribués à ces maîtres[1],
l'indication que les maîtres de Beyrouth, en général,
ont commenté les constitutions. Car, il est à noter que
les scolies visées ne parlent absolument que des commentaires sur les lois impériales et ne se réfèrent jamais
aux études consacrées par le groupe des τῆς οἰκουμένης
διδάσκαλοι aux œuvres des jurisconsultes classiques, encore
qu'il en ait existé, on le verra bientôt. Ces Scolies ne se
rapportent même qu'à une partie de l'enseignement des
maîtres sur les constitutions, uniquement à leurs commentaires sur des constitutions transcrites au Code Grégorien[2]. La liste, d'ailleurs, en est très courte[3].

II. — La liste se complètera pourtant au cours des no-
tices spéciales consacrées aux œuvres de chacun des sept
professeurs connus, en dehors d'Euxène dont le nom seul
a survécu.

1. — Cyrille. — On ne peut signaler, à titre d'ouvrage
indépendant provenant de l'École de Beyrouth, que le
travail de Cyrille (l'ancien) appelé l'Ὑπόμνημα τῶν δεφινίτων[4]. Ce travail devait, sur le modèle des *Definitiones*

---

1. *Suprà,* p. 125.

2. Les constitutions rassemblées au Code de Justinien, jusqu'au mois de
mai 291, viennent du Code Grégorien; celles de 293-294 sont extraites du
Code Hermogénien; celles d'octobre 291 à avril 292, plus celles de 295 à
304, dérivent de collections adventices : telles sont les trois conclusions du
beau travail de G. Rotondi sur les sources du Code Justinien : *Studi sulle
fonti del codice giustinianeo* (dans *B. I. D. R.,* t. XXVI, 1913, p. 208 =
Scritti giuridici. t. I, p. 146). Dans la suite, nous utiliserons ces données
pour déterminer sur quels recueils les Beyrouthins ont travaillé.

3. Les lois provenant du Code Grégorien et commentées par les maîtres
en général correspondent, d'après les Scolies, aux lois suivantes du Code de
Justinien : Cod. Iust. 2, 12 (13), 4 (207) (Heimbach, I, 402); 2, 3, 9 (222)
(I, 649); 2, 4, 10 (244) (I, 698); 2, 18 (19), 1 (196) (Suppl., 154). — Ces références ont été omises dans le relevé des lois provenant du Code Grégorien
donné par Rotondi (*B. I. D. R.,* t. XXVI, p. 177, n. 4 = *Scritti giuridici,*
t. I, p. 113, n. 2).

4. Mortreuil, *op. cit.,* t. I, p. 259-260; Heimbach, *Proleg., Basil.,* t. VI,

chez les anciens jurisconsultes romains, présenter le droit sous forme de règles concises[1]. Sa forme ne l'empêchait pas d'ailleurs d'être très complet[2], car, d'après la scolie Ταύτην[3] de Thalélée, Patricius déclarait que la matière des pactes illicites avait été étudiée τελείως καὶ ἀνελλιπῶς (*plene et nullo omisso*), qu'elle avait été épuisée, dirions-nous aujourd'hui, par l'ouvrage de Cyrille. Thalélée ajoute que les matières traitées dans le titre de l'Ὑπόμνημα τῶν δεφινίτων consacré aux pactes se trouvaient, de son temps, dispersées dans tout le Digeste[4].

Il est difficile de croire, avec M. Paul Krueger, que l'Ὑπόμνημα τῶν δεφινίτων renfermait, en plus des « définitions », les commentaires de Cyrille sur les *Libri ad Edictum* d'Ulpien[5] et sur les Réponses de Papinien[6]. Plus probablement, l'Ὑπόμνημα τῶν δεφινίτων constituait un travail de cabinet, tandis que c'était dans ses cours et sous forme de scolies que Cyrille avait étudié les *Libri ad Edictum* d'Ulpien et les *Responsa Papiniani* qui faisaient partie du programme des études.

---

p. 9; P. Krueger, *op. cit.*, p. 361 (trad. franç., p. 427); Laborde, *op. cit.*, p. 54.

1. Krueger, p. 141 (trad. franç., p. 173).

2. Pringsheim, *Beryt u. Bologna, loc. cit.*, p. 283, en fait une véritable chrestomathie des textes classiques.

3. Scol. Ταύτην, 1, 646.

4. Scol. Ταύτην : νῦν δὲ διέσπαρται ἐν πᾶσι τοῖς διγ. — Les auteurs modernes ne sont pas d'accord sur le sens exact de cette phrase. Nous ne croyons pas qu'il faille en tirer la preuve que le traité de Cyrille aurait été réparti dans tout le Digeste (en ce sens, P. Bonfante, *Storia del diritto romano*, 2ᵉ éd., Milan, 1909, p. 633).

5. Deux scolies de Stéphane se réfèrent au commentaire de Cyrille sur les *Libri ad Edictum* d'Ulpien : 1° le texte du Dig. 2, 14, 12, que commente la scolie Δύναται (*Bas.* 1, 583) est extrait de : *Ulp. libro quarto ad Edictum;* 2° le texte du Dig. 15, 1, 9, 7, que vise la scolie 54 (Suppl., p. 211), a pour inscription : *Ulp. libro vicesimo nono ad Edictum.*

6. La scolie Δόλου de Stéphane (III, 474) se rattache à Dig. 23, 4, 26, 4, portant l'inscription : *Pap. libro quarto responsorum;* Stéphane se réclame d'ailleurs formellement de l'interprétation de Cyrille sur le *responsum* de Papinien.

2. — Patricius. — Les abondantes scolies qui révèlent les opinions de Patricius ne mentionnent, comme œuvres du professeur, que des commentaires sur les constitutions. Pas une fois il n'est fait allusion à un travail de lui qui toucherait aux œuvres des jurisconsultes classiques. Cette double constatation conduit à penser que Patricius s'était consacré exclusivement à l'interprétation des lois impériales, conclusion qui peut surprendre au premier abord, mais qui pourtant nous paraît correspondre à la vérité. Car, étant donné la masse des emprunts que les professeurs byzantins lui ont faits, étant donné l'estime où ils le tiennent, il semble bien que, si Patricius avait laissé quelques commentaires sur les jurisconsultes classiques, des références à ses travaux se retrouveraient également dans les Scolies des Basiliques.

Dans le domaine où son activité s'est exercée si largement, les Byzantins montrent que Patricius a étudié tout ensemble les trois Codes Grégorien[1], Hermogénien[2] et Théodosien[3], et, en plus, des constitutions « extrava-

---

1. Voici, sur la base des scolies relevées, la liste des constitutions commentées par Patricius qui existaient dans le Code Grégorien : Cod. Iust. 2, 12 (13), 6 (223) (*Bas.* I, 403); *h. t.* 10 (227) (I, 405); 2, 3, 6 (213) (I, 646); *h. t.* 9 (222) (I, 649); 2, 4, 3 (223) (I, 692); *h. t.* 6 (230) (I, 695); 4, 35, 2 (*s. d.* Ant. Carac.) (II, 146); 4, 65, 1 (213) (II, 369); 2, 11 (12), 4 (198) (II, 454); 4, 1, 2 (223) (II, 542); 4, 30, 4 (*s. d.* Ant. Carac.) (II, 657); 4, 10, 4 (290) (III, 22); 5, 53, 3 (215) (III, 782); 3, 28, 18 (286) (IV, 35); 3, 29, 5 (286) (IV, 157); 4, 62, 3 (*s. d.* Val. Gall.) (IV, 502); 9, 46, 1 (*s. d.* Alex. Sev.) (V, 251-252); 9, 47, 13 (*s. d.* Diocl. Max., avant 293) (V, 873); 2, 18 (19), 3 (199) (Suppl., 156). — Cette liste rectifie et complète celle de Rotondi, *Scritti giuridici*, t. I, p. 113, n. 2 [où on lira : « 18 C. 3, 28 (a. 286) : Hb. 4, 35 », au lieu de 20 C. 3, 28 (a. 294)].

2. Sur la même base, les constitutions examinées par Patricius qui existaient probablement dans le Code Hermogénien (Rotondi, *op. cit.*, t. I p. 113, n. 2) sont celles-ci : Cod. Iust. 2, 4, 18 (293) (*Bas.*, I, 704); 4, 10, 6 (293) (III, 23); 7, 22, 1 (293) (IV, 789).

3. Suivant les scolies, Patricius a étudié deux lois insérées dans le Code Théodosien : Cod. Theod. 2,9,2 = Cod. Iust. 2, 4, 40 (381) (*Bas.* I, 722); Cod. Theod. 8, 12, 5 = Cod. Iust. 8, 53 (54), 27 (333) (IV, 585) (ces références à Patricius manquent dans Rotondi, *op. cit.*, t. I, p. 113, n. 2).

gantes » ou non recueillies dans ces Codes et qu'il a examinées directement[1].

3. — DOMNINUS. — Domninus a interprété des constitutions du Code Grégorien[2] et du Code Théodosien[3]. Les témoignages relatifs à sa production sont trop rares pour qu'on puisse affirmer qu'il n'a pas commenté les œuvres des jurisconsultes classiques.

4. — DÉMOSTHÈNE. — Les trois scolies de Théodore et de Thalélée, seules références à l'œuvre de Démosthène, laisseraient croire qu'il a commenté uniquement le Code Grégorien[4], hypothèse invraisemblable; mais a-t-il travaillé sur les jurisconsultes classiques, on l'ignore.

5. — EUDOXIUS. — Les travaux d'Eudoxius ont consisté dans l'interprétation de constitutions contenues aux Codes Grégorien[5] et Hermogénien[6], ainsi que dans l'explication d'une œuvre classique, le *lib. IX de officio proconsulis*

---

1. Une première constitution de cette nature étudiée par Patricius est : Cod. Iust. 4, 2, 16 (408) (*Bas.* II, 652) qui manque au Cod. Theod. (Rotondi, *op. cit.*, t. I, p. 113, n. 2); la seconde est la constitution de 424 (Cod. Iust. 7, 39, 3 = Cod. Theod. 4, 14, 1) que les Bas. 23, 3, 74 (II, 730; cf. 731) déclarent avoir été interprétée par lui dès sa promulgation (*Suprà*, p. 135).

2. Le seul exemple fourni par les scolies est : Cod. Iust. 2, 12 (13), 6 (223) (*Bas.* I, 403) (Rotondi, *op. cit.*, t. I, p. 113, n. 2).

3. Un seul exemple encore est donné par les scolies : Cod. Theod. 8, 12, 5 = Cod. Iust. 8, 53 (54), 27 (333) (*Bas.* IV, 585) (Rotondi, *op. cit.*, t. I, p. 113, n. 2); cf. *Suprà*, p. 277, n. 3.

4. Les constitutions visées sont déjà mentionnées *Suprà*, p. 277, n. 1 : Cod. Iust. 2, 12 (13), 6 (223) (*Bas.* I, 403); *h. t.* 10 (227) (I, 405); 2, 4, 3 (223) (I, 692) (Rotondi, *op. cit.*, t. I, p. 113, n. 2).

5. Les scolies apprennent qu'Eudoxius a commenté les constitutions suivantes figurant au Code Grégorien : Cod. Iust. 2, 12 (13), 6 (223) (I, 403); 2, 4, 3 (223) (I, 692); *h. t.* 8 (239) (I, 696); 2, 11 (12), 4 (198) (II, 454); 8, 54 (55), 3 (290) (IV, 593) (Rotondi, *op. cit.*, t. I, p. 113, n. 2).

6. D'après les scolies, Eudoxius a commenté les constitutions suivantes figurant vraisemblablement au Code Hermogénien : Cod. Iust. 2, 4, 18 (293) (I, 704); 4, 19, 9 (293) (II, 488-489) (Rotondi, *op. cit.*, t. I, p. 113, n. 2).

d'Ulpien[1]. C'est une opinion aventureuse que de lui attribuer les Scolies du Sinaï[2].

6. — AMBLICHUS. — La scolie unique de Stéphane qui cite le nom d'Amblichus se rattache au titre du Digeste, *de rebus creditis*, à un fragment tiré du *lib. XXVI ad Edictum* d'Ulpien[3]. Cette connexion laisserait croire qu'Amblichus avait commenté le *lib. XXVI ad Edictum* d'Ulpien qui est aussi désigné parfois comme son *liber I ad edictum de rebus creditis*[4].

7. — LEONTIUS. — Le nom de Leontius n'apparaît qu'une fois dans les scolies et d'une façon assez bizarre. Stéphane[5] indique que Leontius posait une question [Λεόντιος ἠρώτ(ησε)] sur un point délicat de la défense du maître à l'action *de peculio* et à cette question, c'est Stéphane en personne qui répond. Comme le passage se rapporte à un texte du Digeste extrait d'Ulpien *lib. XII ad Edictum*, on peut inférer que Leontius avait soulevé la question au cours d'un commentaire sur les *Libri ad Edictum* d'Ulpien, matière du programme d'études.

§ II. — Travaux probables.

I. — Les scolies grecques sur les *Libri ad Sabinum* d'Ulpien, connues sous le nom de *Scholia sinaitica*, proviennent certainement de l'une des Écoles de Droit d'Orient, sans qu'on puisse savoir de laquelle. On a proposé de les attribuer à l'École de Beyrouth[6] plutôt qu'à

---

1. L'indication vient de la scolie de Théodore (II, 454 *in fine*); cf. Dig. 48, 19, 8, 7 (Ulp. *libro nono de off. procons.*) = Bas. 60, 51, 8.

2. En ce sens, Alibrandi, t. I, p. 481; cf. *Infrà*, p. 280.

3. Le texte en relation avec la scolie (II, 601) est Dig. 12, 1, 9, 9.

4. Cf. l'inscription des *Fr. Vat.* 266.

5. La scolie 173 (*Bas.*, Suppl., p. 227) est sur Dig. 15, 1, 42, *Ulp. lib. XII ad Edictum*.

6. Krueger, p. 362 (trad. franç., p. 427-428); Alibrandi, *op. cit.*, t. I, p. 448.

l'École de Constantinople, parce qu'elles ont été découvertes dans un monastère du Sinaï[1]. Nous ajouterons que
la présomption est en faveur de Beyrouth, attendu que
l'éclat de l'enseignement juridique y était plus vif que
dans la capitale ou qu'à Alexandrie, ville à laquelle on
pourrait songer aussi.

Alibrandi, ne mettant pas en doute la provenance des
fragments et fixant leur date de rédaction entre la mort
de Léon (474) et 528, s'est demandé auquel des maîtres
connus de l'École de Beyrouth ils devaient être rapportés.
Il écarte les noms de Patricius, de Cyrille, de Démosthène et de Domninus, parce qu'il les suppose morts
avant 474 : c'est donc Eudoxius seul, conclut-il, qui a pu
écrire les fragments du Sinaï[2]. Sa conclusion pèche par
une trop grande précision. Si les fragments sortent de
l'École syrienne — et le fait n'est pas certain — et s'il
était vrai que les quatre premiers professeurs fussent
morts en 474 — ce qui n'est rien moins que certain pour les
deux derniers, — les fragments pourraient avoir été écrits
aussi bien par Euxène, Leontius, Amblichus, ou par un
inconnu, que par Eudoxius.

Au reste, l'un de leurs auteurs est reconnaissable et
aucun des noms cités ne lui convient.

Les *Scholia sinaitica*, en effet, n'émanent pas d'un seul
auteur, mais de deux. Ils constituent ce qu'on appelle une
« catène » ou « chaîne » et, ajouterons-nous, la seule
« chaîne » sur les grandes œuvres juridiques classiques
qui nous ait été conservée[3], en dehors de celles qui ont
passé au Digeste[4]. Certains morceaux ne sont, dans les
Scholia sinaitica, précédés d'aucun nom d'auteur. Ils sont

---

1. Alibrandi, t. I, p. 448.

2. Alibrandi, t. I, p. 450-451.

3. Peters, *op. cit.*, a reconnu dans les Scolies des Basiliques des « chaînes »
sur le Digeste; mais il n'indique pas que les Scolies du Sinaï constituent
déjà une chaîne.

4. *Infrà*, p. 301, n. 2.

dus à un professeur inconnu : à l'Anonyme (c'est à celui-là seul que le nom d'Eudoxius s'appliquerait dans la doctrine d'Alibrandi). D'autres morceaux sont précédés du nom de leur compositeur : Σαβ. ou *Sab.*, abréviation qui désigne, non point le jurisconsulte Massurius Sabinus, mais un scoliaste grec préjustinien[1], Σαβῖνος, antérieur à l'Anonyme qui utilise son travail. Si l'on était sûr que les fragments appartiennent réellement à l'École de Phénicie, le nom de l'Anonyme et de ce Sabinus devraient donc être joints aux noms des professeurs relevés ci-dessus[2]. L'œuvre de l'Anonyme comprenait d'ailleurs, en plus du commentaire sur les *Libri ad Sabinum* d'Ulpien, dont les Scolies du Sinaï révèlent l'existence, un commentaire sur les *Libri ad Edictum* d'Ulpien ou sur une partie de ces *Libri*, car, à ce commentaire, un passage des Scolies du Sinaï fait une référence directe[3].

En tout état de cause et même au cas où les *Scholia sinaitica* auraient été écrites en un autre endroit que Beyrouth, elles offrent un double intérêt pour la connaissance des méthodes suivies par les Écoles orientales du Bas-Empire, méthodes dont il y a tout lieu de croire que l'École de Beyrouth les a pratiquées, peut-être sans les avoir inventées :

1° elles montrent, d'une part, quels étaient les procédés de l'enseignement; nous les avons utilisées sous cet aspect, précédemment[4];

2° elles montrent, d'autre part, comment se sont formées les « chaînes » sur les œuvres juridiques classiques,

---

1. En ce sens, Krueger, p. 362, n. 12 (trad. franç., p. 428, n. 3), contre Alibrandi.

2. *Suprà*, p. 155, 156.

3. *Schol. sinait.*, fr. 13, § 35 : καὶ τοῦτό σοι ἐσημειωσάμην καὶ [ἐ]ν τῇ λϛ' παραγραφῇ τοῦ de in integrum τῶν α' Ulpiani... (*et hoc tibi indicavi etiam in XXXII paragrapho* <tituli> *de in integrum* <restitutione> τῶν πρώτων *Ulpiani*). — Les πρῶτα d'Ulpien désignent les quatorze premiers livres de ses *Libri ad Edictum* (*Suprà*, p. 226).

4. *Suprà*, p. 245-249.

« chaînes » dont quelques-unes sont, selon nous, la source de fragments interpolés du Digeste [1].

II. — Les Scolies grecques mises en marge de fragments du livre V des *Responsa* de Papinien, découverts en Egypte et transportés au musée égyptien de Berlin [2], sont attribuées, après Zachariae, par P. Krueger [3], à l'École de Droit d'Alexandrie plutôt qu'à celle de Beyrouth, pour le motif que « ces fragments ont été trouvés en Égypte ». L'argument n'a pas la force que croit l'auteur, car la *Vie de Sévère*, par Zacharie le Scholastique [4], apprend que des Égyptiens venaient aussi faire leurs études de droit à Beyrouth : un étudiant égyptien a donc pu remporter dans son pays un exemplaire des Réponses de Papinien annoté à Beyrouth. On sait, d'autre part, que les maîtres de Beyrouth ont commenté les Réponses de Papinien [5], et que huit livres des Réponses étaient compris dans les œuvres enseignées par les Écoles avant Justinien [6]. A l'égard de ces scolies, la prudence commande donc de dire seulement qu'elles peuvent venir ou d'Alexandrie, ou de Beyrouth, ou encore de l'une des petites Écoles de l'Orient à moins qu'elles ne viennent de la pratique.

---

1. *Infrà*, p. 301, n. 2.

2. Les scolies grecques sont données en note par P. Krueger, dans la *Coll. libr. iuris anteiust.*, tome III (Berlin, 1890); elles ne sont pas reproduites dans les *Textes* de P.-F. Girard. — Ce sont des scolies détachées, au nombre de quatre seulement : la première sur le fragment III, § 9 (p. 288, note); la seconde sur le fragment III, § 11 (p. 289, note): la troisième sur les premières lignes du fragment V, §§ 16-17 (p. 290, note); la quatrième sur le fragment VI, § 22 (p. 291, note). — Il n'y a pas de scolies sur les fragments du livre IX des *Responsa* de Papinien conservés à Paris (Girard, *Textes*, 5e éd., p. 374-375).

3. P. Krueger, p. 363 (trad. franç., p. 429), suivi par Édouard Cuq, *Man.*, p. 50, n. 3.

4. *Suprà*, p. 83.

5. Cyrille en commentait le livre IV, d'après la Scol. Δόλου (III, 474). — *Suprà*, p. 276, n. 6.

6. Const. *Omnem*, § 1. — *Suprà*, p. 228.

III. — Le Papyrus de Heidelberg 1272[1] porte, à côté des restes d'un texte latin visant la matière du *testamentum inofficiosum*, des scolies grecques de trois mains : au R°, deux scolies d'une première main (glo. I a. et I b.), une autre d'une seconde main (glo. II); au V°, une scolie d'une troisième main (glo. III). Quel est l'âge de ces scolies? émanent-elles d'une École de Droit et de laquelle?

Jusqu'ici, les auteurs[2], adoptant l'opinion des éditeurs que les lettres latines correspondaient aux fragments 17 et 19, Dig. 5, 2 (Paul, *l. II quaest.*), ne mettaient pas en doute que les scolies ne fussent postjustiniennes (mieux vaudrait dire : « postérieures au Digeste », car elles auraient pu être écrites entre 533 et 567, sous le règne de Justinien encore). M. A.-J. Boyé, en combinant l'étude critique de la célèbre Loi *Mater* (Dig. 5, 2, 19) qui est l'un des deux fragments et l'examen du P. Heidelberg 1272, dont la lecture est loin d'être définitive, a conclu que l'ouvrage latin, muni des scolies grecques, pourrait n'être point un exemplaire du Digeste, mais un exemplaire des *Quaestiones* mêmes de Paul écrit vers la fin du v° siècle au plus tôt. Partant, les gloses grecques seraient préjustiniennes et viendraient des Écoles, soit d'Alexandrie, soit de Beyrouth[3].

---

1. Le P. Heid. 1272, édité provisoirement par M. Gradenwitz, *Z. S. S.*, t. XXIII, 1902, p. 458-459, l'a été à nouveau par MM. Gerhard et Gradenwitz, dans *Philologus*, t. LXII, 1903, p. 95 et suiv., et encore t. LXVI, 1907, p. 478-479. — L'étude toute récente de M. A.-J. Boyé, *Essai critique sur une* Crux iuris : *La loi* Mater (Dig. V, 2, 19), *et le Papyrus de Heidelberg 1272* (dans *Tijdschrift voor Rechtsgeschiedenis*, t. V, 1924, p. 464-488), présentée d'abord aux Conférences d'Agrégation de la Faculté de Droit de Paris, soumet la Loi et le Papyrus à un nouvel examen dont la méthode et les résultats sont également remarquables.

2. Références, dans Boyé, *loc. cit.*, p. 481, n. 2, *in fine*.

3. M. Boyé, *loc. cit.*, p. 488, n. 2, invoque en faveur d'Alexandrie l'attribution commune à cette École des Scolies grecques des *Responsa Papiniani*; mais voy. les objections, *Supra*, p. 282.

IV. — Le n° 55 des Papiri della Società Italiana
(= P. S. I. 55), trouvé à Oxyrhynchos, édité par M. Vassali[1], réédité par M. de Francisci[2], étudié par ces auteurs
et par Peters[3], contient 134 lignes d'un commentaire grec
sur le titre *De pactis*, qui est accompagné en quatre endroits de scolies grecques marginales.

Comme le papyrus ne transcrit pas le texte latin auquel
correspond le commentaire, — en quoi il ressemble aux
Scholia sinaitica, — une question très grave se pose à son
égard : de savoir si le document constitue un commentaire
sur le Digeste ou un commentaire préjustinien sur un
ouvrage classique.

MM. Vassali et P. de Francisci y voient sûrement un
commentaire sur le titre *De pactis* du Digeste (Dig. 2, 14).
Mais ils divergent sur l'attribution à tel ou tel professeur
spécial. M. Vassali, tenant compte de la date de l'écriture
(le vi° siècle)[4] et de la présence de termes latins, le donne
pour un fragment du commentaire de Théophile, parce
que les morceaux des commentaires des autres maîtres,
Cyrille (le jeune), Stéphane (ou Étienne), Dorothée et
l'Anonyme, conservés dans la chaîne des Basiliques et
ayant trait au titre du Dig. 2, 14, montrent qu'ils n'entrent pas en cause.

M. de Francisci repousse cette attribution, pour le
motif que Théophile a enseigné à Constantinople, tandis
que le morceau vient vraisemblablement de Beyrouth,
d'où l'un des jeunes étudiants égyptiens, qui fréquentaient en assez grand nombre l'École de Phénicie, l'aurait
rapporté dans son pays[5].

---

1. *B. I. D. R.*, t. XXIV, 1911, p. 180-203.
2. Rendiconti del R. Istituto Lombardo, Serie II, vol. XLV (1912), p. 217-
241.
3. Peters, *op. cit.*, p. 100-103.
4. Mais voy. *Infrà*, p. 286.
5. L'argument a été employé pour les Scolies sur Papinien, ci-dessus
(p. 282).

Peters, lui, ne se prononce pas aussi nettement. Il commence par écarter l'objection de M. de Francisci en alléguant que, aux v⁰ et vi⁰ siècles, les relations entre l'Égypte et la capitale étaient régulières. Mais il ne se rallie pas, néanmoins, à l'idée de M. Vassali; l'autorité de Théophile n'est pas, selon lui, incontestable, car, dit-il, le nombre des fragments des commentaires du Digeste d'autres maîtres, tels qu'Isidore, Théodore, Cobidas et Anastase, est trop faible pour qu'on puisse, avec M. Vassali, exclure la possibilité du rattachement du papyrus à l'un de ces commentaires. Pour Peters, le point important est de déterminer d'abord si la nouvelle découverte ne nous aurait pas livré la partie d'un commentaire sur la collection préjustinienne dont, lui, Peters. met tous ses efforts à établir l'existence, c'est-à-dire le « Prédigeste ». Quoique nous ne voulions pas aborder directement ici le problème du « Prédigeste », nous devons pourtant discuter à fond les idées de l'auteur sur le Papyrus.

Suivons les explications de Peters au cours desquelles il déclare d'ailleurs être incapable de prendre position.

a) Il démontre d'abord que le prototype (Vorlage) du papyrus portait en marge une glose (passée dans le texte du P. S. I. 55, lin. 110-112 et reproduite à nouveau dans une scolie marginale). Cette glose renvoyait à un « livre 18 » : ὡς β̄ ἰη εὑρήσεις. Le passage visé se trouve être maintenant le Dig. 18, 5, 2 ou le Dig. 18, 1, 72 ; mais il n'est pas certain que, comme l'admet M. Vassali, la citation du « livre 18 » se réfère au Digeste; car le livre 18 [du Digeste] appartient à la *pars de rebus* et, pour Peters, c'est chose certaine que les parties appelées πρῶτα, *de iudiciis* et *de rebus*, ont été tirées, sans changements, du plan de la collection préjustinienne [le Prédigeste] : donc les passages du D. 18, 5, 2 et D. 18, 1, 72 se trouvaient déjà dans la collection préjustinienne au livre 18.

b) D'après le contenu, on ne peut découvrir la source du papyrus. On ne peut dire qu'une chose : les larges discussions servant à éclairer le passage correspondant au Dig. 2, 14, 7, 5 (lin. 69-90) et le passage correspondant au Dig. 2, 14, 7, 6 (lin. 91-128), ont leur parallèle à nouveau dans les larges amplifications de Stéphane (ou Étienne); elles se placent donc ou bien dans le temps d'avant Justinien, ou bien dans la période, où les prescriptions sur la forme des commentaires se sont relâchées, c'est-à-dire dans le temps postérieur à la mort de Justinien.

c) La paléographie n'autorise, elle non plus, aucune décision ferme; l'éditeur affirme que les considérations paléographiques le font pencher à reporter le papyrus plus haut que le vi⁰ siècle.

d) L'original latin qu'il commente portait les abréviations « act. » et « exc. »; le papyrus lui-même renferme des sigles (cf. Vassali, p. 107) d'où M. Partsch[1] a conclu qu'il était préjustinien. Peters fait ses réserves, parce que les sigles reparaissent après Justinien.

e) Les amplifications des lin. 9-40 donnent l'impression que, comme M. Vassali[2] l'a pensé déjà, ce n'est pas le texte de Paul, Dig. 2, 14, 6, qui sert de base au papyrus. Le fragment de Paul a été mis [au Digeste] à la place des développements d'Ulpien sur la *conventio legitima*, ainsi qu'il résulte de la distinction d'Ulpien au fr. 5. Noùs savons que, dans le commentaire parallèle de Paul sur l'Édit, il était question, dans la discussion de la *conventio legitima*, de *usurae, procurator* et *tutor*[3]; le commentaire d'Ulpien aurait donc employé aussi ces termes à propos de la *conventio legitima*. Le Papyrus exprime dans la lin. 3 par les mots « ulp̄ : convent[i]onων » qu'il paraphrasait un texte d'Ulpien : c'est le Dig. 2, 14, 5; mais il ne dit nullement dans la lin. 9, qu'il passe ensuite au fragment

---

1. Cité par Peters, p. 102, n. 256 *a*.
2. Vassali, *loc. cit.*, p. 108-109.
3. Lenel, *Pal.*, Paul, n⁰ˢ 124 et 125.

de Paul (Dig. 2, 14, 6). Si le commentaire est préjustinien, point restant indécis, il est pourtant vraisemblable que, dans la collection préjustinienne, à la place du fr. de Paul (Dig. 2, 14, 6), se trouvaient de plus larges développements d'Ulpien sur la *conventio legitima* dans lesquels il en venait à parler de *usurae* et de *tutor legitimus*; précisément ces matières ont été traitées par le Papyrus, d'après les restes visibles des lin. 9-40 partiellement détruites.

Nous serons, pour notre part, plus affirmatif que Peters et nous nous prononçons nettement en faveur de l'origine préjustinienne du P. S. I. 55. Le texte, pour nous, est un commentaire, non pas de la compilation préjustinienne imaginée par Peters, — puisque son existence n'est pas recevable[1], — non pas du Digeste, mais des *Libri ad Edictum* d'Ulpien; c'est plus particulièrement un Index du *lib. IV ad Edictum* d'Ulpien.

Voici quels sont nos arguments :

a) Paléographiquement, le Papyrus remonte plus haut que le vi⁰ siècle; donc il est du v⁰ siècle, de la deuxième moitié du v⁰ siècle sans doute.

b) La disposition des mots de la lin. 3 = « ulp̄ : convent[i]onων » rappelle exactement la disposition qui est observée par les *Scholia sinaitica* quand elles dégagent du texte latin commenté les mots-types sur lesquels les remarques du professeur porteront. Au fr. 13, § 35, la disposition

> Ouāp
> Sab. Volenti

est absolument conforme à la disposition de « ulp̄ : convent[i]onων » dans le Papyrus; seulement « Ouāp = ʽO Ulp. » doit s'interpréter comme une correction à la première leçon fautive « Sab. ».

---

1. *Infrà*, p. 291.

D'après ce parallèle, l'ouvrage commenté dans le P. S. I. 55 est une œuvre d'Ulpien, contenant le génitif *conventionum* (= convent[i]onων); cet ouvrage est le *lib. IV ad Edictum,* comme il ressort de la confrontation du texte avec le Dig. 2, 14, 5 (Ulp. *libro quarto ad Edictum*).

c) Notre hypothèse est confirmée par la remarque très juste de M. Vassali et de Peters, que le Papyrus (lin. 9-40) ne commentait pas le texte de Paul, Dig. 2, 14, 6, mais continuait à suivre les développements d'Ulp. *lib. IV ad Ed.*, parallèle à Paul, *lib. III ad Ed.* Et cette remarque empêche précisément de voir dans le P. S. I. 55 un morceau important d'un commentaire sur le Digeste, mais elle interdit tout autant d'y trouver un commentaire sur le prétendu « Prédigeste », car, dans le prétendu « Prédigeste », le fragment de Paul aurait déjà figuré à cette place, puisque Peters déclare la compilation « extraordinairement » proche du Digeste.

d) Le renvoi à un « livre 18 » : ὡς β ιη εὑρήσεις, est, à première vue, très favorable à la thèse qui veut faire du Papyrus un commentaire du Digeste. D'ailleurs, à notre avis, le Dig. 18, 5, 2 rend beaucoup mieux que le Dig. 18, 1. 72, la pensée de la glose passée dans le texte du Papyrus. Pourtant, comme le P. S. I. 55 ne spécifie en aucune manière dans quel ouvrage se trouve le « livre 18 » en question, peut-être ne serait-ce pas une hypothèse trop hardie que de proposer d'appliquer la référence à un livre du commentaire général, de l'Index, dont le papyrus est un morceau. Le commentateur aurait numéroté ses livres sans aucun rapport avec le numérotage des *Libri ad Edictum* d'Ulpien. Peut-être aurait-il suivi des divisions imaginées par l'École dans son œuvre qui contenait sans doute les trois parties des commentaires sur l'Édit enseignées en deuxième et troisième années, *prima pars legum, pars de iudiciis, pars de rebus*[1]. Nous savons qu'il existait

---

1. *Suprà*, p. 230.

des divisions dans la *pars de iudiciis*, puisque le fragment *de iudiciis* de Berlin[1] porte en explicit : DE IUDICIIS. LIB. II (*de iudiciis libro secundo*). Le numérotage donné aux divisions de la *pars de iudiciis* est donc indépendant du numérotage des *Libri ad Ed.* qui en faisaient partie. Ne pourrait-on présumer qu'il existait également un numérotage indépendant pour la *prima pars* et pour la *pars de rebus?* Peut-être, en ce qui concerne cette dernière, susbiste-t-il un témoignage : la Const. *Omnem*, § 1, parle de « septem libris semotis », de sept livres que l'enseignement d'avant Justinien laissait de côté dans la *pars de rebus*. De quels livres s'agit-il? la Const. *Omnem* ne le dit pas. Ne s'agirait-il pas de livres correspondant dans les commentaires grecs à des divisions de la *pars de rebus* par matières? La matière de la vente (= Dig. 18) ne se classant pas, en raison de son importance, parmi les livres négligés, elle aurait fait l'objet, dans les commentaires grecs sur les *Libri ad Ed.*, d'un livre spécial qui aurait pu très bien être le « livre 18 ».

Et, d'ailleurs, il est probable que les commissaires du Digeste n'ont pas inventé la répartition des matières dont traitent les dix-neuf premiers livres du Digeste. Il est plus que probable qu'ils l'ont empruntée à leurs prédécesseurs, les maîtres des Écoles du ve siècle, où l'on enseignait les mêmes matières, sous les mêmes grandes divisions en trois parties que Justinien s'est appropriées. Comme nous n'admettons pas l'existence du « Prédigeste » de Peters, mais comme nous admettons l'existence prouvée de commentaires scolaires sur les *Libri ad Ed.*, nous concluons que l'indication « livre 18 » du Papyrus concorde, non avec le « Prédigeste » inexistant, mais avec le « livre 18 » d'un commentaire grec sur les *Libri ad Ed.* d'Ulpien ou de la *pars de rebus* de ce commentaire.

Il ne nous échappe pas qu'il y a là une coïncidence

---

1. Girard, *Textes,* 5ᵉ éd., p. 498.

« trop heureuse », comme disait Rotondi[1], de l'argument tiré de ce « livre 18 » par Peters en faveur de son « Pré-digeste ». Aussi considérons-nous l'argument comme secondaire ou négligeable. C'est bien plutôt l'omission de tout commentaire sur le fr. 6 (Dig. 2, 14) de Paul qui demeure l'argument le plus fort contre le rattachement du P. S. I. 55 au Digeste.

Pour la provenance du commentaire grec reproduit dans le Papyrus, nous accepterions volontiers l'avis de M. de Francisci qui place, on l'a vu, son origine à Beyrouth. L'argument est la grande production certaine des « maîtres œcuméniques » qui, d'après tous les témoignages, n'a été égalée ni à Byzance, ni à Alexandrie.

En résumé, le P. S. I. 55 est le débris d'un commentaire grec sur les *Libri ad Edictum* d'Ulpien, professé par un maître de la fin du ve siècle (à Beyrouth?) à ses cours de deuxième ou de troisième année.

§ III. — Travaux discutables.

I. — Parmi les travaux attribuables à l'École de Beyrouth, il en serait un qui dépasserait en importance tous les autres, tant par son étendue et par sa constitution que par son influence : ce serait la compilation préjusti-nienne formée de fragments extraits des jurisconsultes classiques et déjà interpolés largement, compilation extraordinairement proche du Digeste que Hans Peters[2] a cru retrouver par hypothèse et à laquelle il assignait, pour lieu d'origine, l'École de Droit de Beyrouth et, pour date, la période de la première génération après les ἥρωες (ce sont ses termes mêmes), c'est-à-dire l'époque

---

1. Rotondi, *Scritti giuridici*, t. I, p. 97.

2. L'opuscule cité de H. Peters, *Die oströmischen Digestenkommen-tare*, etc., est presque entièrement consacré à la reconstitution de cette compilation.

de Leontius (487 environ) ou l'âge intermédiaire entre 438 et 487.

Mais, comme l'a démontré Rotondi[1] qui a si justement baptisé cette compilation du nom de « Prédigeste », l'hypothèse de Peters n'est en aucune manière admissible. Il faut donc rayer des travaux de l'École de Beyrouth le prétendu « Prédigeste ». L'influence que l'enseignement de Beyrouth a pu exercer sur le Digeste ou plus générament sur la codification de Justinien, c'est par d'autres voies qu'il y aura lieu d'essayer de la mettre en évidence[2].

II. — Ferrini a fait sortir de l'École de Beyrouth deux œuvres importantes qui se présentent sous une forme entièrement différente des travaux dont nous nous sommes occupés jusqu'ici :

1° Une traduction grecque des Institutes de Gaius, qu'il appelle aussi le κατὰ πόδας des Institutes de Gaius, et qu'il croit avoir servi de base à la Paraphrase grecque des Institutes de Justinien par Théophile ou attribuée à Théophile[3];

2° Les *Leges saeculares* ou Coutumier syro-romain[4].

Malgré le vif intérêt que soulève l'origine de la Paraphrase grecque des Institutes de Justinien, nous nous voyons forcé de remettre la discussion de l'idée de Ferrini. La recherche des sources de cette œuvre constitue, en effet, un problème d'une telle difficulté qu'il ne saurait être traité que dans une étude développée et après une

---

1. G. Rotondi, *Scritti giuridici*, t. I, p. 87-109 (déjà cité, *Suprà*, p. 158, n. 1).

2. Le thème de nos idées se trouve exposé dans *The general Problems raised by the Codification of Justinian*, résumé de nos Conférences d'Oxford publié par la *Tijdschrift voor Rechtsgeschiedenis*, t. IV, 1922, p. 1-30.

3. C. Ferrini, *Institutionum graeca paraphrasis Theophilo antecessori vulgo tributa,* etc., Pars prior, Berlin, 1884, p. xii.

4. C. Ferrini, *op. cit.*, p. xii-xiii.

préparation qui retarderait considérablement la marche du présent ouvrage. Pour résumer en quelques mots la thèse que nous opposerions à celle de Ferrini, nous nous bornerons à dire que, selon nous, la base préjustinienne — vraisemblablement beyrouthine d'ailleurs — de la Paraphrase n'est pas un κατὰ πόδας de Gaius, comme Ferrini le proposait, mais une suite de scolies grecques composées sur les Instituts de Gaius par les professeurs qui commentaient, en première année, le célèbre manuel élémentaire classique.

III. — En ce qui regarde les *Leges saeculares* ou Coutumier syro-romain, leur origine doit être discutée ici.

Ferrini était d'avis que le prétendu κατὰ πόδας de Gaius, source de la Paraphrase, sortait de l'École de Beyrouth, parce que la Paraphrase offre des affinités évidentes avec les *Leges saeculares*, et que celles-ci, à n'en pas douter, sont parties de l'École de Beyrouth : « eumque (*sc.* librum iuris syro-romanum) ex berutiensi schola quodammodo esse profectum non ambigitur » [1].

Au moment où Ferrini écrivait cette phrase si nette (en 1884), la question pourtant n'était plus entière. Les éditeurs des *Leges saeculares*, Bruns et Sachau, l'avaient soulevée antérieurement (en 1880) : Sachau [2] s'était borné à constater que la plus ancienne version syriaque (L) de l'original grec ne donnait aucune réponse à la question de savoir si l'École de Droit de Beyrouth avait participé à la rédaction et à la diffusion de l'ouvrage.

Bruns [3], de son côté, avait discuté de près le problème. Tout en rappelant que nous savons parfaitement bien que les maîtres de Beyrouth ont parlé, enseigné et écrit en grec,

---

1. Ferrini, *op. cit.*, p. XII.

2. Bruns et Sachau, *Syrisch-roemisches Rechtsbuch*, Leipzig, 1880, in-4°, p 155.

3. *Ibid.*, p. 327-328 ; cf. p. 325.

Bruns déclarait : « Cependant, il n'est pas vraisemblable que le livre y soit né ». Après avoir tracé le tableau de l'activité des professeurs du ve siècle consacrée aux commentaires du vieux droit, *ius* et *leges*, après avoir enregistré les éloges que leur décernent les juristes du temps de Justinien, il concluait nettement : « Mais alors, précisément, il n'est pas vraisemblable qu'une œuvre aussi misérable que notre coutumier soit sortie d'eux (de ces maîtres) ». S'ils en avaient été les auteurs, ils auraient, sans aucun doute, établi une plus étroite connexion avec les vieux livres et fait à ces livres une référence spéciale ; ils n'auraient pas ignoré d'une façon absolue le Code Théodosien ; ils n'auraient pas accepté un système successoral tel que celui de notre Coutumier[1], du moins sans mettre en relief les différences foncières qu'il présente avec le système romain. Suivant Bruns, ce n'est donc pas parmi les professeurs de Beyrouth qu'il faut chercher l'auteur des *Leges saeculares*. En dernière analyse, l'opinion que Ferrini donnait comme incontestée, la rédaction du recueil à l'École de Beyrouth, était repoussée formellement par celui des deux éditeurs qui était le plus qualifié pour se prononcer.

Bruns[2] cependant concédait que l'auteur de l'ouvrage, un clerc syrien, avait pu utiliser les écrits grecs des professeurs de Beyrouth, puiser dans ces écrits sa connaissance du droit. Par là s'expliqueraient, conclurons-nous, les affinités entre la Paraphrase de Théophile et les *Leges saeculares* qui avaient frappé Ferrini. Par là seulement, et indirectement, la science des Beyrouthins aurait exercé son influence sur les *Leges saeculares* qu'il est impossible de leur attribuer intégralement.

---

1. Voy. aujourd'hui sur le sujet, c'est-à-dire sur la provenance grecque de ce système successoral particulier, l'article de M. Bernard Haussoullier, cité plus haut, p. 215, n. 3.

2. *Ibid.*, p. 330.

IV. — Pour le petit catalogue *De Actionibus*[1], d'origine sûrement antéjustinienne, il est dû plutôt à un praticien qu'à un professeur[2]; donc, il ne vient pas de l'École de Beyrouth.

§ IV. — Autres traces probables des œuvres des maîtres de Beyrouth.

Les fragments des œuvres venant sûrement ou probablement des maîtres de Beyrouth, relevés dans les pages précédentes, ne constituent qu'un ensemble bien peu considérable. N'y aurait-il pas moyen de découvrir des traces plus nombreuses de leur activité?

I. — C'est naturellement, en première ligne, dans les Scolies des Basiliques qu'on devrait les chercher. Comment s'imaginer que les auteurs de ces scolies ont accueilli seulement les quelques passages des commentaires signalés plus haut? A la vérité, les auteurs modernes les signalent parce qu'ils portent des attributions nominatives aux maîtres beyrouthins, parce que leur origine est patente et authentifiée. L'un d'eux, P. Krueger[3], déclare même formellement que ce sont les seules qui ont subsisté en justifiant leur survivance « par l'effet d'un pur hasard; cela tient — dit-il — à ce que les commentaires sur le Code Justinien nous ont tout naturellement transmis de préférence ces remarques ».

N'est-il pas plus raisonnable de penser que les Scolies des Basiliques renferment d'autres passages tirés des

---

1. Zachariae von Lingenthal, *De actionibus. Ein Ueberbleibsel antejustinianischer Jurisprudenz*, dans *Z. S. S.*, t. XIV, 1893, p. 88-97.

2. En ce sens, C. Ferrini, *Sull' opuscolo greco intitolato « De Actionibus »* dans *Rendiconti del R. Istituto Lombardo*, t. XXVI, 1893, p. 717-722. — Nous ne pouvons donner ici que l'indication de notre opinion, en renvoyant pour les preuves à la monographie que nous avons préparée de ce texte et qui trouvera sa place dans un volume postérieur.

3. P. Krueger, *op. cit.*, p. 362 (trad. franç., p. 427).

œuvres des « maîtres œcuméniques » que ceux-là? Un
argument *à priori* porte à le croire. Les rédacteurs des
œuvres dispersées dans les Scolies des Basiliques, les
professeurs du vi^e siècle, s'avouent eux-mêmes les disciples des maîtres illustres de Beyrouth : comment se
seraient-ils bornés à leur emprunter quelques rares par-
celles de leur science? Comment ces emprunts se seraient-ils concentrés dans les Commentaires sur le Code?
Comment les commentaires grecs sur le Digeste ne ren-
fermeraient-ils que les quelques lignes de Stéphane tirées
des scolies beyrouthines sur les *libri* des classiques dont
les fragments constituent le Digeste?

La vérité est qu'il est très difficile de reconnaître les
passages d'origine beyrouthine, en dehors de ceux qui
portent la marque patente de leur origine. En matière de
critique de provenance des sources, la difficulté est toujours la même : trouver le critérium qui permette de
séparer le fonds ancien du fonds nouveau. Le critère est
clair dans les cas sus-indiqués. En existe-t-il un autre qui
conduirait à augmenter la masse beyrouthine?

A côté du critère « personnel », nous apercevons un
critère « réel », si l'on peut dire, un critère déterminé, non
plus par le nom des maîtres de Beyrouth, mais par la nature des institutions qu'ils ont commentées. Il est histori-
quement incontestable, dans l'ordre critique, que tous les
passages des Scolies des Basiliques qui se réfèrent à des
institutions effacées de la codification de Justinien ne
peuvent appartenir aux contemporains de Justinien. Ces
passages, les professeurs du vi^e siècle n'ont fait que les
emprunter à des ouvrages antérieurs; leurs véritables
auteurs sont ceux qui ont commenté les textes classiques
où ces institutions, abolies par Justinien, figuraient encore; ce sont les maîtres de Beyrouth du ve siècle.

En conséquence, nous n'hésitons pas à adjoindre aux
scolies beyrouthines certaines tous les passages des
Scolies des Basiliques qui visent des institutions préjusti-

niennes non adoptées par la codification. Nous ne citerons qu'un exemple : le fameux passage de la scolie Μαθών[1] de Stéphane (ou Etienne) concernant la structure des formules (je ne dis pas : de l'action) *praescriptis verbis* ou, mieux encore, des formules avec *praescripta verba,* à l'existence desquelles je m'obstine à croire, malgré l'école radicale. Il est bien clair que Stéphane ne connaît la composition de telles formules que par la tradition des « maîtres œcuméniques » qui, eux, les rencontraient dans les œuvres classiques qu'ils commentaient.

Certains passages des Scolies des Basiliques, on le sait, permettent de reconstituer dans leur état originaire des textes du Digeste et du Code. Il est assez naturel de penser que les commentateurs du Digeste et du Code auraient été incapables de donner des références aux leçons pures de ces textes s'ils ne s'étaient servis de commentaires plus anciens établis d'après les originaux mêmes. Aussi l'idée que les contemporains de Justinien ont utilisé, dans leurs œuvres, des sources du ve siècle provenant des maîtres de Beyrouth a-t-elle été émise déjà[2] et nous l'approuvons sans réserve. Exprimée formellement ou sous-entendue, cette idée est à la base des travaux dans lesquels les auteurs, et spécialement Alibrandi[3], Riccobono[4] et P. Krueger[5], ont montré comment on pouvait employer les Scolies des Basiliques (et d'autres traités juridiques byzantins plus récents) à la reconstitution des versions pures des

---

1. Heimbach, I, p. 559-560.

2. S. Riccobono, p. 486 de l'article cité plus bas (n. 4).

3. I. Alibrandi, *Dell' utilità che recano alla storia ed alle antichità del diritto romano gli scritti de' greci interpreti e degli scoliasti de' Basilice,* dans *Opere giuridiche e storiche,* t. I, p. 49-62.

4. S. Riccobono, *Il valore delle collezioni giuridiche bizantine per lo studio critico del Corpus iuris civilis,* dans *Mél. Fitting,* t. II, Paris, 1908, p. 463-497.

5. P. Krueger, *Ueber wirkliche und scheinbare Ueberlieferung vorjustinianischen Wortlauts im Kommentar des Thalelaeus zum Codex Iustiianus,* dans *Z. S. S.,* t. XXXVI, 1915, p. 82-95.

textes classiques déformés par la codification justinienne.

Enfin, en plus des scolies beyrouthines que le critère « personnel » et le critère « réel » amènent à découvrir, il est très probable que les commentateurs du vi[e] siècle en ont emprunté d'autres encore qui ont pris place dans les Scolies des Basiliques. Les commentateurs du Code et du Digeste ont puisé, sans doute, aux œuvres de leurs maîtres et prédécesseurs du ve siècle, abondamment. Car, qui voudrait croire qu'ils aient limité leurs emprunts aux passages qui comportent des allusions manifestes à ces maîtres et aux passages touchant à des institutions exclues par l'Empereur? Seulement, faute de critères généraux satisfaisants, nous sommes obligés d'avouer notre impuissance à marquer du signe certain de la provenance beyrouthine d'autres passages que ceux visés. C'est seulement par l'étude spéciale des commentaires grecs du vi[e] siècle qu'on arrivera à découvrir leurs sources. Par exemple, rappelons qu'une trace de l'existence d'une scolie beyrouthine anonyme a été proposée par nous antérieurement à l'occasion du récit de la carrière de Leontius[1].

II. — D'après l'indication donnée précédemment[2], les sources grecques de la Paraphrase des Institutes par Théophile sont, non un κατὰ πόδας de Gaius, mais des scolies grecques sur Gaius, du même type que les Scolies du Sinaï sur les *Libri ad Sabinum* d'Ulpien. Ces scolies grecques peuvent très bien provenir de l'enseignement beyrouthin.

III. — Les Glossaires juridiques grecs connus sous le nom de *Glossae nomicae* ou « Gloses nomiques », conservés dans plusieurs manuscrits de France et de l'étranger,

---

1. *Suprà*, p. 153.
2. *Suprà*, p. 292.

et dont des extraits ont été publiés par Labbé, dans le tome III du *Thesaurus juris romani* d'Otto[1], ne renferment-elles pas un certain nombre d'éléments qu'on pourrait rattacher aux travaux des maîtres de Beyrouth?

La réponse à cette question ne tardera pas à être donnée par l'un de nos collègues, M. Pierre Noailles, qui, le premier, a étudié à fond les problèmes que soulèvent les mystérieuses gloses nomiques et en a préparé une édition critique. Quelle que soit la date que l'on assigne à la confection de ces Glossaires tels que les présentent les manuscrits, il est certain qu'elle est postérieure aux Basiliques. Quant aux Gloses nomiques elles-mêmes, contenues dans les Glossaires, il est non moins certain qu'elles ne sont pas toutes du même âge et ne viennent pas toutes des mêmes sources. Pour nous, qui ne pouvons en juger que d'après l'édition de Labbé, — édition incomplète, comme nous l'apprend M. Noailles, — nous y distinguons aisément plusieurs couches.

Il en est qui ne remontent pas au delà du Moyen Age et datent de l'époque où furent composées les scolies récentes des Basiliques[2]. Il en est d'autres qui nous semblent, au contraire, remonter beaucoup plus haut. A la lecture de l'édition de Labbé, nous avions été frappé de rencontrer des gloses sur certains termes latins classiques qui ont été rayés des œuvres de Justinien (*decoctor, defraudator, actio rei uxoriae*, etc...). Le fait nous avait conduit à imaginer que ces Gloses nomiques avaient été écrites, non sur les travaux législatifs de Justinien, mais sur les œuvres classiques dont les auteurs traitaient de matières qui devaient disparaître de la compilation officielle byzantine. Une partie des Gloses nomiques aurait

---

1. Trajecti ad Rhenum, t. III, 2° éd., 1733, in-fol.

2. Voyez, par exemple, sur la date postjustinienne de la glose nomique Ἰνρὲμ Παυλιανή, notre article *L'Origine byzantine du nom de la Paulienne*, dans *N. R. H.*, t. XLIII, 1919, p. 187-208.

donc été composée, pensions-nous, par des juristes de
l'Orient antérieurs à Justinien. Il nous semblait ne pouvoir
en trouver la source que dans l'École d'Orient où l'enseignement avait été, avant Justinien, le plus riche, c'est-à-
dire dans l'École de Beyrouth. Nous avons la satisfaction
de constater que notre impression est aujourd'hui par-
tagée par M. Noailles[1]. Pour qu'aucun trait ne manque
au tableau que nous esquissons de l'activité des « maîtres
œcuméniques », nous avons tenu à présenter notre
hypothèse. Nous laissons, avec la plus entière confiance,
à notre collègue le soin de la développer et de l'appuyer par des preuves complètes.

IV. — Même si l'on est incapable de retrouver les traces
des productions de Beyrouth. ou parce qu'elles sont indis-
cernables dans les Scolies des Basiliques, ou parce qu'elles
ont disparu totalement, il est toutefois possible de mesurer l'ampleur de ces productions, l'ampleur au moins des
travaux exécutés sous la forme de scolies sur les œuvres
classiques et les Codes préjustiniens.

Deux bases nous sont offertes pour restituer — en pensée — les dimensions de l'œuvre beyrouthine.

D'une part, les *Scholia sinaitica* permettent d'apprécier
l'importance que pouvait avoir un commentaire grec du
ve siècle sur des *libri* de jurisconsultes classiques. Les
Scolies du Sinaï ne constituent qu'une épave du commentaire sur les livres 36 à 38 (ou 39 ?) des *Libri ad Sabinum*
d'Ulpien ; mais comme le travail d'exégèse auquel appartenaient ces quelques fragments suivait, tout au long, le
texte latin, l'œuvre entière représentait déjà un travail
d'une certaine amplitude, plein d'une science, — faible
peut-être par rapport à celle des classiques —, mais personnelle.

L'étendue totale du commentaire grec sur les *Libri ad*

Sabinum d'Ulpien a été déterminée approximativement à l'aide du calcul suivant. A la fin du fr. 2 se trouve la note ϰα' (= 21) qui indique que le folio a appartenu au cahier 21 ; comme à cet endroit était expliqué le livre 36 *ad Sab.* et comme l'œuvre entière d'Ulpien comporte 51 livres, on peut conjecturer que le commentaire grec tenait en tout une trentaine de cahiers environ [1].

D'autre part, la Const. *Omnem* fait allusion (§ 1) au programme des études de droit suivi jusqu'à ses réformes. Elle montre que l'on étudiait, avant Justinien, dans les Écoles, dont Beyrouth était la plus célèbre, les ouvrages suivants : les Institutes de Gaius, Ulpien *ad Sabinum*, liv. 1-7 (ou 11), 17-25, 34-39, Ulpien *ad Edictum*, liv. 1-32. 8 livres des *Responsa* de Papinien et 23 livres des *Responsa* de Paul, en tout 87 ou 91 livres et 60.000 lignes [2]. Pareil nombre de livres qui, certes, ne retenait qu'une petite partie de la production classique, est encore imposant pour une période de décadence, telle que l'est le ve siècle. Le total s'augmente d'ailleurs des livres des trois Codes, Grégorien, Hermogénien et Théodosien, dont le commentaire était regardé comme très important puisqu'il prenait à lui seul une cinquième année d'études. A ces livres du *ius* et des *leges*, les maîtres de Beyrouth appliquent le procédé offert par les débris fragmentaires que constituent les *Scholia sinaitica*. Qu'on étende donc par la pensée aux centaines de *libri* du programme les résultats que donne le procédé, qu'on restaure par la pensée la longueur des *Indices* et des παραγραφαί suivant parallèlement les 60.000 lignes des *libri* des classiques, plus les milliers de lignes des trois Codes, on s'imagine facilement quelle masse énorme de scolies représente le travail des jurisconsultes de Beyrouth ; et, soit dit inci-

---

1. Alibrandi, *op. cit.*, t. I, p. 448. — L'auteur parle du fr. 8 en suivant le numérotage de Dareste ; nous avons transposé le chiffre d'après le numérotage courant des recueils de textes.
2. Krueger, p. 397, n. 25 (trad. franç., p. 470, n. 1) ; *Suprà*, p. 230.

demment, on mesurera mieux et d'une façon plus précise, la prééminence qui appartient, dans la science du Bas-Empire, à l'Orient sur l'Occident où n'existe trace d'aucun travail d'une telle envergure.

V. — Encore faut-il ajouter que les Beyrouthins ne se sont pas bornés à employer le procédé que j'appellerai de la « scolie simple ». Si les plus anciens des « maîtres œcuméniques » ont pratiqué cette méthode, ceux qui sont venus après eux ont pu très bien, à la manière d'autres scoliastes, greffer sur leurs scolies, à eux les anciens, de nouvelles scolies, utiliser le procédé des « scolies complexes » pour ainsi parler, le procédé des « catènes » ou « chaînes » de scolies chevauchant les unes sur les autres, dont Peters, s'inspirant des travaux modernes sur les scolies des sources théologiques, a lancé le premier l'idée dans le monde des romanistes.

Déjà, les *Scholia sinaitica* nous montrent une « chaîne » à deux séries d'anneaux : la série de l'Anonyme complétant la série de Σαβ. = Sabinus[1]. On peut imaginer que les « chaînes » se sont grossies de multiples séries d'anneaux, à mesure que se développait la production juridique du type nouveau. On peut concevoir que, au lieu du « Prédigeste » de Peters, composé de fragments latins disparates comme le sera le Digeste de Justinien, l'activité scientifique des plus illustres maîtres de Beyrouth prolongée pendant 70 ou 80 ans ait abouti à la confection de plusieurs ouvrages grecs constitués par des « chaînes » de scolies tirées de leurs œuvres. Ne serait-ce pas dans ces répertoires de « chaînes » que les commissaires du Digeste et du Code auraient trouvé la source de quantité d'interpolations[2]? Ne serait-ce pas sur ces collections que

---

1. *Suprà*, p. 280-281.

2. Sans vouloir aborder ici le problème encore si obscur des « chaînes » grecques sur les œuvres classiques et leur pénétration dans l'œuvre de Justi-

les professeurs de Beyrouth ou de Byzance au vi^e siècle
auraient composé leurs œuvres dont les fragments, conservés aux Scolies des Basiliques, gardent trace de l'enseignement des « maîtres œcuméniques » ?

---

nien, je signalerai, seulement pour prendre date, qu'on en découvre les traces
dans certains textes du Digeste. Le célèbre fr. 5, Dig. 19, 5, interpolé presque
en entier, n'est autre chose qu'une « chaîne » sur les *Quaestiones* de Paul,
comme je l'ai démontré à mes Conférences d'Agrégation (1922) et c'est
l'exemple le plus facilement discernable et le plus typique qu'on en puisse
donner, mais non le seul.

SECTION III

LES TRAVAUX DES PROFESSEURS DU VIᵉ SIÈCLE

Quelques mots suffiront pour indiquer les travaux des trois professeurs qui ont certainement enseigné à Beyrouth au vɪᵉ siècle : Dorothée, Anatole, Julien, et pour rappeler ceux des professeurs supposés.

I. — Dorothée[1]. — Dorothée a participé à la rédaction du Digeste, des Institutes et du second Code[2]. Il a composé, après 542[3], un *Index* sur le Digeste avec παραγραφαί que Mathieu Blastarès qualifie de « entre les deux[4] », c'est-à-dire un traité qui n'est ni étendu comme celui de Stéphane, ni bref comme celui de Cyrille (le jeune).

II. — Anatole[5]. — Anatole fut l'un des commissaires du Digeste[6]. L'auteur d'un *Index* du Code, le plus concis de tous, selon Mathieu Blastarès[7], est plus probablement le même professeur qu'un homonyme plus jeune[8].

---

1. Heimbach, *Proleg. Basil.*, Bas., t. VI, p. 12; P. Krueger, *op. cit.*, p. 408 (trad. franç., p. 483); Laborde, *op. cit.*, p. 114-117.

2. *Suprà*, p. 187-188.

3. Krueger, p. 408 (trad. franç., p. 483); Dorothée connaît la Nov. 115 (an. 542); cf. Scol. Ἐὰν μαινομέρῳ, *Bas.* III, 773.

4. Math. Blastarès, Σύνταγμα τῶν κανόνων, Προθεωρία (Migne, *P. G.*, t. CXLIV, col. 996) : Δωρόθεος μέσῃ τάξει ἐχρήσατο.

5. Heimbach, t. VI, p. 13; Krueger, *op. cit.*, p. 413 (trad. franç., p. 489); Laborde, *op. cit.*, p. 118-120.

6. *Suprà*, p. 188.

7. Migne, *P. G.*, t. CXLIV, col. 997 : ἔτι δὲ συντομώτερον Ἀνατόλιος.

8. En dernier lieu, Laborde, p. 120.

III. — Chronologiquement s'intercalent ici les maîtres seulement probables de cette période.

Thalélée [1] composa un commentaire du Digeste et, peu après 534, le célèbre *Index* du Code qui lui valut le surnom de Κωδικευτής. Mathieu Blastarès [2] dit de lui qu'il donna les Codes en un exposé suivi (πλάτος).

Isidore [3] écrivit également sur le Digeste et surtout sur le Code un commentaire « plus abrégé que celui de Thalélée, mais plus développé que ceux de Théodore et Anatole », dit le même critique [4].

Stéphane [5] est l'auteur du meilleur *Index* du Digeste, d'où son nom de Ἰνδικευτής. Mathieu Blastarès [6] fait valoir exactement son mérite en le présentant comme celui qui a fait l'exégèse du Digeste en un exposé suivi (πλάτος). Stéphane donna aussi un Epitome du Code.

IV. — Julien [7] est devenu fameux par l'*Epitome Novellarum* qui a pris son nom et qu'il publia d'ailleurs en 555 à Constantinople, non à Beyrouth.

---

1. Heimbach, t. VI, p. 13; Krueger, p. 410-411 (trad. franç., p. 486-487); Laborde, p. 121-123.

2. Migne, *P. G.*, t. CXLIV, col. 997 : Θαλέλαιος ἀντικένσωρ᾽ τοὺς κώδικας εἰς πλάτος ἐξέδωκε.

3. Heimbach, t. VI, p. 13; Krueger, p. 412 (trad. franç., p. 489); Laborde, p. 118.

4. Migne, *P. G.*, t. CXLIV, col. 997 : Ὁ δὲ Ἰσίδωρος στενώτερον μὲν τοῦ Θαλελαίου, πλατύτερον δὲ τῶν λοιπῶν δύο.

5. Heimbach, t. VI, p. 14; Krueger, p. 408-409 (trad. franç., p. 483-484); Laborde, p. 127-128.

6. Migne, *P. G.*, t. CXLIV, col. 997 : Στέφανος γάρ τις εἰς πλάτος τὰ δίγεστα ἐξηγήσατο.

7. *Supra*, p. 191.

CONCLUSION

———

Le fait qui domine toute l'histoire de l'École de Droit de Beyrouth est la continuité de son succès, attesté par des témoignages concordants pendant les trois siècles et demi où nous la connaissons, de 200 environ à 551.

Ce succès continu est un exemple unique dans l'histoire des Universités de l'Antiquité, car Rome même a fini par perdre au Bas-Empire sa prépondérance au profit des Écoles des provinces. Les fils des sénateurs d'Antioche allaient encore à Rome en 388. On peut être sûr qu'au vᵉ siècle ils n'y allaient plus, et que les jeunes Gaulois du même temps lui préféraient Bordeaux ou Autun.

Peut-on comprendre le succès continu de Beyrouth? Il semble qu'il s'explique d'un mot emprunté à saint Grégoire le Thaumaturge : πόλις Ῥωμαϊκωτέρα. Beyrouth est une ville plus romaine que toute autre en Orient. Sa « romanité » s'accuse par ses monuments, peut-être parce que les Empereurs en ont fait le siège du dépôt des lois. Elle s'accuse surtout parce qu'on y enseigne le droit romain dans l'esprit de Rome. De toutes les villes de l'Orient, elle est la seule où l'on puisse respirer l'air de Rome. Alexandrie, beaucoup plus peuplée, la ville qui aurait dû, quant à l'enseignement du droit, lui faire une concurrence redoutable, est une ville grecque. Les autres cités qui possèdent des Écoles de Droit sont trop petites pour être des centres d'attraction ou bien, elles aussi, sont grecques, comme l'est Athènes. Antioche, où n'a jamais

C.   20

pu s'acclimater une École de Droit, est avant tout
syrienne.

Ainsi Beyrouth participe au prestige de Rome et au
prestige du droit romain; elle est, selon saint Grégoire
de Nazianze, νόμων ἕδος Αὐσονιήων. Le rameau juridique
romain, planté en Syrie au IIe siècle, y a pris de la force
pendant les deux derniers siècles du Haut-Empire au cours
desquels s'est formée la tradition de sa valeur pédagogique.

Mais la tradition n'est rien sans l'évolution. Au Bas-
Empire, Beyrouth n'a pas subi la déchéance de Rome et,
au contraire, son enseignement a prospéré encore. Son
École de Droit a connu son apogée au moment même où
l'Occident restait stationnaire ou reculait. C'est qu'elle a
su évoluer, c'est-à-dire s'adapter, et, en même temps,
qu'elle a su éloigner d'elle les deux dangers qui la mena-
cèrent en plein succès.

L'évolution de l'enseignement à Beyrouth est une vraie
révolution. Elle a été marquée vers le début du Ve siècle,
date considérable dans ses annales, par le changement
de langue et de méthode, le grec triomphant du latin,
l'exégèse et la παραγραφή supplantant l'*interpretatio*. Alors
Beyrouth s'écarte pour toujours de Rome et se rapproche
de Constantinople; elle devient, ou redevient, grecque à
l'heure propice, quand la Cour elle-même s'est définitivement orientalisée. Ses grands maîtres du Ve siècle continuent d'enseigner le droit romain, mais ils ont su le
revivifier au contact de la pensée grecque.

Son triomphe — le mot n'est pas trop fort, puisqu'elle
est alors la seule École créatrice du monde entier — son
triomphe n'avait pas été obtenu cependant sans risques.

Au IVe siècle, Beyrouth avait pu craindre d'être décou-
ronnée par Constantinople, la capitale. Mais elle avait
pour elle la longue possession qui lui permettait de résis-
ter. Quand la concurrence de Byzance se fit le plus dangereuse, en 425, lors de l'institution d'une Université

d'Etat, Beyrouth se défendit par le talent des Cyrille et des Patricius, de ces « maîtres œcuméniques » qui maintinrent et développèrent davantage sa réputation.

Quelques années plus tard, elle sut échapper à un autre danger, au monophysisme, et ici encore c'est un homme qui la sauva. Qu'Eustathe, son évêque, — après avoir obtenu pour la ville le titre de métropole et peut-être pour l'École le *privilegium studii* — n'eût pas signé la profession de foi de Chalcédoine (451), qu'il eût suivi Timothée Élure en 460, et l'avenir de l'École était compromis. Si ses maîtres n'avaient pas été orthodoxes, Justinien les aurait-il appelés dans les commissions du Code, du Digeste et des Institutes, aurait-il accordé aux œuvres des Beyrouthins la même influence sur sa propre codification? Car les destinées de l'École de Beyrouth ont eu un couronnement glorieux : dans l'œuvre législative de Justinien, le droit nouveau élaboré par les « maîtres œcuméniques » s'est mêlé au vieux droit classique de Rome et c'est pourquoi le nom de Beyrouth, pour les juristes, mérite d'être uni à celui de Rome même.

ADDITIONS ET CORRECTIONS

P. 9. — Notre article, *Beyrouth, centre d'affichage et de dépôt des constitutions impériales*, a paru en avril 1925 dans *Syria*, 1924, p. 359-372. — L'interprétation des termes *viri docti* et *scientes leges* du § 25 de l'*Expositio totius mundi*, proposée p. 366 et suiv., a été rectifiée au présent volume.

P. 31-32. — M. P. van den Ven, professeur à l'Université de Louvain, prépare depuis longtemps l'édition critique de la *Vie de saint Spyridon*, dont la guerre a retardé la publication. L'une des vies inédites, veut-il bien m'écrire, a mis en prose des vers de Triphyllius, qui sont perdus.

P. 35, n. 5. — J'ai connu trop tard le t. XI des Œuvres de Libanius par Foerster (*Libanii opera vol. XI epistulae 840-1544*. Leipzig, Teubner, 1922), pour donner dans le volume les références aux numéros de cette édition. La concordance a été rétablie dans la Table des Textes (*Infrà*, p. 315).

P. 37. — Sur les mots Φοινίκης λαϐόμενος de Liban. ep. 1125 W (= add. 123 S, 1236 F). — Le meilleur des mss. (V) porte comme nom de destinataire οὐπιανῶ (*sic*) que Foerster restitue Οὐλπιανῶ. L'hypothèse de Sievers qu'il pourrait y avoir là une allusion à l'Ecole de Beyrouth à propos d'une visite de l'Empereur Julien en Phénicie n'est donc en aucune façon acceptable, comme l'avait déjà reconnu Seeck, *op. cit.*, p. 191 et suiv.; cf. pp. 314, 429 (Communication obligeante de M. J. Bidez, professeur à l'Université de Gand, que je remercie de ses renseignements).

P. 100-101. — Le titre de μάγιστρος appliqué à l'étudiant Leontius a paru correspondre au titre actuel de « Président de l'Association générale des Étudiants ». Cette traduction est rendue certaine par le fait que, dans les *societates* romaines, le gérant de la société s'appelait techniquement : *magister societatis* (Dig. 2, 14, 14, Ulp. *l. 4 ad Ed.*, seule référence des Vocabulaires juridiques de Dircksen et Heumann-Seckel).

P. 135, n. 1. — *Au lieu de :* Cod. Iust. 7, 39, 9, *lire :* Cod. Iust. 7, 39, 3.

P. 181, n. 5. — *Lire :* ἀνάγνωσμα.

P. 303, n. 3. — *Lire :* μαινομένῳ.

Plan. — *Lire :* Egl. Sᵗ Jean des Croisés.

TABLE DES TEXTES CITÉS

TABLE ALPHABÉTIQUE DES MATIÈRES

A

Aedesius (Saint) (de Paga), Étudiant en droit à Beyrouth, **28-29**; 85; 97; 102; 114.

Aetoma, dans le latin de B , 215.

Ἀκολουθία, dans la méthode pédagogique, 254.

Alexandrie, 66; — École de Droit, 5; 22; 52; 83; 180; 280; 290; 305; — Écoles secondaires, 48; 50; 81; 82-83; 82, 5; 92; 102; 104; 218; 282; 283 et n. 3.

Altérations aux textes juridiques classiques, 221-223.

Ambiguitas, dans la méthode pédagogique, 253.

Amblichus, Prof. à B., 125; 131; 132, 4; **141**; 157; 158; 159; 160; 161; 162; 192; 226; **279**; 280.

Ἀμφιβολία, dans la méthode pédagogique, 253.

Ἀναγνώσματα ἰδικά, « leçons privées », 181; 194; 238; 239.

Anastase, Prof. de droit, 284.

Anastase (d'Édesse), Ét. en dr. à B., 93; 103; 115; 237.

Anatole (Azutrio) (de B.), Ét. en dr. à B., 31; 84; **85-86**; 115.

— (d'Alexandrie), Ét. en dr. à B., 94; 103: 114; 237.

— fils de Leontius, Ét. en dr. à B., 84, 98; 115; — Prof. à B., 53; 84; 98; 129; 130, 1; 131, 1; 134; 141; 142; 143; 145; 146 et n. 1; 154; 186; **188-189**; 192; 195: 252; 303; 304.

— *consularis Phoenices*, 36; 87; 88; 90.

Anonyme (d'Arménie), Ét. en dr. à B., 95; 110; 114.

— (de Grèce), Ét. en dr. à B., 86; 114; 257.

— (d'Egypte), Ét. en dr. à B., 92; 114.

— de 365, Prof. à B., 122; 192; 202.

— des Scolies du Sinaï, Prof. à B. (?), 131; 155; **156**; 192: 222; 245 et n. 5; 247, 3; 281; 301.

— des Scolies des Basiliques (ou Énantiophane), 252; 284.

Ἀντικήνσωρ, 104-105; 113.

Antioche, 305; — Éc. de rhét., 35; 81-82.

Ἀοίδιμος, Épithète de B., 53; 54.

Apollinaris, fils d'Anatole (Azutrio), 31.

Ἀπολογία, dans la méthode pédagogique, 253.

Ἀπορία, dans la méthode pédagogique, 253.

Apphien (Saint) (de Paga), Ét. en dr. à B., **28-29**; 85; 97; 102; 114.

Apringius (de Constantinople), Ét. en dr. à B., **86-87**; 98; 112; 114; 121; 201-202; 240; 258.

Arabie, Étudiants en droit à B., originaires d' —, 30; 85; 112; 114.

Arcadius (de Constantinople). Ét.

TABLE DES MATIÈRES

CHAPITRE III

CHAPITRE IV

Pages.

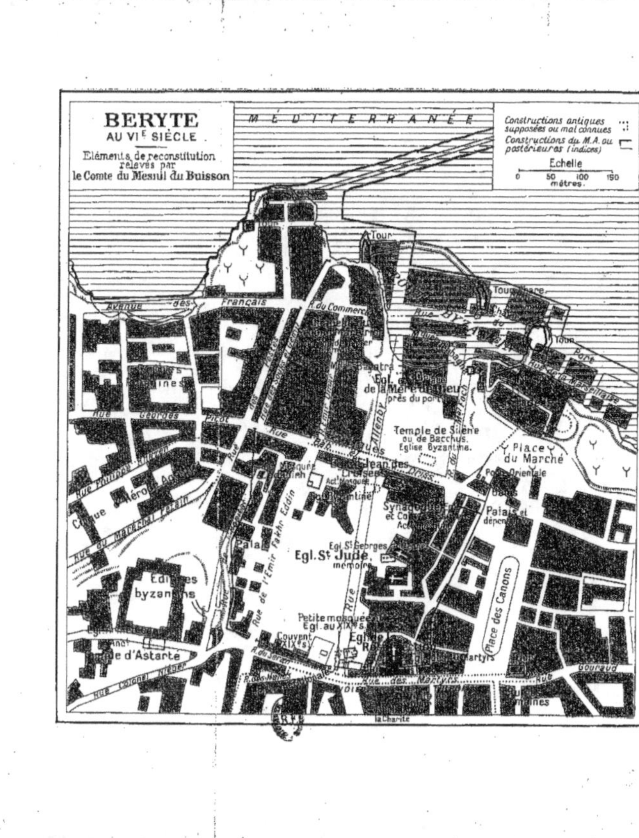

BÉRYTE
AU VIᵉ SIÈCLE
Éléments de reconstitution
relevés par
le Comte du Mesnil du Buisson
MÉDITERRANÉE
Constructions antiques
supposées ou mal connues
Constructions du M.A. ou
postérieures (indices)
Échelle
0   50   100   150
mètres.
Avenue des Français
Rue du Commerce
Tour
Tour Phare
Tour Port
Rue de Versailles
Rue Byzance
Égl. ou Chapelle
de la Mère de Dieu
près du port
Temple de Silène
ou de Bacchus.
Église Byzantine.
Rue Allenby
Rue Georges
Place
du Marché
Porte Orientale
Rue Foch
Égl. St Jean des
Croisés
Act. Mosquée
Byzantine
Synagogue
et Collège
Act. mosquée
Palais et
dépendances
Égl. St Georges
Égl. St Jude.
mémoire
Rue
Édifices
byzantins
Place des Canons
Petite mosquée
Égl. au XIXᵉ s.
Couvent
XIXᵉ s.
Église
R.
Rue des Martyrs
Rue Gouraud
Temple d'Astarté
Rue Colonel Nidern
Rue de l'Émir Fakhr Eddin
Palais
la Charité